DERNIER MOT
DES
PROPHÉTIES
OU
L'AVENIR PROCHAIN DÉVOILÉ

par plusieurs centaines de textes authentiques, dont beaucoup sont peu connus ou inédits et de date récente

notamment les prédictions de l'extatique de Fontet, de celle de Blain, etc., etc.,

PAR
ADRIEN PELADAN

chevalier de Saint-Sylvestre,

HONORÉ POUR SES OUVRAGES DE PLUSIEURS BREFS DE S. S. PIE IX

auteur du *Nouveau Liber mirabilis*, etc.

Quatrième édition
considérablement augmentée.

—

PRIX : 2 fr. 25

NIMES
CHEZ L'AUTEUR
rue de la Vierge, 10
1880

Droits réservés.

PRÉCIEUX VADE MECUM.

Trois protecteurs célestes pendant les jours mauvais.

Désireux de procurer aux fidèles les moyens efficaces de traverser en paix les temps de crise qui nous menacent, et que tant d'échos prophétiques nous ont annoncés, nous avons fait photographier deux anciennes images, l'une représentant *saint Christophe*, l'autre *saint Raphaël guérissant saint Roch*.

Au verso de chacune de ces photographies, sur carton glacé, est imprimée une invocation énumérant les privilèges attachés au culte de ces grands protecteurs célestes, et prouvés par de graves témoignages. Nous reproduisons ici ces prières.

Prière à Saint Christophe, martyr, protecteur spécial contre les maladies épidémiques, les tremblements de terre, les tempêtes, la mort subite, etc.

Glorieux martyr saint Christophe, obtenez à tous ceux qui invoquent votre puissant secours, d'être préservés des pestes, des épidémies, des tremblements de terre, de la foudre et des tempêtes, des incendies et des inondations. Protégez-les contre les châtiments providentiels, dans le temps, et préservez-les de la perdition éternelle. Délivrez-les de toute mort subite et de toute fin malheureuse. Ainsi soit-il.

Les chrétiens fervents des siècles passés étaient pleins de foi en cette pieuse croyance que quiconque jette, le matin, un regard sur une image de saint Christophe, ne meurt durant ce jour ni subitement, ni par une calamité quelconque.

— L'avis passé en adage disait : Regarde

plusieurs proverbes. On disait, entre autres choses :
Ceux qui te voient le matin rient la nuit.
Qui te mane vident nocturno tempore rident. On dit aussi au singulier : *Qui te mane videt, nocturno tempore ridet.*

Une figure en argent du même saint, qui existait autrefois dans le trésor de la Sainte-Chapelle, à Paris, portait sur son piédestal deux vers latins rimés qui signifiaient : Quiconque considère la face de saint Christophe, certainement n'est saisi ce jour-là par aucune affliction.

*Christophori sancti speciem quicumque tuetur,
Ista namque die non morte mala morietur.*

Quiconque considère l'image de saint Christophe est assuré ce jour-là de ne point mourir de mauvaise mort.

Cette pieuse confiance n'a jamais été blâmée par les papes, qui ont même approuvé plusieurs associations en l'honneur du saint martyr.

Saint Pierre de Rome possède une châsse, datant de la Renaissance, vers l'an 1520, où l'on conservait une épaule de saint Christophe. On y lit quatre distiques, dont le dernier est une invocation au saint contre la peste. Voici le troisième :

*Illius. ergo. die. sacrum. qui. viderit. omni.
Morte. vacat. tristi. fletus. et omnis. abest.*

Quiconque aura vu la sainte figure est préservé ce jour-là de toute triste mort et de tout malheur.

Les inquiétudes inspirées par l'avenir sont un grave motif de rallumer le zèle envers ce grand Saint. Aussi avons-nous cru devoir offrir à nos amis la reproduction, avec l'exactitude photographique, de la plus ancienne image existante de saint Christophe,

DERNIER MOT

des

PROPHÉTIES

DERNIER MOT

DES

PROPHÉTIES

ou

L'AVENIR PROCHAIN DÉVOILÉ

par plusieurs centaines de textes authentiques, dont beaucoup sont peu connus ou inédits et de date récente

notamment les prédictions de l'extatique de Fontet, de celle de Blain, etc., etc.,

PAR

ADRIEN PELADAN

chevalier de Saint-Sylvestre,

HONORÉ POUR SES OUVRAGES DE PLUSIEURS BREFS DE S. S. PIE IX

auteur du *Nouveau Liber mirabilis*, etc.

Quatrième édition
considérablement augmentée.

NIMES

CHEZ L'AUTEUR

rue de la Vierge, 10

1880

Droits réservés.

Nimes, Typ. Clavel-Ballivet et C°. rue Pradier, 12.

I.

JUSTIFICATION DES PROPHÉTIES.

Tout chrétien confesse les prophéties canoniques, c'est-à-dire celles de l'Ancien et du Nouveau Testament. Mais il est encore des prophéties privées dignes de créances pourvu qu'elles se trouvent dans certaines conditions ne blessant point les lois de l'Eglise, et permettant de les soumettre aux règles sur la matière et à l'examen d'une saine critique.

Les prophéties modernes sont un puissant moyen, aujourd'hui, de remettre en honneur le surnaturel, cette clef divine de l'enseignement catholique, rejetée en quelque sorte par notre siècle, et sans le respect de laquelle nous ne saurions maîtriser les courants dévastateurs qui nous poussent, et combler les abîmes béants devant nous.

Saint Paul recommande aux chrétiens de ne point mépriser les prophéties, et par ce mot l'Apôtre indique les prophéties privées. Le don de prophétie fut commun dans la primitive Eglise, et les vies des Saints nous montrent en mille endroits que beaucoup de ces serviteurs de Dieu ont été inspirés par le Saint-Esprit. La chaîne d'or des miracles, qui resplendit dans la durée dix-neuf fois séculaire du catholicisme, peut-elle se séparer de cette autre traînée lumineuse, allant de la terre au ciel, et qui se nomme les prédictions, dont Dieu favorise quelques âmes privilégiées? Des auteurs pieux, comme aussi des écrivains profanes, ont affirmé qu'il n'y a jamais eu dans le monde de grand évènement qui n'ait été prédit de quelque manière. Nous ne citerons sur cent autres que les témoignages suivants : « Dieu suscite d'âge en âge des hommes pleins de son Esprit et de ses lumières, devant qui il soulève le voile de l'avenir, et qu'il charge d'aller dire à leurs frères ce qu'ils ont vu et entendu ». (Frayssinous.)

« Chaque fois, dit sainte Hildegarde, que Dieu se propose de châtier le genre humain pour ses prévarications, il le fait prédire par des hommes ou le manifeste par les créatures, afin qu'ils n'aient point sujet de se plaindre de leurs maux ». (Ep. XLIX).

Les théologiens sont unanimes sur ce point.

Les hommes instruits, qui repoussent systématiquement les prophéties privées, nous produisent l'effet de les redouter, parce que ces avertissements d'en-haut déconcertent leurs plans souvent égoïstes. Proposez leur une démonstration par les faits, par la science, par les affirmations de l'histoire, ils reculent. Nous n'avons pas à nous occuper du scepticisme invétéré, non plus que de l'ignorance qui ne veut pas être éclairée. Certains délicats se réfugient, pour atteindre les prophéties, dans le surnaturel diabolique, essayant d'atteindre les véritables manifestations divines au moyen d'apparitions, de vaticinations apocryphes ; comme si les singeries du démon, sous ce rapport, ne sont pas la confirmation des prédictions venues du Seigneur. Ces prédictions se reconnaissent toujours à un critérium théologiquement déterminé.

L'étude ou tout au moins la connaissance des prophéties est utile, car les événements étant connus à l'avance, chacun peut s'y préparer, et rien ne nous paraît plus propre à contenir le coupable dans ses excès, et à le solliciter à revenir au bien. N'est-ce point dans ce but que l'Esprit-Saint a dicté l'*Apocalypse*, où sont marqués les événements, les époques les plus mémorables du monde et les grandes phases de la vie de l'Eglise, depuis l'Ascension jusqu'au jugement dernier, et aux joies inaltérables des élus dans la Jérusalem céleste ? La philosophie de l'histoire, action de la Providence sur les sociétés humaines, est confirmée par les prophéties. Il est inutile de faire observer que les prophéties modernes, comme celles de la Bible, sont fréquemment conditionnelles, la réalisation de leurs menaces dépendant, comme à Ninive, du repentir ou de l'impénitence des peuples dévoyés. La prière, la pénitence de certaines âmes privilégiées peuvent retarder l'explosion des fléaux, même les conjurer. Cela se voit clairement dans la vi^e de la vénérable Anna-Maria Taïgi, dont les invocations et les souffrances ont sauvé à diverses reprises, dans la première moitié de notre siècle, la ville de Rome de rudes châtiments. Le jour même où cette servante de Dieu mourut, en 1837, le choléra éclata dans la ville éternelle et y commença des ravages prolongés.

Quelques inexactitudes dans le contexte des prophéties privées deviennent, pour ceux qui les combattent, un motif de les repousser. La sagesse suprême permet précisément ces imperfections, pour que les révélations privées ne puissent pas être mises sur le même pied que les prophéties canoniques, où il ne se trouve pas un iota à retrancher ou à ajouter. On se rabat aussi sur certaines particularités dont l'explication claire ne saurait être saisie. Mais les chapitres prophétiques de la Bible, avant Jésus-Christ, présentaient aussi des nébulosités dissipées, plus tard, par les évènements. Ajoutons que les interprètes tatonnèrent alors plus d'une fois dans les éclaircissements qu'ils présentaient.

« Par rapport aux intérêts matériels eux-mêmes, les prophéties privées ont leur utilité. Si, en 1830, 1848, 1870, politiques, propriétaires, financiers, hommes d'industrie et de commerce, avaient connu et cru certaines de ces prophéties, il leur eût été possible d'éviter dans leur fortune particulière des désastres de plus d'une sorte. (Chabauty, *Concordance des prophéties modernes*). »

Les prophéties sur les temps actuels se rattachent aux faits généraux suivants :

1º Un roi de France, dont la piété égalera la valeur et le génie, sera donné d'en haut. Il couvrira notre pays d'une gloire immense et clora l'ère des révolutions.

2º Un pape, rempli de l'esprit de Dieu, sera étroitement uni au grand Monarque; ils renouvelleront de concert la face de la terre.

3º Paris, centre des abominations révolutionnaires, est menacé de destruction, s'il persiste à demeurer Babylone. D'autres villes subiront le même sort.

4º Les hérésies et les schismes prendront fin ; les nations hérétiques ou schismatiques reviendront à l'unité.

5º Les dynasties persécutrices de l'Eglise seront réprouvées ou se convertiront.

6º Les peuples subiront des expiations selon la mesure de leurs crimes.

7º Le souverain providentiel promis à la France sera le chef de la croisade qui mettra fin à l'islamisme.

8º La nationalité polonaise sera reconstituée.

9º La France relevée exercera une influence universelle.

10º L'Eglise rebrillera d'une splendeur incomparable ; il n'y aura qu'un troupeau et qu'un pasteur.

11º La révolution, les sociétés occultes, les factions seront écrasées par le Grand-Monarque et extirpées du sol européen.

12º Les bons seront providentiellement protégés dans la grande crise qui nous talonne ; les pervers seront foudroyés.

13º Toutes les injustices seront réparées par le Grand Monarque.

14º L'action divine sera visible dans la consommation des évènements qui se préparent.

15º L'Europe sera ébranlée ; elle sera le théâtre d'effrayantes batailles : l'Allemagne perdra sa puissance et subira un prodigieux abaissement. Rome passera par de terribles épreuves, mais recouvrera sa majesté et son indépendance par l'épée du Grand Monarque. La continuation du concile général du Vatican inaugurera et confirmera la paix universelle.

N'en déplaise aux esprits rebelles, les prophéties prudemment interrogées jettent seules quelques clartés sur l'avenir. Hors de leur domaine lumineux, tout demeure incertitude, confusion, épouvante. Les prophètes nous initient à la politique divine, à l'intervention de la Providence, qui constitue la triple action de la sagesse , de la bonté, de la justice de Dieu sur l'existence des nations.

II.

LE SURNATUREL AU XIXe SIÈCLE.

Les vérités surnaturelles sont celles qui nous sont connues par la foi. Le surnaturel est donc la lumière de la révélation. Un miracle est une opération surnaturelle, dérogeant aux lois du monde physique. Le secours de la grâce, pour accomplir de bonnes œuvres, est dit surnaturel, parce qu'il vient de Dieu. Le surnaturel n'existe ni par l'homme, ni selon l'homme. Le don de prophétie est essentiellement surnaturel.

Le surnaturel, ou manifestation céleste par une créature, exista de tous les temps ; mais il est des moments dans l'histoire, où le Seigneur prodigue, en quelque sorte, ces communications augustes, parce que les générations ont été ou sont plus oublieuses des préceptes divins, et que la justice incréée est prête à punir les prévarications et les crimes des peuples. Notre siècle, en proie à toutes les maladies doctrinales, gagné par le délire des passions honteuses, courbé sous d'innombrables dégradations de Bas-Empire, a dû provoquer la sollicitude de la miséricorde infinie. C'est pour cela que les faits surnaturels ont été si multipliés, et que leur ensemble forme ces imposantes manifestations de la grâce, propres à arracher nos temps à leur turpitude, à les prémunir contre les expiations appelées par une dégradation profonde, une hypocrisie savante, des sacrilèges ; l'immolation du droit ; des avidités qui font pâlir celles des âges païens, et cette licence qui éclate au loin et revêt audacieusement la livrée de l'athéisme, ou bien de l'abrutissement.

Il y a 42 ans, mourait à Rome, comme nous l'avons dit, A.-M. Taïgi, femme qui a joui d'un privilège unique dans l'hagiologie, celui de voir dans une sorte de soleil mystérieux, placé à quelques pieds d'elle, non-seulement ce qui se passait d'un bout du monde à l'autre, combats, navigations, complots, intrigue des cours, mouvements révolutionnaires, actions dignes d'éloges, mais encore l'état des âmes d'outre-tombe, dans la triple division de nos fins dernières, le ciel, le purgatoire, le noir abîme. Anna-Maria Taïgi a prophétisé sur les divers papes ses contemporains ; elle a particulièrement caractérisé à l'avance le long règne de Pie IX, et marqué en traits éclatants les évènements soit terribles, soit heureux vers lesquels nous nous acheminons.

Le laboureur Martin, à force d'instances de l'archange Raphaël, alla, en 1817, dire à Louis XVIII de ne pas se faire sacrer, parce que Dieu le frapperait de mort, s'il enfreignait la défense. Il avertit aussi le roi que la profanation du dimanche, le manque de respect des choses saintes, la tolérance et l'admission des révolutionnaires dans les affaires de l'Etat enflammaient le courroux divin, et que la France serait accablée de maux, si ces désordres continuaient. 1830 a été un de ces châtiments prédits, et nous savons quelles ont été les suites désastreuses de ce régime maudit. Martin nous rappelle ce maréchal de Salon, qui alla représenter de semblables choses à Louis XIV, poussé qu'il était aussi par une apparition d'en haut.

La croix miraculeuse de Migné, sur la fin de la Restauration, météore céleste, qui a des similaires dans l'histoire ecclésiastique, fut aussi un avertissement surnaturel, et des pénitences nécessaires pour apaiser le Seigneur, et des catastrophes qui nous menaçaient.

Louis-Philippe touchait presque à la chute honteuse qui lui était réservée, lorsque la Sainte Vierge apparut aux bergers de la Salette. On n'a pas oublié combien de doutes ont prétendu obscurcir cet évènement miraculeux ; combien d'efforts ont eu lieu pour accréditer la croyance que l'apparition était une supercherie. Cependant la prophétie de la Salette nous prévenait des rigueurs qui nous ont frappés dans le manque des récoltes, la mortalité des enfants, les révolutions successives qui ont éclaté. Dans la question des récoltes se trouvait implicitement la perte de la vigne, ruine d'opulentes provinces, la malédiction sur la sériciculture, la sécheresse, la paralysie des affaires. Là était prédit Sedan, puis la Commune.

A la Salette, ce n'est plus un ange venant parler à la terre coupable, mais la mère de Dieu elle-même, qui pleure sur notre pauvre état social, et qui déclare ne pouvoir plus retenir le bras de son Fils. Il y a, dans cette sollicitude de la Reine des Cieux pour la France, une poésie si majestueuse et si douce qu'elle égale les plus touchantes interventions du Ciel ici-bas, dans les récits de nos livres sacrés. Un siècle moins alourdi par l'indifférence que le nôtre, se fût converti à cet appel, et il eût trouvé à la fois des apôtres pour répandre le prodige, et des chantres pour le glorifier.

La Salette précède Lourdes, et la roche de Massabielle, dans les apparitions dont elle a été le siège, complète le mystère commencé sur la montagne dauphinoise. Ici la miséricorde grandit, et la suavité de ce mot : *Je suis l'Immaculée Conception*, porte à l'humanité une espérance nouvelle, gage du relèvement de la France et du salut de l'Eglise. Lourdes a reçu son historien, elle attend encore son poète.

Cependant, une basilique monumentale s'élève près de la grotte et de la source miraculeuses, et des confins de la France et du monde, les foules y accourent rendre leurs hommages à la Très-Sainte Vierge, et demander des grâces, des guérisons impossibles à la science, et qui, par leur nature divine, réduisent au silence les vaillants de l'impiété. Ces faits surnaturels ne sont pas isolés, mais pour ainsi dire de tous les jours.

Le nom de Pontmain se présente ici à toutes les mémoires : c'est en ce lieu que Marie se manifeste encore à des enfants, en un moment où le pays est envahi par l'étranger, où les armes sont tombées des mains de notre jeunesse, où nos troupes sont désorganisées ou captives, où la terreur, fille de la lâcheté des bons et du jacobinisme de 1830 et de 1852, incendiait Paris et assassinait les Otages. Marie recommande la prière à Pontmain, et promet le retour de la paix.

La prière, c'est toujours et partout la recommandation de la Reine des Anges : la prière n'est-elle pas l'adoration, la réparation, la messagère qui monte au Seigneur pour en obtenir le pardon de l'humanité pécheresse, et redescendre, les mains pleines d'indulgences et de dons consolateurs. Ces instances de Marie sont les mêmes dans les manifestations solennelles comme dans les communications moins éclatantes.

Faut-il mentionner ici la voyante d'Oria, près Naples, qui, entre tant de particularités surnaturelles réunies en elle, est communiée fréquemment par la main des anges ? Faut-il nommer Louise Lateau, de Bois-d'Haine, qui, depuis des années, ne reçoit d'autre substance que le pain eucharistique, et qui, dans son extase hebdomadaire du vendredi, souffre les douleurs de la passion ? Faut-il rappeler Fontet, où, dans la personne de Berguille, continuent des manifestations que l'autorité ecclésiastique trouve bon de cacher au public ; où des contradicteurs voudraient voir une action du démon pour opposer une rivalité à Lourdes, mais où, en attendant la décision de l'Eglise, nul ne peut nier le surnaturel ? Faut-il parler de Nenbois, où l'autorité s'est, dit-on, déclarée contre le surnaturel divin, tandis que Berguille continue de suivre, chaque vendredi, dans son extase, la voie doulonreuse, et prononce des paroles où la théologie ne semble pas avoir trouvé de rectification à faire. Rien du moins n'a été publié. Faut-il nous transporter à Blain, non loin de Nantes, où la voyante Marie-Julie, que Mgr Fournier, évêque défunt de Nantes, appelait une sainte, et y voir de plus grands prodiges qu'à Bois-d'Haine ? Nous donnons plus loin une série inédite de prédictions de Marie-Julie ; ces documents sont du plus haut intérêt.

Il y a un simple prêtre de village, le curé d'Ars, dont l'existence a présenté, en quelque sorte, une succession ininterrompue de faits surnaturels. Nous retrouvons dans l'abbé Vianney, en réservant la différence des cas, les merveilles de la vie d'Anna-Maria Taïgi. Ce ministre du Seigneur, dont la simplicité était extrême, a justement mérité de son vivant le titre de saint et de prophète. Les foules accouraient à son église comme autrefois les Israélites de bonne volonté auprès de Jean-Baptiste. Il fut le consolateur des âmes, et son tombeau a gardé une vertu miraculeuse. Les actes réunis pour servir à la béatification de l'abbé Vianney sont remplis de prodiges célestes.

Le monde n'a qu'une bien faible idée du commerce que certains serviteurs de Dieu entretiennent avec les anges, et des merveilles qui s'accomplissent sous le regard du Seigneur, par l'efficacité de sa toute-puissance, dans les maisons de prière et souvent en des asiles dépourvus des biens de la terre, mais riches en pureté et en amour des choses saintes.

Nous donnerons plus loin une autre énumération de faits surnaturels, ayant reçu une moindre publicité peut-être que ceux qui précèdent, mais présentant toutefois les mêmes caractères. Ils forment un faisceau de preuves imposantes de l'intervention divine dans les évènements humains, et démontrent que l'abandon de la foi est la cause directe des calamités de nos temps, et que la corruption sociale appelle sur nous de nouveaux et grands malheurs. Dans chacun de ces faits, la prophétie, que nous pourrions nommer l'aile droite du surnaturel, a toujours ou presque toujours une part. Il en est où elle domine essentiellement.

Si donc le surnaturel resplendit à chaque pas dans l'histoire contemporaine, et si la prophétie y occupe une si large place, les prédictions sur les temps présents seront-elles traitées de chimère ? Pour n'aborder ici, du reste, qu'un chapitre de ces vaticinations, que l'on nous explique ce souffle qui, des sibylles à nos jours, excède les grands serviteurs de Dieu et les âmes contemplatives ; que nous sachions comment, à travers les âges, cette haleine révélatrice nous présente, pour notre époque profondément troublée, ce Réparateur couronné qui renversera les factions, relèvera les Lys, écartera les parasites et les faméliques, fera surgir une pléiade de talents et de héros, prêts à redoter la France de ses splendeurs éclipsées. Nul souverain dans l'histoire n'aura uni tant de vertu à tant de valeur, tant de sagesse à tant d'activité ; tant de lumière à tant d'héroïsme, tant de sublimité en un mot en toutes choses.

Commençons le *Dernier mot des prophéties* par cette immense figure, prédite aussi bien dans les temps actuels que dans les temps anciens.

III

Le Grand Monarque.

Deux majestueuses figures apparaissent à l'horizon lumineux d'un avenir prochain ; c'est le Pontife Saint et le Grand Monarque ; le Pape qui ceindra si magnifiquement la tiare, et le roi qui fera splendidement refleurir les lys. Nous les avons, ailleurs, signalés dans la strophe suivante :

> Il est écrit que deux grands hommes.
> L'auguste bandeau sur le front,
> Dans la nuit des temps où nous sommes,
> En Occident apparaîtront :
> L'un, d'une sainteté sublime,
> Doit, dans la nouvelle Solyme,
> Glorifier la vérité ;
> Par son audace et sa prudence,
> L'autre, sur le trône de France,
> Étonnera l'humanité

Voici une suite de prédictions sur le Grand Monarque, *Prophéties de Prémol*, écrite dans ce monastère avant 1789 :

« Et je vis venir de l'Orient un jeune homme remarquable, monté *sur un lion*. Et il tenait une épée flamboyante à la main. Et le coq chantait devant lui. Et le *Lion* mit le pied sur la tête du *Dragon*.

» Et sur son passage tous les peuples s'inclinaient, car l'Esprit de Dieu était en lui.

» Et il vint sur les ruines de Sion, et il mit sa main dans la main du pontife, et ils appelèrent tous les peuples qui accoururent. Et ils leur dirent : « *Vous ne serez heureux et forts qu'unis dans le même amour !* Et une voix sortit du ciel, au milieu des éclairs et du tonnerre, disant : « *Voici ceux que j'ai choisis pour mettre la paix contre l'archange et le dragon, et qui doivent renouveler la face de la terre ! ils sont mon verbe et mon bras ! et c'est mon Esprit qui les guide* ».

Glose : L'Archange, c'est la monarchie ; le dragon, c'est la révolution ; Sion, c'est Rome ; le jeune homme monté sur un lion, c'est le Grand Monarque ; le coq symbolise la faction orléaniste à la fois renversée et convertie.

Le P. Ricci : « C'est alors que viendra le Duc Fort, sorti d'une des nobles races qui, pendant tant de siècles, demeura constamment fidèle à l'ancienne religion de ses pères, et dont la Maison a été très-affligée par la nécessité à une dure servitude.

» Les mains de ce Duc seront admirablement fortifiées, et son bras vengera la religion, la patrie et les lois. Dès ce moment on fera cause commune contre ce Monarque fort et contre les rois et les princes qui serront unis à lui. On emploiera tout l'argent et tous les moyens possibles pour lui faire la guerre ; mais il vaincra ses ennemis en pleine campagne, et les écrasera tant en Orient qu'en Occident ».

Le prodige aérien de Vienne (Isère), observé le 3 mai 1848, est un de ces phénonomènes prophétiques, comme il s'en rencontre dans l'histoire; exemples : les signes observés avant et lors du siège de Jérusalem, par Titus ; le Labarum apparu à Constantin ; la croix de Migné (1826) ; plusieurs batailles vues dans les airs, depuis 1870, en Pologne, etc. Le nuage symbolique a montré les diverses phases historiques, depuis 1848 jusqu'à la venue du Grand Monarque dont il est dit :

« Sur le nuage blanc et sur la bande supérieure de l'écharpe, se voyait un personnage richement vêtu, coiffé d'un chapeau de général et monté sur un cheval blanc orné d'une couverture brodée à franges d'or. Ce personnage est resté longtemps presque immobile à cette place.

« ... En même temps, un troisième lion blanc se forma sur le nuage blanc... On vit une grande dame sortir de la ville apparente ou château blanc. Elle était vêtue d'un manteau blanc, qui ne saurait être comparé qu'au manteau de la statue de Notre-Dame de Fourvière. Elle tenait en sa main une autre couronne qui paraissait sortir d'une ouverture faite sur le devant du manteau. Cette dame est venue déposer cette couronne sur la tête du lion blanc. Cette couronne était ronde, grande, blanche, et composée de fleurs dont il n'a pas été possible de reconnaître la nature...

» Aussitôt que le lion blanc a été couronné, le cavalier, jusque-là immobile, est venu sur le lion, après avoir quitté son cheval, qui a disparu dans les nuages... Au-dessus de cette tête, sur l'azur du ciel, se lisaient ces trois lettres grosses et violettes, dont la première était plus grosse que les deux autres : Ave ».

La dame, dont il est ici question, est la Sainte Vierge, dont la protection a obtenu miséricorde au royaume de saint Louis, représenté par le Lion blanc. Elle couronne la France qui, par le culte qu'elle a rendu à la Mère de Dieu, a mérité sa protection toute-puissante. C'est la France qui, dans le mot mystérieux *Ave*, salue le souverain aimé du ciel, envoyé pour la délivrance du pays.

Saint Augustin. — Les oracles sibyllins ont entrevu le

prince immense promis à nos temps. Sans remonter si haut, nous reproduisons le fragment ci-après, attribué à Saint Augustin, et qui se trouve vers le milieu du traité de ce Père : *De Antichristo.* Nous savons, dit l'aigle d'Hippone, qu'après l'empire des Grecs, de même qu'après celui des Perses, qui fleurirent chacun dans leur temps avec une grande splendeur et une très-grande puissance, l'empire romain commença enfin à s'élever à son tour, devint le plus puissant de tous ceux qui l'avaient précédé, et tint sous sa domination tous les royaumes de la terre, de sorte que toutes les nations furent soumises aux Romains et leur payèrent tribut. C'est pourquoi l'apôtre Paul dit que l'Antechrist ne viendra point dans le monde avant *que l'apostasie* ne soit arrivée auparavant, c'est-à-dire que tous les royaumes qui étaient assujettis d'abord à l'empire romain en aient secoué le joug.— Or, ce temps n'est pas encore arrivé (nous en sommes de quatorze siècles et demi plus près que S. Augustin) ; car, quoique nous voyons l'empire romain en très-grande partie déjà détruit, cependant tant que dureront les rois de France, qui doivent posséder cet empire, la suprématie du nom romain ne périra pas tout entière, parce qu'elle se maintiendra dans ses rois. Quelques-uns de nos docteurs disent même qu'un roi des Francs possèdera l'empire romain tout entier, lequel roi viendra aux derniers temps...»

Dans cette puissance, il faut surtout considérer sans doute la mission providentielle de la France pour le protectorat du Saint-Siège, et l'ascendant moral que rendra le grand monarque à notre pays, en abaissant partout l'impiété et la révolution conjurées contre l'Eglise et sa fille aînée. Quant à *l'apostasie* dont parle l'apôtre, elle s'est effectuée en Asie, en Afrique, en Amérique, dans la majeure partie de l'Europe : la France l'Italie et l'Espagne, longtemps préservées, sont persécutées à présent par le despotisme de la libre pensée ou aux prises avec cette fille de l'enfer.

David Paréus. — Ce savant Silésien, dont les œuvres ont été publiées à Heidelberg, en 1647, rapporte la prophétie suivante, reproduite en 1665 par le chanoine Comiers, dans son *Traité des Comètes.*

« Il surgira un roi de la nation très-illustre des lys ; il aura le front long, les sourcils élevés, les yeux longs et le nez aquilin. Celui-ci rassemblera une grande armée et détruira tous les tyrans de son royaume ; il frappera de mort tous ses ennemis, quoiqu'ils prennent la fuite sur les monts et se retirent dans les cavernes pour se cacher de sa face. Car comme l'époux est uni à l'épouse, ainsi la justice lui sera associée. Il poursuivra la guerre avec ses ennemis jusqu'à sa quarantième année, en subjuguant les Insulaires, les Espagnols et les Italiens (1). Il détruira et brûlera Rome et Florence, et l'on pourra semer le sel sur leur emplacement. Il fera mourir les membres du clergé qui auront envahi le siège de Pierre, et la même année il obtiendra une double couronne. Enfin, en passant la mer avec sa grande armée, il entrera en Grèce et sera roi des Grecs.

» Il subjuguera les Turcs et les Barbares en faisant cet édit : *Quiconque n'adorera pas le Crucifix, qu'il meure de mort.* Nul ne pourra lui résister, parce que le saint bras du Seigneur sera toujours avec lui, et il possèdera l'empire de la terre. Ces choses étant faites, il sera nommé le Repos des saints chrétiens ».

Prophétie de B. Holzhauser. — Ce pieux auteur, qui écrivait au milieu du xviie siècle, a laissé le meilleur com-

---

(1) Quels sont ces insulaires ? Nous ne le recherchons pas, crainte de nous méprendre.

mentaire sur *l'Apocalyse*. Prophète lui-même, voici en quels termes il parle du royal restaurateur :

« Dieu enverra un Grand Monarque, appelé tantôt *Auxilium Dei*, secours de Dieu, tantôt Lilifer, porte-lys, tantôt Monarque Fort, etc. De concert avec une puissance du Nord, il exterminera la race des impies. Il rétablira l'ordre et rendra à chacun son bien. Dieu, dans ce même temps, suscitera un *Pontife saint* qui, soutenu par le Grand Monarque, fera briller plus que jamais la gloire de l'Eglise catholique par tout l'Univers. On croira la race du grand-duc éteinte : point du tout. Un duc (*dux*, chef) paraîtra contre toute attente, lorsque les amis de l'Eglise et des souverains seront dans la consternation et tellement persécutés qu'ils seront contraints de prendre les armes, auxquelles Dieu donnera le plus merveilleux et le plus brillant succès.

» Ce monarque puissant, qui viendra comme envoyé de Dieu, détruira les républiques de fond en comble ; il soumettra tout à son pouvoir, et emploiera son zèle en faveur de la vraie Eglise du Christ. Toutes les hérésies seront reléguées en enfer. L'empire des Turcs sera brisé, et ce monarque règnera en Orient et en Occident ».

La prophétie d'Olivarius, remarquée par François de Metz, en 1792, parmi les manuscrits apportés des couvents de Paris à la Commune, et reproduite dans les *Mémoires de Joséphine*, raconte les faits généraux du premier empire, ceux de 1848 et la suite, et s'exprime ainsi sur le Grand Monarque : Il portera lion et coq sur son armure (force et vigilance)....»

» Ainsi seront pourchassés (les communeux) du palais des rois par l'homme valeureux ; et par après les immenses Gaules déclarées par toutes les nations grande et mère nation. Et lui, sauvant les anciens restes échappés du vieux sang de la Cap, règle les destinées du monde, se fait conseil souverain de toute nation et de tout peuple ; pose base de fruit sans fin, et meurt ».

Le Solitaire d'Orval. — « Dieu aime la paix ; venez, jeune (1) prince, quittez l'isle de la captivité. Oyez, joignez le lion à la Fleur Blanche, venez. Ce qui est prévu, Dieu le veut. Le vieux sang des siècles terminera encore de longues divisions ; lors un seul Pasteur sera vû dans la Celte-Gaule. L'homme puissant par Dieu s'asseyera bien, moult sages règlements appelleront la paix. Dieu sera cru guerroyer avec lui, tant prudent et sage sera le Rejeton de la Cap. Grâces au Père de la miséricorde, la sainte Sion rechante dans ses temples un seul Dieu grand ».

Le bienheureux Amadée, évêque de Lausanne, XII° siècle :
« Avec le Grand Pasteur surgira le Grand Roi, qui obtiendra le royaume de la cité nouvelle ; et bientôt après il appesantira sa main sur les infidèles, en Afrique, et ensuite en Europe. Il fera fleurir la foi, et il sera aimé de tous parce que ses actes exciteront l'admiration. Alors la volonté de Dieu sera parfaitement accomplie. Il faudra que la concorde et une union parfaite soient complètement établies, avant qu'il n'y ait qu'un seul troupeau ».

Le B. Théolophre. — D'après le *Livre merveilleux*, où se trouve cette page du B. Théolophre, voici le discours que le Pontife saint doit prononcer au sacre du Grand Monarque :

« Reçois, Fils bien-aimé, la couronne d'épines, laquelle tu demandes instamment et très-humblement pour l'amour que tu

---

(1) Le Grand Monarque est signalé tantôt avec l'épithète de jeune, tantôt avec le caractère de la maturité : il ne faut voir ici que la manière dont les Voyants ont aperçu ce personnage dans telle ou telle époque de son âge.

portes à Celui qui a été suspendu en la croix et nous a rachetés de son propre sang. Reçois aussi en ta main droite l'enseigne de sa très-sainte croix, par lequel signe tu seras vainqueur, parce que le Dieu des armées a dit : « Je t'ai reçu aujourd'hui, et t'ai oint de mon huile sainte, mon serviteur, pour être le conducteur de mon peuple et comme mon signal. Tu vaincras, non par la multitude de tes gens de guerre, ni par ta propre force, mais par la vertu de mon Esprit qui t'assistera. Réjouis-toi donc, et sois constant et ferme en tes résolutions. Et n'aie point peur, attendu que je serai toujours avec toi. Au reste, je te prendrai par ma droite, afin d'assujétir les nations devant toi, et je mettrai en fuite les rois, et j'ouvrirai devant toi les portes, et elles ne se fermeront plus. Je marcherai devant toi et humilierai les superbes de la terre. Je romprai les portes d'airain et je briserai les gonds de fer. De plus, je te donnerai des trésors qui sont cachés et je te révèlerai les arcanes ou mystères des grands secrets. Et tout lieu sur lequel tu marcheras sera à toi. Hé! qui est-ce qui pourra résister, puisque c'est le Dieu des armées, le Seigneur qui a dit ces choses ? »

Jean de Vatiguerro, XIIIe siècle. — « Ce pape (le Pontife Saint) aura avec lui un empereur, homme très-vertueux, qui sera des restes du sang très-saint des rois de France. Ce prince lui sera en aide et lui obéira en tout pour réformer l'univers, et sous ce pape et cet empereur, l'univers, sera réformé, parce que la colère de Dieu s'apaisera. Ainsi il n'y aura plus qu'une loi, une foi, un baptême, une manière de vivre. Tous les hommes auront les mêmes sentiments et s'aimeront les uns les autres, et la paix durera pendant de longues années ».

La Salette. — Une partie du secret de Mélanie et de Maximin a trait au sujet qui nous occupe. En voici les termes, d'après un homme de bien qui a reçu sur ce point d'intimes confidences : « Les deux tiers de la France perdront la foi ; l'autre tiers la conservera, mais mollement. La religion revivra cependant. Il paraîtra un Grand Monarque qui rétablira la foi et restaurera la Société. L'Eglise sera florissante ».

Le Pape Benoît XII. — « Uni (le Pontife saint) avec le Monarque fort, toute les résistances contre la vérité seront brisées, et une félicité incomparable règnera parmi les hommes ».

Ancienne religieuse. — « J'ai encore des vues de miséricorde sur la France ; je lui donnerai un Roi selon mon cœur et ma volonté. Il aura en partage la douceur, la sagesse et la sévérité. Je lui rendrai tout facile, et tous se rendront à ses volontés. Il fera tout rentrer dans le devoir et dans l'ordre ».

L'abbé Souffrant. — « Il aura une grande puissance et fera des choses si extraordinaires et si miraculeuses que les plus incrédules seront forcés d'y reconnaître le doigt de Dieu. Le Seigneur se servira de lui pour exterminer toutes les sectes impies, hérétiques, et les superstitions des Gentils, et pour établir, de concert avec le Pontife saint, la religion catholique dans tout l'univers ».

Saint François-de-Paul, xve siècle. — « Le Dieu tout-puissant exaltera un homme très-pauvre, mais noble, du sang de l'empereur Constantin, fils de sainte Hélène, et de la race de Pépin, qui descendait de Constantin. Celui-là aura sur la poitrine le signe de la croix. Par la vertu du Très-Haut, il détruira les hérétiques et les infidèles ; il aura une grande armée, et les anges combattront avec eux et ils tueront tous les rebelles au Très-Haut ».

Saint-Ange, xiiie siècle. — « Lorsque mon peuple se repentira (c'est Jésus-Christ qui parle), qu'il comprendra mes voies et qu'il acceptera et conservera la justice, alors enfin viendra l'homme qui le délivrera, qui apportera la paix parmi les peuples, et qui sera la consolation des justes. Car il s'élèvera enfin un Roi du peuple et de la race antique des Francs : il excellera dans le service de Dieu. Il sera reçu des rois chrétiens qui professeront la vraie foi ; il sera aimé d'eux et sa puissance croîtra par terre et par mer. Il viendra en aide aux affaires de l'Eglise presque détruites. Après que les chrétiens seront privés de toute terreur et que l'Eglise aura été amenée à l'état désiré par les fidèles, ce roi, uni au Souverain-Pontife, enverra des armées suivies par un grand nombre de volontaires, et la multitude de ceux qui tomberont pour mon nom, dans le combat, recevra, par l'efficacité de la croix, la récompense, et montera glorieusement au ciel ».

« Un homme juste et fort s'élève des eaux mortes et salées *(l'Angleterre)* comme un lion fort, comme un serpent prudent, et simple comme une colombe. Il recevra à la fin, pour la protéger, une colombe noircie par les impies *(l'Eglise, en ce moment si attaquée)*. Il règnera beaucoup d'années et remettra les lois en honneur, renouvellera la ville *(Rome)* ainsi que le monde, et il ne nuira pas au peu de rois qui règneront à cette époque ». (Bibliothèque des Franciscains de Hinsbergen).

Maître Antonin. — « Alors naîtra, au milieu des lys, le plus beau des princes, dont le nom sera grand parmi les rois, tant à cause de ses grâces corporelles que de la perfection de son esprit. L'univers entier lui obéira, de l'Occident au Levant et du Nord au Midi. De toutes parts il terrassera et foulera aux pieds ses ennemis ; ses années s'écouleront dans le bonheur. Ce monarque surgira de l'illustre lys ; il aura le front haut, les sourcils arqués, de grands yeux, le nez aquilin. Il rassemblera une grande armée et détruira tous les despotes *(les radicaux sans doute)* de son royaume, les frappant à mort ; ils fuiront à travers les monts pour éviter sa face. Il fera aux faux chrétiens la guerre la plus constante et dominera tour à tour les Anglais, les Espagnols, les Lombards, les Italiens. Les rois chrétiens lui feront leur soumission. La même année il gagnera une double couronne ; puis, traversant la mer à la tête d'une grande armée, il entrera en Grèce et sera nommé roi des Grecs. Il subjuguera les Turcs et les barbares ; nul ne pourra lui résister, parce qu'il aura toujours auprès de lui le bras du Seigneur qui lui donnera l'empire de l'univers entier. Cela fait, il sera appelé la paix des chrétiens.

Marie Lataste. — « Un jour, j'entendis une voix qui me disait : Regarde ! regarde ! Je ne voulais point regarder, de crainte d'être trompée. Cependant, entendant de nouveau cette voix, je me recommandai à Dieu, je levai les yeux et j'aperçus devant moi un personnage singulier. Il me paraissait d'un tempérament robuste et d'un caractère capable de résister à tout. Il portait une robe qui descendait jusqu'aux genoux : ses bras et ses pieds étaient nus. Je ne saurais dire de quelle matière était cette robe. Elle n'était ni en or, ni en argent, ni en fer, mais forte comme le fer, l'argent et l'or. Le diadème qu'il portait sur le front était de la même matière que sa robe. La chair de ses membres n'était pas comme celle du reste des hommes ; elle paraissait être d'une dureté extrême.

« Il se plaça dans le sanctuaire, en face du tabernacle ; il se tint sur ses deux pieds et resta inébranlable. Je vis une multitude de personnes, vêtues de blanc, se ranger autour de lui, et il prononça un discours ou sermon qui était conforme aux enseignements de l'Eglise : je ne me rappelle point les paroles qu'il prononça, mais il exhorta, à peu près comme l'apôtre, à vivre selon l'esprit et non selon la chair. Parmi les vices que nous devons fuir, il fit mention de celui que l'apôtre défend de nommer. Il termina en engageant à éviter le mal et à pratiquer le bien.

« Après qu'il eut parlé, un homme tout noir (*le radicalisme*) se dirigea vers lui ; mais il lui donna sur la tête un coup si vigoureux, que l'homme noir tomba mort à ses pieds. Aussitôt survint une multitude innombrable de corbeaux (des anarchistes) qui enlevèrent le cadavre hors de l'Eglise. Ils retournèrent bientôt près de celui qui se tenait toujours dans le sanctuaire. Mais celui-ci se défendait sans se mouvoir ; il en saisit un avec ses mains, le coupa par le milieu du corps et le jeta loin de lui ; tous les autres s'enfuirent immédiatement. Quelques instants après, j'aperçus un nombre considérable d'autres oiseaux (d'autres ennemis) voler autour de lui et l'importuner extrêmement. On lui apporta un filet avec lequel il les prit presque tous. Il jeta ce filet dans l'air avec une force extraordinaire, et les oiseaux qu'il n'avait pas pris s'enfuirent. Une voix se fit entendre dans le ciel, qui disait : « Celui-là est vraiment un homme fort, il a vaincu ses ennemis. »

Ce passage est la figure des dernières guerres du Grand Monarque et des victoires qu'il doit remporter. La même voyante décrit, sous l'allégorie suivante (Let. LXI), le renversement de la révolution par le même Envoyé :

« Alors on vit sur le pont un homme, monté sur un éléphant, s'avancer hardiment, tenant une épée à double tranchant. Il paraissait extrêmement vigoureux ; il était revêtu d'une robe qui n'était point en étoffe, mais elle paraissait très-dure, ainsi que le diadème que cet homme portait sur la tête. Il traversa la foule et s'avança jusque auprès de la bête, tenant d'une main son épée et de l'autre une croix. « Te voilà, monstre infernal, dit-il, voyons qui des deux sera le plus fort ! Regarde cette croix ! Oseras-tu t'élever contre elle ? Toute ta puissance sera réduite à néant ». Aussitôt il s'élance sur la bête, il lui enfonce dans la gueule son épée, dont la pointe ressortit sur le dos. La bête se retira dans le marais dont elle était sortie. Cet homme reçut toutes sortes de félicitations de la multitude, qui éclatait en transports de joie ».

Une ancienne religieuse. — « Je lui donnerai toute puissance sur la terre et il marchera à ma droite jusqu'à ce que je réduise ses ennemis à le servir. Et le sceptre lui sera donné pour défendre l'autel et le trône ; et ses ennemis trembleront au jour de sa force. Il sera le roi fort et marchera avec le Pape saint ».

Rosa Colomba. — « Grande révolution éclatera en Europe. La paix ne reparaîtra que lorsqu'on verra les lys, descendant de saint Louis, sur le trône de France. *Ce qui arrivera* ».

Religieuse de Belley. — « Il (le Grand Monarque) paraît au milieu de la confusion, de l'orage ».

Pirus. — » Jamais il ne s'est vu un monarque si puissant et si heureux ; il sera seul seigneur et empereur du monde, aimé et redouté de tous ».

Matay. — « La République sera proclamée, mais elle durera peu ; ensuite nous serons gouvernés par un prince d'une grande sagesse et d'une grande piété, qui vivra très-vieux et fera le bonheur de la France. Il viendra au moment où on s'y attendra le moins ».

La petite Marie des Terreaux. — C'était une simple fille du peuple qui eut, sous la Restauration, des songes prophétiques. Son souvenir est encore vivant à Lyon. Elle a confirmé la tradition qu'une formidable bataille sera livrée dans la plaine de Cinq-Fonds, entre Lyon et Vienne. Là, le Grand-Monarque doit déployer son génie. Il arrive un moment où ses troupes semblent plier. Il élève alors les mains aux ciel, et réclame un secours direct du Seigneur. Soudain, Jésus-Christ, armé d'une faulx tranchante, fond sur les rangs pressés de la révolution, et les abat comme le moissonneur qui couche sur les sillons les épis mûris par l'été.

Saint Thomas d'Aquin. — « Cet homme doit venger véritablement le royaume des chrétiens, l'arracher au joug d'Ismaël, le conquérir sur les Sarrazins ».

Prophéties des saints Pères. — « Les Turcs mêmes s'y attendent, qu'un *roi de France* lèvera main forte contre eux, et leur fera lâcher prise de tout ce qu'ils avaient conquis sur les terres des chrétiens et en Orient et en Occident. Ce roi réunira l'empire divisé en l'Orient et en Occident, et sera seul empereur du monde, aimé et redouté de tous les hommes ».

Le Curé d'Ars. — « Après la destruction de Paris, doit paraître le Monarque qui rétablira toutes choses ».

Desseins prophétiques du Mont-Saint-Michel. — « Le Grand Monarque, dit l'explication, après avoir détruit la démagogie et les factions intermédiaires ou démagogie déguisée, relèvera les monarchies détruites ou avilies, et exercera sur le monde l'ascendant de Charlemagne au ixe siècle ».

Manuscrit prophétique inédit. — « Le Lion couronné, dit l'interprétation, figure le Grand Monarque, l'envoyé providentiel qui relèvera de ses ruines le royaume de Saint-Louis, et le couvrira d'un éclat immense ».

L'abbé Petiot. — « Après une sanglante bataille, quand les triomphateurs croiront recueillir le fruit de la lutte, un homme nouveau s'élèvera pour rendre la paix à la société ébranlée. »

Le B. Joachim. — » Dans une figure prophétique, le Grand Monarque est enveloppé, des pieds à la tête, des replis d'un long serpent, le python révolutionnaire. La tête seule et une épaule sont libres, et pourtant Dieu soutient son Elu, qui se dégage des enroulements du reptile, pour ceindre le diadème, tenir la main de justice et vaincre les factions et les tyrannies ».

De S..., prélat romain. — Ce personnage, parlant de la *Vie d'Anna-Maria Taïgi*, par le P. C., a dit de cette œuvre écrite sur des documents exacts : « Elle est très-bien faite ; j'ai beaucoup entendu parler de cette sainte femme, à Rome, où alors on travaillait au procès de sa béatification ; eh bien ! tout ce que vous voyez se passer a été annoncé par elle. Elle a prédit la proclamation du dogme de l'Immaculée Conception, le Concile du Vatican, et dans ce Concile la question de l'infaillibilité du Pape ; les vives oppositions qu'y feraient certains évêques, et la décision du Concile ; qu'aussitôt après la proclamation de ce dogme, la France déclarerait la guerre à la Prusse, guerre désastreuse et qui plus tard deviendrait générale ; la fin de Napoléon III ; une République en France, mais qui durerait peu ; qu'un moment viendrait où les partis, ne pouvant s'entendre sur le choix d'un gouvernement, finiraient par se décider à remettre la question à la décision du Souverain-Pontife ; que celui-ci enverrait un légat en France pour lui rendre compte de l'état des choses ; qu'ensuite le Pape donnerait à la France un monarque chrétien, et qu'à partir du moment où il monterait sur le trône, ce pays entrerait dans une ère de prospérité civile et religieuse ».

L'Apocalypse (Commentaire d'Holzhauzer). — « Celui que saint Jean vit sur la nuée est le Grand monarque. Il est dit qu'il est *assis sur une nuée blanche*, parce que son règne, désigné par le mot assis, sera un règne stable et saint, appuyé sur la protection de Dieu tout-puissant. Il est appelé *semblable au fils de l'homme*, à cause de ses grandes vertus, par lesquelles il imitera le Sauveur Jésus-Christ ; car il sera humble, doux, aimant la vérité et la justice, puissant par ses armes, prudent, sage, zélé pour la gloire de Dieu. Il est représenté *ayant sur la tête une couronne d'or*, c'est-à-dire qu'il sera un grand monarque, riche et puissant, et le dominateur des dominateurs ; il vaincra les rois des nations. *Et ayant dans sa main une faulx tranchante*. Cette faulx, que le Grand Monarque tiendra en main, c'est sa grande et forte armée, avec laquelle il traversera les nations, les républiques et les places fortes. Il est dit que cette faulx est tranchante, parce qu'il ne livrera aucun combat sans qu'il en résulte la victoire pour ses armées, et un grand carnage pour ses ennemis. Il est dit qu'il tient sa faulx dans la main, parce que son armée n'entreprendra rien sans ses avis, et c'est lui-même qui la dirigera par ses conseils, et elle lui obéira à la perfection, et lui sera attachée, et l'aimera de telle sorte qu'il la maniera comme un bâton, et opérera par elle des choses admirables (Int. xiv, 14)»

Dans la Bible, les prophètes Daniel, Isaïe, Jérémie, Ezéchiel, Osée, Joël, Amos, Abdias, Nahum, Michée, Habacuc, Sophonie, Aggée, Zacharie, Malachie, ont annoncé le Grand Monarque. Le IVᵉ livre d'Esdras, chapitre xiii, en contient une peinture pleine de majesté.

Hommes qui n'avez pas sacrifié à l'idolâtrie générale de nos jours, contemplez cette figure qui est saluée dans tous les temps, et se manifeste dans toutes les traditions ; l'Inde, l'Asie entière, les livres byzantins, l'Occident, tout le connaît. Les livres saints en ont dessiné les traits. Ce concert des siècles proclame le Monarque promis à notre âge : le Secours de Dieu, le Victorieux, le Lys, le Juste, le Régénérateur, le Prince de la paix. Il est, disent encore ces voix, le Roi de la maison de David, le Juge équitable, le Bras de Dieu, le Premier d'entre les potentats, le Désiré des nations, le Lion de Juda. Et encore : il est le Bien-aimé, le Héros choisi, le Pasteur, le Père des habitants de Jérusalem et de la maison de Juda. Il est l'Orient, Celui qui dissipe les ténèbres. Seul Souverain et seul Seigneur, il est la postérité des patriarches, et c'est à lui qu'est promise la possession des saintes montagnes. Il se nomme encore Zorobabel ou Eloigné de la confusion. Il s'appelle enfin la Parole de Dieu, le Fort qui est assis sur le coursier blanc et sur le vêtement duquel est écrit : mystère.

Consolateur des justes, Envoyé providentiel, Lys qui doit fleurir dans le royaume de la Vierge, Soleil de justice, Nuée qui porte la miséricorde et le courroux divin, qu'il vienne, qu'il paraisse, réparant les ruines, réchauffant les courages abattus, répandant les lumières célestes, foudroyant les sacrilèges et les criminels, et que la France, et par elle le monde, renaissent, après tant de deuil et de tempêtes, à la félicité et au repos !

IV.

LE PONTIFE-SAINT.

Avec le Grand-Monarque, devant apparaître providentiellement, voici le Pontife-Saint, qui sera également suscité pour accomplir avec lui tant de prodiges.

L'abbé Werdin, d'Otrante, XIIIe siècle. — « Lorsque sur la chaire de Pierre brillera une étoile éclatante, élue, contre l'attente des hommes, au sein d'une grande lutte électorale, étoile dont la splendeur illuminera l'Eglise universelle, le tombeau qui renfermera mon corps sera ouvert. Ce bon Pasteur, gardé par les anges, réparera bien des choses par son zèle et sa sollicitude. Par son zèle et sa sollicitude, des autels seront construits et les églises détruites seront relevées. »

Elisabeth Canori Mora. — « Je donnerai à mon Eglise, fut-il dit à la pieuse femme, un pasteur saint et rempli de mon esprit, qui réformera mon troupeau par son grand zèle. »

Le Père Botin. — « Il conduira les peuples dans l'équité et les rois dans la justice, et sera honoré des princes et des peuples. »

Jean de Vatiguerro. — « Il reformera l'univers, principalement par la puissance de ses exemples et la vénération profonde qu'il saura inspirer. Il ramènera les ecclésiastiques à la manière de vivre des temps apostoliques, et il se montrera sans crainte comme sans condescendance envers les puissances temporelles. Il ramènera les schismatiques au giron de l'Eglise et convertira presque tous les infidèles, et surtout un grand nombre de Juifs. »

Anna-Maria Taïgi. — « Il sera élu d'une manière extraordinaire. Son nom retentira sur les lèvres des enfants même, et sera connu dans tous les coins du monde. Il sera populaire et aimé des pauvres, mais en même temps sévère dans la justice. Il est celui qui sera appelé la prédiction des peuples, le chéri de Die... Il fera la réforme de l'Etat et des mœurs des peuples. Il réformera l'Eglise et le clergé séculier et régulier, les rappelant à l'observance exacte. Il aura des lumières extraordinaires de Dieu et sera armé d'une foi vive et d'un zèle ardent. Il aura à souffrir, car il devra lutter contre des oppositions qu'il trouvera partout, dès le commencement, de sorte qu'il se trouvera isolé ; mais le bras tout-puissant de Dieu sera avec lui et le fera triompher.

« Le Seigneur lui donnera tant de force qu'il s'imposera même aux souverains. Malheur à ceux qui s'obstineront et formeront opposition à ses ordres : la main de Dieu sera sur eux dès ce monde même pendant son règne ; beaucoup de mauvais chrétiens se convertiront, et des églises schismatiques rentreront dans le centre de l'unité catholique. Le Turc lui-même viendra à lui et lui rendra hommage, ainsi que les peuples éloignés. Il aura une vie longue et suffisante pour régler tout à la gloire de Dieu. Mais puisqu'il ne pourra pas tout faire lui-même, le bras puissant de Dieu remuera le monde. Enfin, après avoir fait triompher l'Eglise sur la terre et reçu la palme du triomphe, il sera, plein de mérite, appelé par le Seigneur à une couronne d'une gloire immortelle en paradis ;

il sera pleuré par tous les peuples ; son nom sera immortel et son souvenir gravé dans le cœur des générations futures. »

Cette prophétie a été recueillie par le vénérable prêtre romain, Vincent Pallotti, et communiquée par lui, en 1847, au R. P. Fulgence de Carmagnola, provincial des capucins, à Turin.

Saint Malachie. — « *Ignis ardens*, feu ardent, semble désigner le Pontife-Saint dans cette prophétie.

Une ancienne religieuse (1816). — « Elle refleurira cette religion sainte ; mais ce ne sera ni le Pape ni le Roi actuellement régnants qui la feront refleurir, mais un roi selon mon cœur. Il fera de grandes choses avec un Pape que je donnerai à mon Eglise dans ma miséricorde. Ce n'est qu'à eux qu'il sera donné de rétablir les affaires de l'Eglise. Le nouveau Pape sera un grand personnage et d'une grande sainteté. Par ses exemples, par ses soins et de concert avec le Grand-Monarque qui sera selon mon cœur, ils feront de grandes choses pour la religion, et plusieurs nations entreront dans le sein de l'Eglise. »

Prophétie de Prémol. — « Et je vis un homme, d'une figure resplendissante comme la face des anges, monter sur les ruines de Sion (Rome). Une lumière céleste descendit d'en-haut sur sa tête, comme autrefois les langues de feu sur la tête des Apôtres. *Et les enfants de Sion* se prosternèrent à ses pieds, et il les bénit. Et il appela les *Samaritains et les Gentils*, et ils se convertirent tous à sa voix. »

Mirabilis liber, chapitre XXV. — Cet angélique Pasteur ne s'immiscera en rien dans les affaires du siècle, mais la houlette à la main, il visitera les régions et les terres. C'est pourquoi, par les soins et la sollicitude dudit Pasteur, et sous le gouvernement d'un monarque temporel, il s'établira entre les Eglises grecque et latine une *union perpétuelle*. Elles ne formeront qu'un centre unique à perpétuité.

Jean de Rochetaillée. — « Un ange, vicaire du Christ, sera transmis du ciel à la terre, parti du cœur même du Christ; il fera toutes ses volontés et ramènera les ecclésiastiques au mode de vivre de Notre Seigneur et de ses apôtres. Il condamnera et extirpera tous les vices, semant dans le monde toutes les vertus; il convertira les Juifs et les Mahométans. Avant il opérera la soustraction de tous les rebelles à la loi de Dieu. L'univers entier sera pacifié. »

Amadée, évêque de Lausanne. — « Le Pasteur que Dieu aime et choisit entrera, au temps donné, dans le temple ; Rome sera renouvelée en ces jours et présidera au monde entier. Ce Pasteur sera assimilé au roi David, parce que, comme ce dernier avait réformé l'ancienne Jérusalem, celui-là réformera la Jérusalem nouvelle, c'est-à-dire Rome et l'Eglise. Et il sera le véritable Fils de l'Eglise, et le Pasteur accepté de tous, de Dieu et des hommes ; le Seigneur lui donnera la grâce et la prudence, et il délivrera ses lèvres et sa langue... Il joindra l'Eglise Occidentale avec l'Orientale dans une Union perpétuelle ; il créera dix cardinaux dans les pays orientaux et établira en Occident deux grands patriarcats. Parmi ceux qui l'assisteront, il y aura sept prélats très-dignes, semblables aux sept anges qui se tiennent devant Dieu. Il enverra des légats apostoliques dans l'univers, afin qu'ils prennent soin des brebis de Dieu ; la paix universelle et la réformation reparaîtront. »

Prophéties du pape Benoit XII, XIVe siècle. — « Je me suis réjoui dans ces paroles où il m'a été dit : A cause de la longue tribulation des vrais chrétiens et l'effusion du sang innocent, la prospérité renaîtra au sein du peuple désolé. Un Pasteur choisi montera sur le trône de Pierre et il sera gardé par les anges. Il accomplira de grandes choses par l'inspiration divine. Plein de douceur et d'une vertu sans tache, il sera le pacificateur universel. Il rétablira les affaires de l'Eglise dont il recouvrera le domaine temporel. Prodige de mansuétude, aidé par ses envoyés, il rétablira l'unité religieuse. Soutenu par la constance divine, il opposera la force d'En-haut à toute puissance ennemie. Il réformera le siècle, et le trône de France sera rendu au souverain légitime. Une seule foi sera en vigueur. Les calamités passeront, et les hommes du Seigneur seront vénérés sous le Pasteur angélique. Il n'y aura plus de divisions dans la grande famille chrétienne, et l'admiration pour la sainteté du pontife sera universelle. Il humiliera l'orgueil des dissidents, et les prélats qui relèveront de son autorité dans le monde entier auront le cœur et les yeux tournés vers la ville éternelle. Ce pape auguste opérera toutes sortes de réformes, et soumettra à l'Eglise les nations les plus éloignées. Uni avec le Monarque Fort, toutes les résistances contre la vérité seront brisées, et une félicité incomparable règnera parmi les hommes. O Pasteur des pasteurs, tu élèveras à la face des nations deux couronnes, une d'or dans la main gauche, l'autre d'argent dans la droite, marques des promesses divines, comme le signe qui surmontait la baguette de Joseph et que Jacob salua avant de mourir. Le Christ, que représentent ces couronnes, est seul le souverain bien, et le vrai médecin qui répandra le baume sauveur sur nos blessures. Une seule foi sera donc en vigueur au milieu des chrétiens, et un Pasteur unique étendra son autorité sur l'Orient et sur l'Occident. Ta puissance s'étendra au-delà des océans, ô homme de bénédiction ! et ce n'est qu'après trois fois trois temps que tu rendras ton âme à Dieu ».

Le texte latin de cette vaticination nous a été communiqué par un érudit de la Savoie ; elle est extraite d'un très-vieux manuscrit des archives de Sallanches.

Marie Lataste, dans une double allégorie, représente à son

tour le Grand Pape et le Grand Roi, l'un et l'autre s'avançant comme des envoyés divins, et pénétrés de la tâche qui leur incombe. Ils sont humbles selon la foi chrétienne, mais animés du courage des messagers providentiels, et ils accomplissent leur mission en prophètes, en héros. Ils sont précédés par les anges, et ils s'en montrent les émules.

B. Joachim. — « Un pasteur glorieux, s'assiéra sur le trône pontifical sous la sauvegarde des anges. Pur et plein d'aménité, il conciliera toutes choses, rachètera par ses vertus aimables l'état de l'Eglise, les pouvoirs temporels dispersés ».

Religieuses de Belley. — « Un saint lève les mains au ciel ; il apaise la colère divine. Il monte sur le trône de saint Pierre ».

Prophétie du XVIe siècle. — « Bienheureux l'esprit que la grâce des cieux pour iceux jours a voulu réserver, quand le Grand Pasteur tout à un ralliera pasteur et bestail. Lors seront les cœurs nettement esclairez d'une saincte ardeur, vérité dévolant... Et en ce temps qu'on verra tous les estats estre à gré, et justice à son degré. » (Lyon, Arnoullet, 1572). »

Merlin. — « L'Apostolle (le Pontife Saint) et la gent de Gaule feront tresbucher les *desloyaux*, qui trembleront de peur ; et ceux qui devers l'Apostolle se tiendront, en trembleront de joye, qui les surmontera ; parce qu'il verra avaller ses ennemis. Dont perdra le lion ses ongles » (in-4º gothique, 1498).

Mirabilis liber XXXV. — « Un certain personnage sera consacré Pape, et en peu de temps il réformera l'Eglise... L'Eglise reprendra tout son éclat. »

A.-M. Taïgi. — « Une grande lumière, jaillissant de saint Pierre et de saint Paul descendus des cieux, ira se reposer sur le cardinal futur pape. »

Prophétie de Plaisance. — « Un homme juste et équitable,

sorti de la Galatie ; sera Pape ; dans tout le monde renaîtra la concorde et la foi ».

Saint-Ange , martyr. — Un roi s'élèvera finalement de l'antique race des rois de France, d'une insigne piété envers Dieu ; il sera honoré par les princes chrétiens et dévoués à la foi orthodoxe ; il sera aimé d'eux, et sa puissance s'étendra au loin sur la terre et sur la mer. Alors, l'Eglise, comme retirée d'une certaine destruction, ce roi s'unira au Pontife romain et le soutiendra ; l'erreur sera détruite parmi les chrétiens ; l'Eglise sera rendue à l'état que les bons ont choisi pour elle. Il enverra une armée, à laquelle s'uniront spontanément de nombreux guerriers, s'élançant au combat pour la gloire de mon nom (c'est Jésus-Christ qui parle) ; et l'amour de la croix qui les transportera leur obtiendra des trophées dont l'éclat s'élèvera jusqu'au ciel. Le Monarque, équipant bientôt une flotte, passera les mers, rendra à l'Eglise les contrées qu'elle avait perdues. Il délivrera Jérusalem » (Vie de S. Ange, par Enoch, écrite en 1127).

Prophétie des Catacombes. — « Le Grand Pontife sera ramené par le Grand Monarque. Toutes les vertus refleuriront dans l'Eglise de Dieu, surtout dans le sacerdoce. Puis la secte de Mahomet sera détruite ».

Guillaume Postel. — « Par eux (le Pape et le Monarque) aura lieu « le rétablissement de toutes choses : le Pape sera en même temps roi, pontife et juge, tandis qu'il n'y aura sur la terre qu'un même culte ». Postel a vu *venir un siècle d'or , la monarchie universelle sous un roi français.*

V.

PROPHÉTIES ACCOMPLIES.

Les prédictions relatives à l'histoire contemporaine et qui

se sont accomplies déjà en partie ou en totalité, sont le garant de celles qui restent à se réaliser. Voici une indication sommaire des premières :

Vatiguerro. — Le royaume de France, envahi sur tous les points, sera soumis au pillage, à la dévastation et à la ruine complète ; ses chefs, frappés d'aveuglement par la main de Dieu, ne sauront pas trouver d'armes pour se défendre. Les cités les plus belliqueuses tomberont au pouvoir de l'ennemi. Telles seront les tribulations qui précèderont la restauration du christianisme ».

N'est-ce pas fidèlement l'invasion prussienne ?

Martin de Gallardon. — L'archange Raphaël avait dit à ce laboureur (1817): « La France est dans un état de délire ; elle n'est plus que dans l'irréligion, l'orgueil, l'incrédulité, l'impiété, l'impureté, et enfin livrée à toutes sortes de vices. Si elle ne se hâte pas de mettre fin à ses désordres, le plus terrible fléau est prêt à tomber sur la France ; elle sera livrée en proie et en opprobre à toutes les nations, et exposée à tous les malheurs ; d'un fléau on tombera dans un autre. Plusieurs ville seront détruites ».

Nous savons les calamités qui ont frappé le pays ; nous ne pouvons nous empêcher de trembler pour l'avenir.

Le même langage a été tenu, depuis, par le divin Sauveur à sa servante Marie Lataste. Mélanie, bergère de la Salette, à exprimé les mêmes reproches, annoncé les mêmes châtiments.

Proclamation du dogme de l'Immaculée Conception annoncée en 1842. En cette année, Notre-Seigneur dit à Marie Lataste : « Ma fille, vos hommages ont été agréés par ma mère ; il ont été aussi agréés par moi. Je veux vous remercier et récompenser votre piété par une nouvelle qui vous sera agréable. Le jour va venir où le ciel et la terre se concerteront ensemble pour rendre à Ma Mère l'honneur qui

est dû, dans la plus belle de ses prérogatives. Le péché
[n'a] jamais été en Marie, et sa conception a été pure, sans
[tâ]che comme le reste de sa vie. Je veux que sur la terre cette
[vé]rité soit proclamée et reconnue par tous les chrétiens. Je
[me] suis choisi un Pontife, et j'ai soufflé dans son cœur cette
[ré]solution. Il sera dominé par cette pensée pendant tout le
[te]mps de son pontificat. Il réunira les évêques du monde
[po]ur entendre leurs voix proclamer Marie immaculée dans sa
[con]ception. Toutes les voix des évêques se réuniront dans sa
[vo]ix, et sa voix, proclamant la croyance des autres voix, re[ten]tira dans le monde entier ».

La Salette. — « Il viendra, dit la Sainte-Vierge, une
[gra]nde famine ; si vous avez du blé, il ne faut pas le semer ;
[e]t ce que vous sèmerez, les bêtes le mangeront. Ce qui vien[dra] tombera en poussière quand vous le battrez. Avant que la
[fam]ine vienne, les enfants au-dessous de sept ans seront pris
[d'u]n tremblement et mourront entre les mains des personnes
[qui] les tiendront ; les autres feront pénitence par famine ».
[C]ette dernière particularité s'est accomplie. Quant à la
[fam]ine, n'avons-nous pas vu le défaut des récoltes, et le ren[ché]rissement des denrées, et la maladie des vers à soie, et
[cel]le de la vigne, qui ont ruiné la moitié du Midi, et menacent
[de] mettre le reste à la misère ?

L'abbé Souffrant. — « Après la république (1848), il y aura
[un] Bonaparte qui gouvernera la France ; mais tout cela ne
[du]era pas ».

Mélanie. — La Sainte Vierge lui avait dit : « Que le Saint-
[Pèr]e se méfie de Napoléon III : son cœur est double, et quand
[il v]oudra être à la fois pape et empereur, Dieu se retirera
[bien]tôt de lui. Il est cet aigle qui, voulant toujours s'élever,
[tom]bera sur l'épée dont il voulait se servir pour obliger les
[peu]ples à le faire monter ».

Elisabeth Eppinger. — Dès 1848, avant même que Napoléon III montât sur le trône, cette voyante en avait dit : « Il y en a un de ceux qui sont déjà au pouvoir, qui désire être préposé à la France et gouverner seul ; il se donne toutes les peines imaginables pour parvenir à cette dignité ; il promet au peuple des secours et allégement à ses maux, et à la sainte Eglise protection spéciale ; mais c'est un trompeur et un hypocrite. Un jour, je dévoilerai au peuple la duplicité et les tromperies de cet homme et de ceux qui sont avec lui ; c'est là une de ces grâces que j'accorderai à la France ; quant à ses partisans, je les aveuglerai au point qu'ils se trahiront eux-mêmes (c'est Jésus-Christ qui parle) ».

La religieuse de Belley, 1828. — « La famille royale v être punie ; elle me paiera les expiations qu'elle me doit mais parce que je me la suis choisie, je ferai pour elle ce qu j'ai fait pour Loth, et je la sauverai de Sodome. L'usurpateu viendra s'asseoir sur le trône où ma vengeance le trouver plus tard. La démence, l'aveuglement, règneront, et l'ave glement ira jusqu'au bout ; il se fera sentir aux miens, et i se désoleront ; mais l'épreuve sera courte. Les bons désespér ront durant le succès de l'iniquité, et la France périrait si ell n'était consacrée à Marie ; mais ce qui appartient à Mère ne périt pas. L'expiation sera aussi grande que crime. Quand l'usurpateur croira son triomphe assuré, e qu'il s'applaudira de ce qu'il peut, c'est alors que je le frap perai dans sa force ».

Les sceptiques en matière de prophéties ont-ils quelqu chose à objecter ?

Sainte Brigitte. — « Je t'ai fait voir cinq rois et le royaumes, dit le Sauveur à la sainte. Le premier est un ân couronné, parce que dégénérant des bons princes (ses aïeux il a terni son honneur et sa gloire (le roi d'Italie).

deuxième, loup insatiable, a, par son imprudence, enrichi ses ennemis (Napoléon III). Le troisième, aigle superbe, méprise tout le monde (le czar). Le quatrième, bélier volage, frappant, avançant et brisant, tourne à son profit la justice de Dieu (Guillaume). Le cinquième est un agneau immolé, mais non sans tache, dont le sang répandu a causé beaucoup de troubles et de subversions (Françcis-Joseph) ».

Religieuse trappistine. — « Quand les méchants auront répandu une très-grande quantité de mauvais livres, les événements (désastreux) seront proches ».

Religieuse de Belley. — « Les méchants veulent tout détruire... Leurs livres, leurs doctrines, inondent le monde ».

Prophéties allemandes. — « Une guerre terrible se déchaînera sur le monde, quand les soldats prussiens seront habillés comme ceux qui crucifièrent Jésus ».

L'abbé Souffrant. — « La venue du Grand Monarque, que Dieu nous garde, sera prochaine, lorsque le nombre des ligitimistes restés vraiment fidèles sera tellement petit qu'on les comptera ».

Le même. — « Viendra un Bonaparte (après 1848) qui gouvernera la France; tout cela ne durera pas ; Bonaparte tombera. — Les grands événements seront proches, lorsque vous verrez des guerres en Italie, et que l'Autriche sera amoindrie par suite de ces guerres. — Un des signes qui annoncera les grands événements, sera lorsque Bonaparte changera la monnaie ».

Rosa Colomba. — « Pauvre Louis-Philippe, tu t'enfuiras un jour hors de France, et tu iras mourir exilé en Angleterre ! »

La même. — « L'ami de ce nouveau roi (Victor-Emmanuel), Napoléon, ne sera pas bien solidement assis sur le trône ; sa déchéance ne sera pas une longue affaire ; un roi légitime le remplacera ».

Prophétie de saint Vincent de Paul. — Au commencement de la Restauration, parut chez Adrien Leclère, à Paris, un opuscule de 12 pages in-12, ayant pour titre : *Dissertation intéressante sur les événements de nos jours*. Il est de tradition, dans la congrégation de la Mission, que son saint fondateur confia à la famille d'Argenson, avant de mourir, un papier cacheté, portant défense qu'il fût ouvert avant un siècle, c'est-à-dire avant 1760. Il devait être remis au roi. Ce fut le marquis Paulmy d'Argenson qui porta le pli, introduit par le ministre de Lavrillière. Ces deux personnages sortirent du cabinet de Louis XV, l'air abattu, et ne répondirent aux interrogations des missionnaires lazaristes que ces mots : « Hélas ! mes chers messieurs, hélas ! recommandons-nous à la Très-Sainte Vierge ; hélas ! hélas ! » Le papier décacheté prédisait les troubles et les désolations de 1789 et de la Terreur. Vers 1786, des religieuses de la Visitation de Châlon-sur-Saône apprirent du pieux directeur de leur maison, qui connaissait la prophétie sus-indiquée, toute la gravité des calamités qui fondraient sur notre pays. « Si vous vivez, leur fut-il dit, dans les années 1790, 91, 92 et suivantes, c'est alors que vous aurez sujet de pleurer, quand toute la France sera bouleversée ; quand le sang ruissellera de toutes parts ; quand le trône sera presque renversé et la religion à deux doigts de sa perte ; quand enfin règnera un chaos d'abominations dans cet infortuné royaume. Cependant Dieu se ressouviendra de ses miséricordes ; les choses changeront de face : à cet état de désolation universelle succèdera un ordre admirable, et l'Eglise de France sera plus florissante que jamais ».

La prophétie indiquait la Sainte Vierge comme seule capable d'apaiser la colère de son Fils, et d'obtenir la conservation de la foi, la fin des fléaux et le retour de la miséricorde. Il est très-vraisemblable que Louis XIII, qui avait la plus grande confiance en saint Vincent de Paul, et par qui il voulut être assisté à l'heure de la mort, fut porté par le même saint à consacrer la France à la Mère de Dieu, et à l'établissement de la procession si solennelle du 15 août en l'honenur de Marie Immaculée.

Jérôme Botin, bénédictin, mort en 1420, à Paris, a prédit à grands traits, les désastres de la réformation; le XVIe siècle avec la majestueuse figure de Louis XIV ; le XVIIIe siècle avec son cortège d'impiété. La révolution est peinte en ces termes dans cette vaticination :

» Alors règnera en France un prince, l'oint du Seigneur, homme doué de vertus et de douceur, et les ouvriers d'iniquité mettront sa tête à prix, épuiseront contre lui leur malice, le réduiront en captivité, et sa fin sera plus malheureuse que son commencement, a dit l'Esprit.

» Après qu'on l'aura réduit en captivité, lui et les siens, les princes et les grands seront entraînés à leur perte.

» Il y aura alors un grand deuil dans l'Eglise du Seigneur, et il ne demeurera pas pierre sur pierre. Les autels des temples seront détruits. Les vierges du Seigneur seront outragées.

» Les hommes d'iniquité s'enivreront de folies et de crimes, car ils auront des signes à leurs têtes et sur leurs édifices, a dit l'Esprit.

» Malheurs aux princes et aux grands, parce que leur pouvoir sera détruit !

» Malheur au peuple, parce que ses mains seront teintes de son sang !

» Malheur à ceux qui gouvernent, parce qu'ils marcheront dans les sentiers de l'iniquité, et qu'ils auront été enivrés du sang d'un roi innocent, des grands et du peuple, et que leur domination sera une domination de perversité, et leur règne un règne d'abomination, et que dans peu ils seront écrasées et périront. C'est ce que dit l'Esprit.

» Malheur aux princes et aux grands ! Malheur au peuple ! parce que son roi sera immolé comme une brebis ; ses proches seront tués, d'autres seront dispersés, et ceux qui auront fait ces choses diront : *Amen* ».

La suite des évènements continue à être marquée dans la prédiction, qui s'arrête à la punition terrible de Paris et à la venue du Grand Monarque.

1789 prédit — Roussat, langrois, chanoine et médecin, est l'auteur d'un livre (1) publié à Lyon, en 1550. A la page 162, on lit : « Venons à parler de la grande et merveilleuse conjonction que messieurs les astrologues disent estre à venir environ les ans de N. S. mil sept cent octante et neuf, avec dix révolutions saturnales : et oultre environ vingt-cinq ans après sera la quatrième et dernière station de l'altitudinaire firmament. Toutes ces choses imaginées et calculées, concluent les susdits astrologues, que si le monde jusques à ce et tel temps dure (ce qui est à Dieu seul connu), de très-grandes, merveilleuses et épouvantables mutations et altérations seront en cestuy universel monde, mêmement quant aux sectes et aux loix ».

Voilà la date de 1789 bien précisée. Pierre Turel, recteur des écoles de Dijon, s'exprime à peu près de la même manière, en 1531, dans un écrit qu'il intitula : *La Période, c'est-à-dire la fin du monde, contenant la disparition des choses terrestres par la vertu et influence des corps célestes.*

Le cardinal d'Ailly, l'*Aigle des docteurs de France*, déclare lui-même, conformément au livre d'Albumazar, *De mag-*

---

(1) En voici le titre : « *Livre de l'estat et mutation des temps, prouvant par authoritez de l'Ecriture saincte, et par raison astrologale, la fin du monde être prochaine* ».

nis conjunctionibus, Venise, 1515, l'influence redoutable des grandes révolutions de la planète Saturne : non-seulement ses conjonctions avec Jupiter produisent un refroidissement extrême, mais elles sont funestes aux individus aussi bien qu'aux empires. Or, en l'année 1414, aura lieu la huitième de ces grandes conjonctions, et après elle, dans l'*année 1789* de notre ère. » Si le monde existe encore en ce temps-là, il y aura de nombreux, de grands, d'extraordinaires changements et troubles dans le monde, principalement en ce qui a rapport aux institutions. «

Jean Muller, savant professeur, puis évêque de Ratisbonne, où il mourut en 1476, a également prédit la révolution de 1789 dans huit vers latins, dont voici la traduction : » Après mille ans accomplis depuis l'enfantement de la Vierge, et que de plus sept cents ans se seront écoulés, la quatre-vingt-huitième année sera une année bien étonnante, et entraînera avec elle de tristes destinées. Dans cette année, si toute la race perverse n'est pas frappée de mort, si la terre et la mer ne se précipitent pas dans le néant, du moins tous les empires du monde seront bouleversés, et il y aura de toutes parts un grand deuil. »

Quel concert ! quelle précision ! quelle prophétie !

Le P. Coma n'a-t-il pas, dans les paroles suivantes, montré le roi de Naples détrôné ? « Ne vous étonnez pas si vous voyez un jeune et inexpérimenté monarque, renversé de son trône par des menées ténébreuses, chercher un asile dans la ville éternelle. »

Le texte ci-après du même religieux n'est-il pas assez transparent ? « Ne vous étonnez pas si vous voyez la vaine et ignorante impudicité d'une femme renversée par ceux-là même qui l'ont partagée, et chercher un court asile dans un foyer de corruption. »

*

Et de même ce qui suit : « Ne vous étonnez pas enfin si vous voyez un voleur couronné tomber ignominieusement au moment même où il va consommer, quoique forcé, un nouveau sacrilège ? »

Rosa Colomba. — Cette religieuse dominicaine avait prédit, comme A.-M. Taïgi, l'avènement de Pie IX, son exil, son retour à Rome, la chute de Louis-Philippe, le règne et le renversement de Napoléon. Elle avait dit du roi Charles-Albert : « Il accourra le premier sur le champ de bataille. Vaincu et obligé de fuir en exil, il ira mourir aux confins de l'Espagne. A Charles-Albert succèdera un roi puéril qui sera détrôné ou absorbé par les sectes. »

Holzhauzer, qui, en commentant l'Apocalypse, n'a pu que dévoiler, au xviie siècle, bien des mystères à venir, compare le travail des sociétés secrètes à celui des taupes, qui perforent la terre dans tous les sens. Il met également en scène un chat dont le rôle hypocrite est des plus acharnés. N'a-t-il pas voulu faire allusion à M. de Bismark, lequel porte, dit-on, un chat dans son blason ?

Prophétie de Prémol. — Découvert en 1835, ce curieux document indique les abominations de la Terreur, l'immolation de Louis XVI, le premier empire, sa chute, la Restauration, 1830, règne du Veau d'or, la catastrophe de 1848, le second empire, l'invasion prussienne, la Commune. Le reste est pour l'avenir.

Le phénomène aérien de Vienne a trait au règne de Louis-Philippe, à la révolution du mépris qui l'a chassé, et pour la suite comme la prophétie de Prémol.

Voir ci-devant ce qui est rapporté des prédictions accomplies d'Anna-Maria Taïgi.

Prophétie de saint Remy. — Depuis bientôt quinze siècles, cette prophétie, dite à Clovis lors de son sacre, reçoit dans l'histoire de France une éclatante réalisation : « Le royaume est victorieux et prospère tant qu'il reste fidèle à la foi romaine et ne commet pas de ces crimes qui ruinent les nations ; mais il est rudement châtié toutes les fois qu'il est infidèle à sa vocation. »

Laurent Miniat, italien. — Il vivait en 1460. Sa prophétie marque les séditions et les bouleversements qui ont désolé les peuples actuels, les maux et la dépossession de l'Eglise. Il fait tout réparer par le Pontife Saint et le Grand Monarque.

Jérôme Botin a montré les faits et les ébranlements du XVIe, du XVIIe, du XVIIIe, du XIXe siècle; il s'arrête aux deux réparateurs annoncés.

Olivarius raconte la révolution et ses suites. Après avoir dit les phases de la vie de Napoléon Ier, arrivé à la déroute de Moscou, le voyant parle ainsi : « Là, ses ennemis brûleront par feu la grande ville, et lui entrera et sortira avec siens de dessous les cendres : force ruines; et les siens n'ayant plus ni pain ni eau, par grande et décide froidure, qui seront si malencontreux, que les deux tierces parts de son armée périront, et en plus par demie l'autre, lui n'étant plus dans sa domination... La prédiction ne s'arrête qu'au Monarque fort. »

La prophétie d'Orval est semblable à celle d'Olivarius, et embrasse la même durée. Pour avoir une idée de sa précision, il faut reproduire ces mots sur la catastrophe de février 1848 : « Le roi du peuple en abord moult faible, et pourtant contre ira bien des mauvais; mais il n'était pas bien assis et voilà que Dieu le jette bas. » Maintenant l'invasion prussienne, et celle-ci à une date indiquée : « Dieu grand ! Quel bruit d'armes! Il n'y a pas encore un nombre plein de lunes (le cycle lunaire ou 19 ans) et voici venir maints guerroyers... Malheur à la grande ville! Voici les rois armés par le Seigneur. »

Le Père Necktou prophétise, lui aussi, sur les mêmes événements, et il a des traits comme celui-ci : « Un nom odieux à la France sera placé sur le trône : un d'Orléans sera roi. »

L'Unita cattolica a publié une prophétie authentique de Pie VII, écrite à Fontainebleau, et confiée à un serviteur, pour être ouverte en 1846, date de l'exaltation de Pie IX. Ce pape y était désigné par son nom, par le nom d'Imola, son archevêché, et les douloureuses circonstances de son règne y étaient précisées.

Richard de Toustain, abbé du Mont-Saint-Michel, avait annoncé « les plus grands malheurs à la postérité du roi qui ne prierait pas et n'honorerait pas le B. Archange, patron de la monarchie française, dans son sanctuaire ». Or, Louis XV a été le premier de nos rois qui se soit dispensé de faire au moins un pèlerinage au Mont Saint-Michel. Le manuscrit de l'abbé Richard de Toustain existe encore dans le trésor du monastère.

Le P. Calliste, religieux de Cluny, xviie siècle. Après une peinture rapide de la terreur, le prophète tient ce langage d'une précision qui terrifie :

« Trois fleurs de lys de la couronne royale tomberont dans le sang (Louis XVI, Marie-Antoinette, Madame Elisabeth) ; une autre tombera dans la fange (le duc d'Orléans) ; une cinquième sera éclipsée (Louis XVII). Les méchants se dévoreront les uns les autres. Du sang.... du sang sera bu.

» Une épée flamboyante surgira de la mer, et, rouge de sang, elle s'y replongera par deux fois ; les épaves d'un grand naufrage seront repoussées par les flots du Nord (Napoléon 1er). Les miséricordes de Dieu seront foulées aux pieds.

« On croira pouvoir marcher en avant sans le concours de Dieu ; il se retirera ; peuple et roi seront abandonnés de lui ;

les dépositaires des pouvoirs seront dispersés (1830, 1848, 1871).

» Eglise de Dieu, tu gémiras encore ! Ministres du Seigneur, vous pleurerez de nouvelles profanations.

» Du sang... du sang sera bu et encore bu (là crise prochaine). La terre sera purifiée de ses crimes par le feu, et elle dévorera ceux qui seront plongés dans l'iniquité.

» Une splendide fleur de lys sort d'une nuée. Gloire à Dieu ! La foi renaît ; un homme, pur instrument de Dieu, en vient rallumer le flambeau. Heureux ceux qui auront survécu ! Gloire à Dieu ! » (*Futuri destini*, Torino, 1871).

Nous pourrions étendre cette énumération, mais, outre que nous désirons ménager l'espace, pour ce que nous avons encore à exposer, nous croyons que ce qui précède suffit pour convaincre le lecteur et couper court à toute objection sérieuse contre la vérité des prophéties. Passons à ce qui regarde Paris et l'Europe, pour envisager ensuite spécialement l'Allemagne, la Pologne, l'Orient, et nous arrêter finalement sur des promesses consolantes.

VI

VATICINATIONS CONTRE PARIS ET CONTRE PLUSIEURS AUTRES GRANDES VILLES.

Les ruines qui hérissent le vieux sol américain, celles qui attirent les archéologues sur les rives de l'Asie où fleurirent de grands empires, l'Afrique et l'Europe elle-même, dans la destruction de villes superbes, nous présentent des exemples de la colère céleste contre les nations criminelles. Il faut songer à ces catastrophes du passé, pour ne **pas** traiter de chimères les formidables menaces que les voyants ont prononcées contre Paris, la Babylone moderne. Nous ne commenterons pas, nous citons :

Jérôme Botin. — « Voici le moment où le Seigneur doit, par sa vengeance, montrer la grandeur des crimes dont elle s'est souillée ; il va faire tomber sur elle tous les maux dont elle a accablé les autres. Le Seigneur a présenté, par la main de cette ville impie, dévastatrice des temples, meurtrière de ses prêtres, de ses rois et de ses propres enfants, le calice de sa vengeance à tous les peuples de la terre. Toutes les nations ont bu le vin de sa fureur ; elles souffrent toutes les agitations de sa cupidité ; mais, en un moment, Babylone est tombée et elle s'est brisée dans sa chute ».

Le B. Labre (lettre à Pie VI). — « Paris sera détruit à cause de ses blasphèmes ; une pierre n'y restera pas sur l'autre ».

Mélanie (de la Salette). — « Paris sera brûlé ».

Le P. Ricci. — « La grande Babylone s'écroulera ».

Apocalypse. — « Sortez de cette ville, vous qui êtes mon peuple, de peur que vous n'ayiez part à ses péchés, et que vous ne soyez enveloppés dans ses plaies. »

Correspondance Hohenlohe. — « Paris sera détruit ; le feu qui tomba sur Sodome et Gomorrhe tombera sur elle, et, pour la détruire, le ciel s'unira à la terre : trois jours, Paris sera enseveli sous une pluie de soufre, et on n'y verra plus que des précipices. Cette ville ne sera plus jamais rétablie. Dieu veut d'un grand mal tirer un grand bien. Cela arrivera bientôt ».

Jean de Vatiguerro. — « Le monde chrétien entier frémira d'épouvante et de regret au récit de la prise et de la dévastation de la plus noble des cités, de la belle et puissante capitale du royaume de France ».

Le père Nechtou.— « Durant le bouleversement général, Paris sera entièrement détruit ; tellement que, lorsque vingt ans après, les pères se promèneront avec leurs enfants dans ses ruines, ceux-ci leur demandant ce que c'est que cet endroit, ils répondront : Mon fils, il y avait là une grande ville que Dieu a détruite à cause de ses crimes ».

Religieuse trappistine, 1820. — « Tout l'univers sera étonné d'apprendre la destruction de la plus belle, de la plus superbe ville ! Je dis superbe par ses crimes. Je l'ai en abomination. Elle a empoisonné toutes les nations par sa malheureuse philosophie, qui répand partout l'impiété ; c'est cette maudite Babylone qui s'est enivrée du sang de mes saints, et elle désire encore le verser. Elle mettra le comble à ses terribles forfaits, et moi je lui ferai boire le vin de ma colère ; tous les maux tomberont sur elle à la fois et dans un seul instant. — Je n'entendis plus la voix, mais un bruit effroyable ; un gros nuage se divisa en quatre parties, qui la dévorèrent, s'élevèrent dans les airs, et de suite je ne vis plus rien qu'une vaste terre noire comme du charbon »..

Marie Lataste. — Un jour, je vis l'ange exterminateur planer sur la grande ville. Il me sembla être sur une grande place de Paris. Au milieu de cette place, je vis un jeune homme sur une colonne. Il était revêtu d'une robe rouge et portait un diadème sur la tête ; il tenait un glaive dans le fourreau et un arc entre les mains. Ses regards étaient foudroyants et sa bouche prête à lancer des menaces. Je vis inscrit au-dessus de sa tête, en caractères de feu : « L'ange exterminateur » (lettre XVI)· Un autre jour, le divin Sauveur lui fit entendre ces paroles : « O Paris, ville exécrable, depuis longtemps tu mérites mon indignation ; et si je n'ai point fait tomber sur toi les flots de ma colère, c'est par un effet de ma miséricorde. J'ai arrêté mon bras vengeur déjà prêt à s'appesantir sur toi. J'ai épargné la multitude innombrable des pécheurs pour ne pas frapper les justes. Tes habitants te maudiront un jour, parce que tu les auras saturés de ton air empesté, et ceux à qui tu auras donné asile te jetteront leur malédiction, parce qu'ils auront trouvé la mort dans ton sein » (lettre LXXXIV).

Anne-Catherine Emmerich. — « Je crus apercevoir une grande ville, qui était particulièrement adonnée au vice et dont le sol était miné. Une multitude de démons y activaient l'œuvre de destruction ; leur travail souterrain était déjà fort avancé, et la cité me parut sur le point de s'effondrer aux endroits où s'élevaient les grands édifices. Je me suis souvent laissé aller à penser que Paris était menacé d'une ruine inévitable ».

Prophétie de Prémol. — « Ah ! le dragon s'est jeté sur tous les Etats et y porte la plus effroyable confusion ; les hommes et les peuples se sont levés les uns contre les autres ! Guerre ! guerres civiles, guerres étrangères ! Quels chocs effroyables ! Tout est deuil et mort et la famine règne aux champs ! Jérusalem ! Jérusalem ! (Paris) sauve-toi du feu de Sodome et Gomorrhe et du sac de Babylone ! Eh quoi, Seigneur, votre bras ne s'arrête pas ! N'est-ce donc pas assez de la fureur des hommes pour tant de ruines fumantes ? Les éléments doivent-ils encore servir votre colère ! Arrêtez, Seigneur, arrêtez ! Vos villes s'abîment d'elles-mêmes ! »

Le solitaire d'Orval. — « Malheur à toi, grande ville ! Voici les rois armés par le Seigneur ; mais déjà le feu t'a égalée à la terre ».

L'abbé Souffrant. — « Paris sera détruit, tellement détruit que la charrue y passera ».

Le curé d'Ars. — Notre-Seigneur Jésus-Christ se rendait corporellement visible à ce saint prêtre, pendant qu'il célébrait le saint sacrifice. C'était le moment des plus ferventes invocations du patriarche. Un jour qu'il demandait grâce pour Paris, on l'entendit prononcer douloureusement ces mots : « Mon Dieu, vous ne voulez donc pas pardonner à cette ville coupable ! »

Oracles sibyllins. — « Malheur à toi, ville des philosophes ! Hélas ? hélas ! malheureuse cité ! car un jour le soc de la charrue passera sur tes ruines, et un père, en les examinant attentivement, dira à son fils : Paris était là. »

L'Apocalypse. — Le passage suivant est appliqué à Paris par les commentateurs : « Babylone sera dévorée par le feu, parce que le Dieu qui la jugera est le Dieu fort... Et les marchands de la terre pleureront et gémiront sur elle, parce que personne n'achètera plus leurs marchandises, ces marchandises d'or et d'argent, de pierreries, de perles, de fin lin, de pourpre, de soie, d'écarlate, de bois odoriférant et de vases d'ivoire, de pierres précieuses, d'airain, de fer et de marbre. »

Religieuse de Belley. 1823. — « Paris périra, les bêtes elles-mêmes n'en approcheront plus. »

Prophétie de Grenoble, 1853. — « Aussitôt, à la lueur des éclairs et des flammes, l'extatique vit Paris qui brûlait et un personnage étendu mort sans sépulture. Ceci arrivera bientôt, dit Notre-Seigneur. Malheur aux villes ! malheur aux prêtres ! Quand on apprendra la mort de ce personnage, qu'on fuie, qu'on se cache, c'est le jour de ma justice ! »

Prophétie dite de saint Thomas, XIIIe siècle. — « Pleure, malheureuse Babylone, que de tristes jours attendent ! Comme la moisson même, tu seras fauchée, à cause de tes iniquités. »

S. X X. — « C'était dans une grande ville (Paris), la foule allait et venait, mais de tout ce monde personne ne s'occupait de Dieu ; tous ne pensaient qu'aux plaisirs sensuels. Soudain des ténèbres épouvantables couvrirent toute la terre ; c'était comme une fumée brune tirant sur la couleur de feu. Le gros nuage se divisa en quatre parties, qui tombèrent à la fois sur la grande ville, et dans un instant *elle fut en feu.*

» A ce spectacle terrifiant, la foule se mit à fuir comme pour sortir de la grande cité. Tout ce peuple était tellement épouvanté que les cheveux se dressaient sur la tête...

Tout à coup j'entendis dans les airs une voix qui criait : « Malheur ! malheur à la terre ! » Je tournai le regard de ce côté, et je vis une figure environnée de lumière. Elle était très-élevée, mais je la distinguais nettement. « Pourquoi, lui demandai-je, malheur à la terre? » — « Parce que, me répondit-elle, les hommes commettent à l'envi l'iniquité. » — « Criez-donc, lui dis-je, criez-donc, afin que tout le monde se convertisse. » — « Je crie, je crie, et personne ne veut écouter. »

» La voix qui menaçait devenait de plus en plus forte. Bien qu'attentive à ces avertissements, je ne perdais pas de vue le tumulte qui continuait. Finalement, la voix retentissant d'une manière plus terrible encore, dit : « Le Seigneur va lancer ses foudres sur les hommes. »

» Tout à coup, sans que j'eusse le temps de parler, un craquement que nulle langue ne peut peindre éclata. Personne ne saurait exprimer cet horrible fracas. A ce bruit indescriptible, je restai un certain temps comme n'étant plus de ce monde. Ces menaces, c'est contre Paris qu'elles ont eu lieu. Je les signale avec un entraînement irrésistible. Si j'en avais la liberté, il me semble que je les publierais comme ce juste avertisseur qui, bien des mois avant la chute de la cité déicide, la parcourait en criant : « Malheur ! malheur à Jérusalem ! »

Le P. Ricci. — « La grande Babylone s'écroulera. »

Olivarius. — « Dans Lutetia, la Seine rougie par sang,

suite de combats à outrance, étendra son lit par ruine et mortalité. »

Mélanie. — Lyon, Marseille et d'autres villes subiront des secousses et des dommages effrayants. »

La petite Marie des Terreaux a prophétisé sur Lyon en ces termes : « Je vis un ange qui descendait du ciel, armé d'une faux couverte d'un crêpe noir. Notre-Seigneur appuyait sa main sur le bras de l'ange, comme pour donner de la vigueur aux coups qui allaient être portés. Notre-Seigneur lui dit : « Frappe ! » Aussitôt la Sainte Vierge, s'élançant avec la rapidité de l'éclair, s'écria : « Arrêtez, mon Fils, arrêtez ! cette ville m'est dévouée. » Son Fils lui obéit à l'instant, et ayant levé sa main de dessus le bras de l'ange, Jésus-Christ remonta au ciel et tout disparut. »

La même. — « Je vis un nuage noir, si effrayant qu'il me cachait tous les Brotteaux. J'en fus épouvantée, tant il était épais. J'avais toujours les yeux fixés sur ce nuage noir. Le bel enfant (son ange gardien) me dit : « Retourne-toi ! » Là je vis Lyon comme enveloppé par une clarté belle et pure ; elle n'était ni celle du soleil, ni celle de la lune, mais elle était brillante et argentée. Cette lumière partait de Fourvière où elle était encore plus éclatante. L'enfant ajouta : « Lyon sera sauvé, la sainte Vierge a donné sa bénédiction à la ville. Il ne faut pas la quitter, ce serait manquer de confiance en la Mère de Dieu. »..... L'enfant me fit voir le quartier des Brotteaux avec une baguette qu'il tenait à la main, et prenant un air menaçant, il dit jusqu'à trois fois : « Il périra, il périra, oui, il périra, à cause des crimes qui s'y commettent. C'est là que Dieu est le plus offensé par toutes sortes d'impuretés. En un mot, c'est une autre Sodome. C'est là que se font tous les complots de la Révolution. »

« Je vis un monstre dans les airs, dit encore la petite Marie, qui criait : « Paris périra comme Sodome et Gomorrhe ! Plusieurs grandes villes périront !... Une grande ville périra ! une grande ville périra ! » Je courus après cette voix en lui demandant : « Laquelle ? » Il ne me fut rien répondu dans ce moment. Un peu après, j'entendis encore crier : « Si la ville de Lyon ne se convertit pas, elle périra aussi ! »

Mélanie. — « Paris sera brûlé et Marseille engloutie ; plusieurs grandes villes seront ébranlées et englouties par des tremblements de ter.e. »

Matay. — « Trois grandes villes et cinq petites périront de fond en comble ».

Une ancienne religieuse. — « Je vis de grands troubles dans Paris, Lyon, Genève et Rouen ».

Le P. Léonard. — « Une grande partie de Lyon sera détruite ».

Religieuse de Belley. « La seconde ville du royaume sera frappée, et ils ne croiront point encore. — Une troisième sera frappée, et ils commenceront à crier merci ».

Prophétie vendéenne — « Le triomphe des méchants est troublé par un orage épouvantable ; cet orage, qui sera général, aura cela de particulier que des vagues de feu tomberont du ciel sur les lieux les plus coupables, et les consumeront. A ce châtiment du ciel seront jointes la famine et la peste ».

Le R. P. L. — « Une grande partie de la ville de Lyon sera détruite, et Paris entièrement ».

Correspondance Cavayon. — « En outre de la punition terrible que Dieu exercera contre les chefs des impies, il en exercera pareillement de bien affligeantes sur les villes coupables ».

Palma. — « La république sera proclamée en France, en Espagne, en Italie. Une mort violente menace Napoléon loin des Tuileries. Il y aura la peste et la famine. Des signes extraordinaires apparaîtront. Rome sera particulièrement éprouvée. Au moment où les méchants voudront s'en emparer, ils seront arrêtés aux portes par l'Ange exterminateur ».

Religieuse de B. — « Babylone est réduite en cendres. Malheur ! malheur à la ville maudite ! »

VII

LA GRANDE CRISE.

La conscience publique, d'accord avec les vaticinations, a le pressentiment de la grande expiation qui se prépare. Le désarroi des idées, l'énervement des énergies, l'absence des supériorités, les entreprises à peine dissimulées de la révolution contre l'Eglise, ce ne sont partout que des prodromes de l'ébranlement universel. Ecoutez plutôt les voyants eux-mêmes :

Le P. Necktou voit un bouleversement général ; le P. Léon, des signes terrifiants dans le ciel ; les prophètes sont unanimes sur l'horreur des catastrophes prochaines.

Commentaire inédit sur l'Apocalypse. — « Le mal atteindra d'une manière particulière, nous le pensons, les nations de la *Mer* (l'Allemagne), en punition de leur attachement obstiné à l'hérésie... Je vais, poursuit le Sauveur, accabler d'affliction ceux (les princes ennemis de l'Eglise) qui commettent l'adultère avec elle (Jézabel, femme de fornication), s'ils ne font pénitence de leurs œuvres ».

Correspondance de M. Cavayon. — « La rage et la fureur des impies ne se portera pas d'abord directement contre les prêtres, mais contre Jésus-Christ lui-même ; on attaquera sa divinité pour détruire la religion dans sa racine. Nous serons environnés de gens qui se diront nos amis ; par prudence et fausse politique, ils nous engageront à nous retirer et à nous mettre à l'abri ; gardons-nous bien de les écouter ; tenons-nous fermes à notre poste. Les impies jetteront feu et flammes contre les zélés défenseurs de l'Eglise ».

Même correspondance :

« Mais pendant le temps que durera la persécution, dit une religieuse Bernardine, les fidèles ne doivent rien craindre et mettre leur confiance en Jésus-Christ ; car le Seigneur a pris leur cause en main, et heureux ceux qui se confieront à sa protection ».

Même correspondance : « Que les bons, les fidèles sachent, disait le Sauveur dans ses communications à une âme pieuse, qu'une trop grande inquiétude sur les évènements qui doivent arriver serait envers moi une défiance qui m'offenserait ».

La prophétie du cardinal Laroche fut trouvée dans les papiers de ce prince de l'Eglise, sans nom d'auteur. On la croit moderne :

« Pendant cette persécution, dit-elle, les chrétiens souffriront beaucoup pour la foi : mais heureux ceux qui resteront constants jusqu'à la fin ! »

S. XX. — « Je m'endormis, je vis une verge de feu étendue sur la terre. Elle marquait des châtiments. L'impression que j'éprouvai ébranla mon être, et je m'éveillai complètement avec le sentiment incommunicable de cette menace divine ».

« C'est encore pendant mon sommeil que j'ai assisté aux ébranlements d'une bataille immense. C'étaient comme d'innombrables tonnerres qui éclataient. La seule pensée de ce carnage, de ces fureurs déchaînées, me glace encore d'effroi. Chose étrange ! J'étais contrainte par une force irrésistible à contempler de près cette conflagration où le fer et le feu moissonnaient des combattants innombrables et dont le fracas s'élevait jusqu'aux astres. J'assistai à toutes les péripéties de cette lutte gigantesque.

» Quel ne fut pas mon étonnement, lorsque à la fin, je vis un cheval blanc, noble, superbe, majestueux, du côté des armées auxquelles devait rester la victoire : cet animal symbolique (c'est l'image du Grand Monarque) décida du triomphe. Ce qu'il fit est si sublime, qu'aujourd'hui ces scènes colossales sont aussi présentes à ma mémoire qu'au moment où je les avais sous les yeux ».

El. Canori Mora. — « Les mauvais esprits dévasteront tous les lieux où Dieu aura été outragé, blasphémé et traité d'une manière sacrilège : ces lieux seront ruinés et anéantis ». Ne pensez-vous pas au château de Saint-Cloud, aux Tuileries, à l'Hôtel de Ville, réduits en cendres ?

Prophéties allemandes. — « Un temps viendra où les hommes ne croiront plus à Dieu. Ils chercheront à secouer le pouvoir des princes et des magistrats. Ils seront infidèles aux monarques... La religion catholique sera en butte à mille attaques, et l'on s'efforcera de la détruire par la ruse ».

A.-M. Taïgi. — « Pendant plusieurs jours de suite, dit le cardinal Pedicini, Anna vit se répandre sur le monde entier des ténèbres excessivement épaisses. Ce fléau lui avait été manifesté à plusieurs reprises, dans le mystérieux soleil ».

La sœur Rosa Colomba et la voyante Palma ont annoncé les mêmes ténèbres. Elles sembleraient devoir durer trois jours.

Mélanie déclare à la France que Dieu ne se souviendra plus d'elle pendant un ou deux ans ; la *Correspondance Cavayon*, qu'il y aura une persécution plus violente que celle de la première Révolution ; le laboureur Martin, que notre patrie sera en opprobre aux autres nations.

Une formidable tempête passera sur l'Italie, affirme M. Stiefel.

A.-M. Taïgi.— « Un jour viendra où le Pape, enfermé au Vatican, se trouvera comprimé comme dans un cercle de fer. Toute espérance humaine sera perdue, et c'est alors que Dieu fera éclater, tout d'un coup, sa miséricorde ».

« .... Les cadavres des hommes tués aux environs de Rome seront aussi nombreux que les poissons charriés dans cette ville par un récent débordement du Tibre.

» Tous les ennemis de l'Eglise, cachés ou apparents, périront dans les ténèbres, à l'exception de quelques-uns que Dieu convertira bientôt après.

» L'air sera alors empesté par les démons, qui apparaîtront sous toutes sortes de formes hideuses. Les cierges bénits préserveront de mort, ainsi que les prières à la Très-Sainte Vierge et aux saints anges.

» Après les ténèbres, saint Pierre et saint Paul, descendus des cieux, prêcheront dans tout l'univers, et désigneront le Pape, qui viendra après Pie IX... *(Ignis ardens)*. Une grande lumière, jaillissant de leurs personnes, ira se reposer sur le cardinal futur Pape.

Saint Michel archange, paraissant alors sur la terre sous la forme humaine, tiendra le démon enchaîné, jusqu'à l'époque de la prédication de l'Antechrist.

» En ce temps là, la religion tiendra partout son empire, *(Unus Pastor)*. Les Russes seront convertis ainsi que l'Angleterre et la Chine, et le peuple sera dans la jubilation en contemplant ce triomphe éclatant de l'Eglise.

» Après les ténèbres, la *Santa Casa* de Lorette sera transportée par les anges à Rome, dans l'Eglise de Sainte-Marie-Majeure ».

P. Necktou.— « Il se formera en France deux partis qui se feront une guerre à mort. L'un sera beaucoup plus nombreux que l'autre; mais ce sera le plus faible qui triomphera ».

La Sœur de la Nativité. — « Je vois clairement deux partis qui vont désoler la France : l'un sous le coup de la persécution, et l'autre, sous le coup de l'anathème de Dieu et de son Eglise. Les deux partis se sont déjà placés, l'un à droite et l'autre à gauche de leur juge, et représentent tout à la fois le ciel et l'enfer. Comme sur le Calvaire, les uns m'adorent, dit Jésus-Christ, les autres m'insultent et me crucifient ; mais ma justice aura son tour ».

La Mère du Bourg. — « Il y aura dans notre France un renversement effroyable. Cependant ces jours seront abrégés en faveur des justes. Il y aura une crise terrible. La justice punira ; mais la miséricorde viendra et nous serons sauvés ».

Religieuse trappistine (1816). — « Il me fut dit : Tu vois les crimes que l'on commet ?... Je vais donc encore frapper la France pour le bonheur des uns et le malheur des autres. Je vis en ce moment un gros nuage, qui était si noir que j'en fus épouvantée. Il couvrit toute la France ; et dans ce nuage j'entendis des voix confuses qui criaient : les unes, Vive la République ! les autres, Vive Napoléon ! les autres, Vive la religion et le Grand Monarque que Dieu nous garde ! »

La Mère Marie de Jésus. 1797-1854. — « Je me trouvai dans une espèce de temple qui semblait tout triste et tout sombre ; j'aperçus devant moi, et quoi ? Mon Dieu quelle abomination ! une déesse assise sur l'autel, et une foule de peuple malheureux qui lui rendait ses hommages.

» Le cœur saisi de la plus vive douleur, je m'abîmai dans le plus profond de mon âme, en réparation. Mais que vois-je de plus affreux encore ! tout le pavé de ce temple couvert de vases sacrés, de saintes hosties, d'ornements d'église, qui étaient là par terre. Mon Dieu, de quelle profonde tristesse et dans quelle amertume ne fût pas plongé mon cœur et tout moi-même ! En ce moment, j'entends très-distinctement ces paroles de Jésus, le bien-aimé de mon âme : *Regarde, vois combien d'outrages j'ai reçus dans le sacrement de mon amour, et tous ces outrages n'ont pas été réparés !* »

Prédiction de l'Oba (château de la Suisse). — « Toutes les puissances de l'Europe seront liguées contre eux (les apostats) ; ils rassembleront leurs forces pour leur résister. Alors Dieu les abandonnera à leur sort : l'armée employée au relèvement sera exhortée par le chef à la modération dans la victoire. Ses succès seront éclatants ; les temples retentiront de *Te Deum* et d'autres actions de grâces et cris de victoire ».

Mélanie.— « Dieu va frapper d'une manière sans exemple ».

M. Stiéfel. — « Il arrivera des évènements comme il n'y en aura jamais eu auparavant ».

Le P. Léon. — « Des signes terribles et épouvantables paraîtront dans le ciel ».

Sainte Brigitte. — « La moëlle de leur os en séchera ».

Matay. — « Les plus rassurés trembleront ».

L'abbé Souffrant. — « Le sang coulera par torrents ».

M. Stiéfel. — « Une maladie pestilentielle sortira de l'Asie et exercera ses ravages d'un bout de l'Europe à l'autre ».

Le P. Léon. — « Elle sera étonnante par son peu de durée et par le nombre et le choix de ses victimes ».

Le même. — « Il y aura aussi une famine ».

S. Ange. — « La famine, la peste et la division se feront sentir avec acharnement ».

Rosa Colomba. — « Avec le précurseur de l'antechrist (Garibaldi), marcheront de nombreux sectaires, appuyant du poignard la prédication de leur nouveau principe contre l'Eglise. Leur astuce sera si déliée qu'ils gagneront même à leur parti des gens bien pensants. L'épiscopat en général tiendra ferme ; quelques-uns de ses membres feront à peine défaut à la foi ; mais presque tous auront beaucoup à souffrir pour leur courage et leur fidélité à la Sainte Eglise. Beaucoup de protestants viendront en retour consoler les enfants de Dieu par leur conversion au catholicisme. L'Angleterre elle-même donnera ce grand exemple.

» La Révolution doit s'étendre à toute l'Europe, où il n'y aura plus de calme qu'après que la fleur blanche sera de nouveau remontée sur le trône de France ».

J. de Vatiguerro, la sœur de la Nativité, le P. Necktou et d'autres constatent les sombres desseins de la libre-pensée et de l'athéïsme contre l'Eglise, seule, sauvegarde de la paix et de l'harmonie sociale. La peste, la guerre et la famine dévasteront la terre. La consternation sera universelle. La guerre sera générale. Saint François de Paule promet aux souverains les châtiments qu'ils auront mérités.

Elisabeth Canori Mora, 1874-1825. — « Tous les hommes seront en révolte ; ils se tueront mutuellement et se massacreront sans pitié. Pendant ce combat sanglant, la main vengeresse de Dieu sera sur ces malheureux, et par sa puissance, il punira leur orgueil et leur témérité. Il se servira du pouvoir des ténèbres pour exterminer ces hommes sectaires et impies, qui voudraient renverser la Sainte Eglise et la détruire jusque dans ses fondements. Par leur malice audacieuse, ces hommes iniques prétendent faire descendre Dieu de son trône suprême ; mais il se rira de leur astuce et, par un signe de sa main puissante, il punira ces perfides et ces blasphémateurs, en permettant aux puissances ténébreuses de sortir de l'enfer. D'immenses légions de démons parcourront alors le monde entier, et par les grandes ruines qu'ils causeront, ils exécuteront les ordres de la justice divine. Ils s'attaqueront à tout, et nuiront aux hommes, aux familles, aux propriétés, aux substances, aux cités, aux villages, aux maisons, et rien de ce qui est sur la terre ne sera épargné, Dieu permettant que ces sycophantes soient châtiés par la cruauté des démons et punis d'une mort tragique et barbare, parce qu'ils se seront soumis volontairement au pouvoir infernal, et qu'ils se seront ligués avec lui contre l'Eglise catholique ».

Le P. Hyacinthe Coma, (mort en 1849). — « Le monde, ce pauvre monde court à pas de géant vers la ruine ; mais il s'en relèvera avec la grâce de Dieu et par l'intercession de la Vierge immaculée, notre très-aimante Mère.

» Les gouvernements qui régissent aujourd'hui les destinées de la race latine sont dégradés, et, ce qui est pire encore, ils ont dégradé leurs peuples. Quelle terrible responsabilité devant le tribunal du Juge suprême, qui a dit : *Sanguinem ejus de manu tua requiram!*

» L'Italie, arrosée du sang de tant de généreux martyrs, est l'esclave d'une démagogie diabolique, qui est arrivée à se constituer la conseillère du pouvoir.

» La France de saint Louis, la fille aînée de l'Eglise, est devenue la France de Voltaire.

» Et notre pauvre Espagne, qui a été conquise pied à pied par la croix, est devenue un peuple d'ilotes, qui court au Principe et lutte pour briser avec ses traditions, son histoire et sa propre manière d'être.

» Les semences de 93 ont maintenant germé ; Napoléon Ier les dissémina dans tous les recoins de l'Europe ; il est naturel qu'elles portent leur fruit. La négation du principe d'autorité en politique a dû produire nécessairement la négation du même principe en religion ».

Sainte Hildegarde. — Cette gloire de l'ordre de Saint-Benoît, au XIIe siècle, caractérise ainsi notre âge : « Lorsque la crainte de Dieu sera tout à fait mise de côté, des guerres atroces et cruelles surgiront à l'envi ; une foule de personnes y seront immolées, et bien des cités se changeront en un monceau de ruines. Quelques hommes, d'une férocité non pareille, suscités par la justice divine, se joueront du repos de leurs semblables ».

« L'Allemagne, assure M. Stiéfel, deviendra le théâtre des plus effroyables évènements ; une guerre acharnée ravagera ce pays d'un bout à l'autre ».

Sainte Hildegarde a écrit la révélation suivante en 1163 ; lisez, vous y reconnaîtrez l'Autriche et l'Allemagne contemporaines : « En ce jour-là, les empereurs revêtus de la dignité romaine, déchéant de la puissance avec laquelle ils ont vigoureusement tenu l'empire romain, deviendront poltrons dans leur gloire ; en sorte que peu à peu l'empire décroîtra et faiblira dans leurs mains, par un juste jugement de Dieu ; parce que, souillés et froids, serviles et avilis dans leurs mœurs, ils seront inutiles en tout, et voudront cependant être honorés du peuple. Mais ils ne pourront être sincèrement honorés et vénérés.

C'est pourquoi encore les rois et les princes de plusieurs peuples, qui étaient auparavant soumis à l'empire romain, s'en sépareront et ne toléreront plus de lui être assujettis. Et ainsi l'empire romain sera déchiré dans sa décadence.

» Lorsque le sceptre impérial sera ainsi brisé, sans qu'il puisse être réparé, alors la tiare du pouvoir temporel sera aussi divisée, parce que les princes et les peuples, tant de l'ordre spirituel que de l'ordre séculier, n'ayant plus aucune dévotion à l'autorité apostolique, abaisseront la dignité de ce titre. »

Le fait suivant, observé en plusieurs lieux, dans le voisinage de Stuttgard, en 1872, est un véritable signe des luttes armées qui épouvanteront l'Allemagne : Les témoins « virent distinctement une grande route allant du Nord au Sud. Sur cette route chevauchait, la couronne en tête, un grand et superbe cavalier, montant un coursier magnifique. Après lui venaient des officiers, puis de l'infanterie, les capitaines à cheval devant leurs compagnies, puis de la cavalerie, de l'artillerie, des charriots, etc. C'était, au dire de l'un des spectateurs, soldat revenu du service, comme une armée marchant à la bataille. Lorsque le roi eut passé devant un rocher, il parut alors comme un officier ordinaire, mais sa tête était mutilée ».

Ce spectacle était des plus imposants, car voici ce qu'ajoute un autre texte : « Jamais nous n'avons rien vu de plus beau. La magnifique rougeur du soir, les nuages brillants, ornés de fastueux chemins de fer, des soldats, des troupes de toute espèce et de toutes armes, tout cela nous jeta dans un profond étonnement. Ce magnifique spectacle put être observé pendant une demi-heure environ ».

Plusieurs vaticinations annoncent que l'Italie sera le théâtre de très-grandes luttes armées. Il est difficile de savoir pour qui et pour quoi combattront certains peuples, sachant l'alliance qui existe entre certains gouvernements et la duplicité de la Prusse. Nous estimons que ces armées étrangères s'avanceront contre l'Eglise et le Grand Monarque, et que ce dernier les vaincra et les refoulera.

Il est parlé dans plusieurs prophéties de tentatives d'assassinat contre le Pape, mais Dieu protége son Pontife. Certains passages pourraient aussi faire croire à des crimes inouïs. Nous mentionnons ces particularités sans nous prononcer. Les détails prophétiques échappent à l'analyse. De même que le Seigneur rend les prédictions conditionnelles, il en diffère l'accomplissement, ce qui doit nous expliquer certaines dates comme pouvant ne pas être absolues ; telle est celle qu'a donnée A.-M. Taïgi, sur le règne de Pie IX, que la Voyante disait devoir durer vingt-sept ans et quelques mois. A ce propos, nous citons les lignes suivantes du *Cri du Salut* :

« Si ma colère, dit Notre-Seigneur, n'a pas éclaté au jour où elle le devait, c'est que les prières des âmes justes, les prières faites par suite de l'annonce des prochaines calamités, ont obtenu un sursis. Elles n'ont pas été assez générales pour obtenir une pleine miséricorde. Les pécheurs ne sont pas revenus à moi, comme l'exigeait ma justice, pour laisser ma miséricorde éclater sans châtiment. Mais les prières qui ont été faites ont permis à ma justice d'accorder une trêve, de réprimer ma colère, de la refouler pour un temps, afin que la miséricorde règne encore en maîtresse pendant un temps, et que ceux qui voudraient venir à moi, le pussent encore ».

Prophétie de Prémol. — « Et toi, *superbe Tyr*, qui échappes encore à l'orage, ne te réjouis pas dans ton orgueil ! L'éruption du volcan qui brûle tes entrailles approche, et tu tomberas bien plus avant que nous dans le gouffre. »

Le Père Nechtou. — « L'Angleterre éprouvera, à son tour, une révolution plus affreuse que la première révolution française ; et cette révolution durera assez longtemps pour donner à la France le temps de se rasseoir ; et ce sera la France qui aidera l'Angleterre à rentrer dans la paix. »

Marie Lataste. — « L'affliction viendra sur la terre ; l'oppression régnera dans la cité que j'aime et où j'ai laissé mon cœur ; elle sera dans la tristesse et la désolation, environnée d'ennemis de toutes parts, comme un oiseau pris dans les filets. »

Prophétie de Plaisance. — « Les guerres, la famine, la peste, les fraudes renverseront les royaumes d'Italie, et les anciennes dynasties seront chassées de partout. »

Prophétie Emilienne. — « En ce temps-là, malheur à l'Italie ! Trois armées fondront sur elle : l'une venant de l'Orient, l'autre du Nord, l'autre de l'Occident. Il y aura une telle effusion de sang que l'Italie n'en aura jamais vu de pareille depuis le commencement du monde... »

Jean de Vatiguerro. — « Depuis le commencement du monde on n'a point entendu parler d'une crise semblable.

» Alors tous les maux tomberont sur la patrie : guerre, peste et famine. »

Holzhauzer. — « C'est une époque d'extermination pendant laquelle Jésus-Christ épurera son froment. »

Correspondance Cavayon. — « Les hommes verront que ce n'est pas en vain qu'on insulte Dieu ; les châtiments seront aussi visibles que ceux qui frappèrent Pharaon et son peuple. »

Marie Lataste. — « Mon Père, si ma voix n'est pas écoutée, exterminez tous ceux qui ont l'âme esclave de Satan, et crééez-moi un peuple nouveau. »

Savonarole. — « Le glaive du Seigneur passera sur la terre bientôt et rapidement. »

Religieuse de Belley. — « L'expiation sera aussi grande que le crime. »

Mais pour mieux montrer quelles foudres appelle l'apostasie de nos temps et l'idole monstrueuse qui reçoit leurs adorations, citons le dernier mot de la révolution et des sociétés occultes, le *Psaume de Satan*, répandu à profusion en Italie, il y a quelques années :

« Lucifer, c'est le génie de la révolution, l'incarnation de l'esprit de la révolte.

» Dieu, c'est le génie de la réaction, de l'obscurantisme ; c'est l'oppression, c'est la tyrannie.

» Je te salue, père des fautes et des destructions ! En ruinant la création mal faite, tu l'as obligée de s'améliorer par elle-même. Père de l'orgueil, je te salue !

» Ton orgueil, que Dieu abhorre, fut les arrhes de notre salut et de notre rédemption.

» Satan, tu as affranchi l'âme de l'homme. Les ennemis de Dieu, les ennemis de l'Eglise, des rois, des riches, de tous les oppresseurs, sont tes enfants.

» Ce qui est faute, ce qui est crime, c'est le beau, c'est la vérité; la faute seule est belle ; ce que les esclaves de Dieu appellent crime est la seule vérité.

» Je vois dans Dieu l'incarnation du passé, dans Lucifer l'incarnation de l'avenir. Salut à toi, Lucifer !

» Salut, père des révoltés contre toutes les autorités ! Salut, père de l'anarchie, roi de l'enfer, où tu braves Dieu et son ciel !

» Sous ta bannière nous entraînerons les peuples de l'Italie et ceux de toute la terre à l'affranchissement, au bonheur commun, à la fraternité sociale, à la jouissance.

» Nous voulons jouir, nous ne voulons plus souffrir. »

Telle est la déclaration de guerre. Nous asssisterons à la bataille. Nous savons d'avance à qui restera la victoire. Heureux ceux qui seront couverts du bouclier divin !

VIII

RÉVÉLATION ÉCLATANTE SUR LES TEMPS PRÉSENTS, RECUEILLIE PAR LE P. DE RAVIGNAN.

(Extrait des *Mémoires inédits* de feu l'abbé Donat).

Toulouse, le 28 juin 1847.

Depuis l'assassinat de Cécile Combette, le noviciat des frères a reçu la visite d'un inspecteur général. Le frère honoré de ce titre et de cette mission n'a pu s'arrêter que vingt-quatre heures à Toulouse. J'ai eu avec lui un long entretien (1). Il

(1) Le narrateur était aumônier du noviciat.

m'a raconté des choses très-curieuses. Je commence par une prophétie qui fut dite, il n'y a pas longtemps, au R. P. de Ravignan. Je vais ici laisser parler le frère visiteur lui-même. Ecoutez-le :

« Il y a environ dix jours que je me trouvais à Lyon. C'est là que j'ai entendu raconter le détail d'une prophétie dite au P. de Ravignan. J'en suis encore tout pénétré, et je dirai même tout ému. Comme je tiens à faire constater la vérité du récit par celui-là même qui l'a entendu directement de la bouche de la prophétesse, ne pouvant aller trouver moi-même le Père de Ravignan, à cause de mes nombreuses occupations et du peu de temps que j'ai à séjourner ici, faites-moi le plaisir d'écouter attentivement la révélation telle qu'on me l'a donnée, afin que vous puissiez la transmettre dans les mêmes termes au Père de Ravignan. J'attendrai jusqu'à demain matin la réponse qu'il daignera vous faire, avec les corrections qui lui auront paru nécessaires. Voici ce qu'on m'a raconté :

« Le Père de Ravignan, à une certaine époque (celle où il quitta la chaire de Notre-Dame), étant de résidence à Lyon, allait assez souvent et de préférence dans une maison religieuse ou plutôt dans un couvent de femmes. Là, il avait rencontré une de ces âmes privilégiées à qui Dieu accorde des faveurs particulières Celle-ci avait le don surnaturel de prédire l'avenir. Le Père de Ravignan, ravi de trouver en elle cette simplicité qui est le cachet des âmes pures, l'amenait presque toujours au chapitre de ses visions et de ses intuitions surnaturelles. Le petit sourire avec lequel le jésuite accueillait parfois, surtout au commencement, la série des révélations que faisait *la voyante*, fut pris un jour pour un sourire d'incrédulité.

» — Mon Père, lui dit alors la religieuse, peut-être ce que je vous dis ne vous inspire-t-il pas une grande confiance, et l'attribuez-vous à une imagination exaltée ? Si, dans votre sagesse, vous jugez qu'il vaut mieux pour moi que je garde le silence, je dois vous avouer sincèrement qu'il ne m'en coûtera point de me conformer à votre décision.

» — Voilà, dit le Père de Ravignan, un sujet très-ardu. On ne peut, en effet, l'aborder qu'avec de grandes précautions. Du reste, les prophéties se prouvent l'une par l'autre. Donnez-moi, si vous pouvez, l'annonce d'un événement que l'esprit humain ne puisse prévoir dans ses causes, et dont la réalisation prochaine soit une garantie des événements lointains que l'on prédit.

» — Soit, répondit *la voyante*. Si cette preuve vous suffit, je puis vous la fournir à l'instant : Vous avez pris un engagement de plusieurs années pour donner, à Paris, les Conférences de Notre-Dame. Je vous déclare qu'il vous sera impossible d'aller jusqu'au bout. Une maladie qui surviendra, non-seulement vous obligera d'interrompre vos conférences, mais même elle vous mettra dans la nécessité d'y renoncer à tout jamais (1).

» — Me voilà nanti, dit le père jésuite ; allez plus loin, et déroulez-moi cet avenir que vous croyez voir sans nuages.

» — Mon père, sur le point de vous dérouler l'horizon de l'avenir, je me sens attristée, troublée, abattue. Comment une faible créature comme moi pourrait-elle contempler le navrant et lamentable tableau qui s'offre à mes regards ?

» Le père de Ravignan l'interrompit aussitôt :

» — Ce que vous voyez et ce que vous allez me montrer, à qui faudra-t-il l'appliquer ?

---

(1) Ce qui a trait à la maladie et aux conférences du Père de Ravignan s'est réalisé à la lettre. Ce qui reste à s'accomplir de ce document concorde avec les autres prophéties sur un avenir prochain.

» — A la France, répondit-elle. Oui, à la France, notre patrie, qui va être précipitée du faîte de sa grandeur et foulée aux pieds. Oh! que les temps que j'entrevois seront malheureux pour elle! La société, semblable à un vaisseau, sera battue par les flots courroucés des mauvaises doctrines; les fougueuses passions, les farouches instincts se déchaîneront contre elle, et elle paraîtra, aux yeux de plusieurs, sur le point de faire un naufrage inévitable. On ne pourra plus rien attendre des hommes. Dieu seul pourrait la sauver; mais comment espérer de lui ce miracle de bonté et de miséricorde, puisque la justice arme sa main contre nous? Malheur aux riches! c'est un vaste complot contre la propriété qui voudra nous envelopper comme un réseau. De grands crimes seront commis et d'affreux malheurs répandront la désolation parmi les peuples de la terre.

» — L'Eglise, dit le Père de Ravignan, ne se ressentira-t-elle pas de cette secousse? Ne sera-t-elle pas en butte aux coups des méchants?

» — Ah! reprit en soupirant la prophétesse, elle ne sera pas épargnée! Ses maux seront assez grands : le torrent du mal voudra fondre sur elle; cependant la première irruption sera contre la fortune et la richesse. De là il viendra se heurter contre l'Eglise; mais Dieu l'arrêtera et ne permettra pas que son Eglise soit submergée: elle sera comme le granit contre lequel les flots de l'iniquité viendront se briser. Ces temps seront désastreux mais courts, car Dieu, à cause de ses élus, les abrègera. Tout au plus dureront-ils six mois. Ils seront suivis d'un règne glorieux où tout sera remis à sa place. Les esprits reviendront au Seigneur et à la religion qu'ils avaient abandonnés. Ce sera vraiment le règne de Dieu. Jamais la terre n'aura offert un si beau spectacle. Ces jours de bonheur, qui transporteront parmi les hommes en quelque sorte la félicité et le bonheur des cieux, nous ne les verrons pas, mon père, ni vous, ni moi. Vous ne serez pas même témoin des calamités qui doivent précéder cet âge d'or, car elles n'auront lieu qu'après notre mort ».

Lorsqu'il eut fini de parler, le Frère visiteur me réitéra la prière qu'il m'avait faite, d'aller soumettre ces détails au Père de Ravignan et de ne pas oublier d'en rapporter la réponse si ardemment désirée, si impatiemment attendue. Je me hâte donc d'arriver à la résidence des RR. PP. Jésuites, et en y entrant je me dirige vers la chambre du célèbre conférencier. Je frappe à la porte une fois, deux fois, trois fois. Pas de réponse. Certain alors qu'il était momentanément absent, je me promène dans le corridor, en attendant son arrivée. Tout à coup vint à passer le Père Ogerdias, qui était alors le Père Recteur de la résidence.

Dès qu'il m'aperçut : — Qui attendez-vous ? me dit-il. — On vient de me donner une commission pour le Père de Ravignan : il faut que je lui parle en personne. — Si cela est, reprit-il, il faut partir pour Paris. Ce n'est que là que vous pourrez lui parler.

A l'instant je prends mon parti, et je rends compte au Père Recteur de la commission, comme je l'aurais faite au Père de Ravignan lui-même. Il me prêta toute son attention, et lorsque son tour vint de parler :

« — Dites de ma part au Frère visiteur que, moi personnellement, j'ai entendu plus d'une fois le Père de Ravignan raconter ce que vous venez de me dire. Le fondement est exact et les variantes sont peu importantes. Il peut y croire ; le Père de Ravignan ne dirait pas autrement. Toutefois, si le Frère visiteur, pour plus de certitude, veut la réponse directe d Père, tenez, donnez-lui son adresse à Paris : qu'il lui écrive, et bientôt il saura à quoi s'en tenir ».

Le lendemain matin, je rapportai au Frère la réponse textuelle du Père Ogerdias. Le Frère, après m'avoir remercié, m'attesta qu'il acceptait l'affirmation du Père Recteur, et qu'elle avait à ses yeux le même crédit qu'aurait pu avoir la parole même du Père de Ravignan, et que par conséquent il n'écrirait pas à Paris.

Mémoires inédits de l'abbé Donat. — Ces mémoires nous ont été légués par leur auteur avec d'autres précieux manuscrits.

A. P.

(Propriété).

IX.

PROPHÉTIES MÉMORABLES DE L'EXTATIQUE DE BLAIN, PRÈS NANTES.

Marie-Julie Jahnie, comme l'extatique de Bois-d'Haine, ne prend aucune nourriture. Elle souffre, chaque vendredi, les douleurs de la Passion de Jésus-Christ, et ses extases sont recueillies religieusement. Feu Mgr Fournier, évêque de Nantes, avait porté à Rome un volumineux dossier, relatif aux faits surnaturels de l'extatique, à qui il appliquait l'appellation de sainte. Sur les invocations de Marie-Julie, il y a eu des grâces divines accordées, et cent particularités surnaturelles parlent en faveur des prodiges que le Seigneur fait éclater à Blain. Le lecteur trouvera dans les pages qui vont suivre un récit fidèle dans leur ensemble de ces pieuses sublimités. L'avenir est ici retracé en caractères éblouissants. Nous citons textuellement les témoignages de M. C., qui expose avec une exactitude scrupuleuse les manifestations que nous signalons et dont nous donnons la primeur au public religieux. Cette relation est ainsi une propriété.

A M. G......., à Brest. — *9 juillet 1875.*

Je veux profiter de cette occasion pour vous parler de Marie-Julie. Depuis trois mois je l'ai vue plusieurs fois, et chaque fois j'ai été de plus en plus frappé.

Vous vous rappelez une dernière lettre. Toutes les merveilles qu'elle annonçait devaient se réaliser bientôt. Au mois d'avril ce n'était plus que l'affaire de quelques heures (1); il fallait encore quelques prières et quelques conversions.

Au mois de mai, ce délai n'était *plus que d'une heure.*

Au mois de juin, elle parlait comme si la chose était faite ou se passait.

Vous n'avez pas oublié certaine branche de laurier desséchée à l'origine et qui devait reverdir peu à peu, pour refleurir au moment de la crise. Cette branche n'a cessé d'apparaître depuis deux ans, tantôt à demi-fleurie, tantôt desséchée de nouveau. Le 15 juin dernier, j'ai su que maintenant *elle était toute entière fleurie*, et que Marie-Julie n'aurait plus d'autres signes lui annonçant la crise suprême.

Du reste, je ne puis mieux faire que vous copier textuellement mes notes, prises, chaque jour, pendant mon dernier séjour à Blain.

19 Avril 1875. — Je voudrais pouvoir transcrire mot à mot une vision récente que M. l'abbé David (confesseur de Marie-Julie) m'a communiquée. — En voici le résumé :

Marie-Julie était transportée dans un désert aride et désolé, au milieu de ténèbres confuses. Devant elle était un tombeau, celui de la France. Il s'en exhalait des odeurs méphitiques qui ne permettaient pas de l'approcher. Tout à coup une

(1) Dans les prophéties, une heure signifie généralement une année. Note de A. P.

lumière brille et Jésus-Christ descend, ouvre le sépulcre, se penche sur le cadavre et le prend dans ses bras doucement et tendrement (comme saint Joseph prenait l'Enfant Jésus). La France se réveille, et le Sauveur lui parle avec amour dans un langage tout embaumé des divines ardeurs du Cantique des cantiques. Il lui promet de prochaines bénédictions, de prochaines gloires, des triomphes qui dépasseront toutes les victoires passées, parce qu'elle pleure ses fautes, qu'elle se repent; parce qu'elle se jette avec amour dans le Sacré-Cœur. Puis Jésus-Christ la recouche et disparaît.

4 Mai 1875. — Encore le tombeau de la France; mais elle en est sortie. Elle se tient immobile devant Jésus-Christ qui lui sourit tendrement. Elle est enveloppée d'un long suaire noir : ce sont ses crimes. Jésus-Christ l'en dépouille à demi, jusqu'à la hauteur de la poitrine, et il lui couvre la tête d'un voile éclatant de blancheur. Puis il arrache de son cœur un *lys fleuri et le plante dans le cœur de la ressuscitée.*

19 Mai 1875. — Vendredi dernier, Marie-Julie a vu la France, fille de Jésus-Christ. Elle était presque montée au dernier des degrés du trône sur lequel il était assis. Son suaire noir était entièrement tombé, le Sauveur le foulait sous ses pieds, et la France aussitôt se parait d'un manteau blanc, couvert de fleurs de lys d'or, qui l'enveloppait des pieds à la tête.

24 Mai. — M. David m'a lu l'extase de vendredi dernier. Je la résume :

Jésus-Christ était assis sur un trône resplendissant; il avait auprès de lui sa Mère. La France se présente toute vêtue de blanc et de fleurs de lys; elle est déjà couronnée; mais pas encore de la grande couronne qui ne lui sera donnée qu'à l'heure de son salut. De son cœur sortait le lys que Jésus-Christ y avait déposé; il était chargé de fleurs, et parmi ces fleurs, il en était une qui brillait plus grande et plus éblouissante.

La France gravit les marches du trône. La Vierge priait, souriait et pleurait. Son divin Fils s'écrie alors qu'il est vaincu, qu'il ne peut plus résister, qu'il oublie, qu'il pardonne. « A vous, désormais, ma Mère, à vous seule ma toute-puissance ; à vous seule de commander et de fixer l'heure de la victoire de votre fille bien-aimée ». Et prenant dans son cœur une goutte de sang et une larme aux yeux de la Sainte Vierge, il dépose ce mystérieux mélange dans la grande fleur du cœur de la France.

A la droite du trône était agenouillé Pie IX. Jésus-Christ l'appelle, en le nommant son cher fils, il le fait monter à ses côtés ; puis : « Tu as assez souffert ; il est temps que tu sois consolé et que tes ennemis disparaissent, afin que ta gloire règne en souveraine dans l'univers ». Le Pape en pleurs et pressé sur le cœur de son Maître, s'écrie qu'il ne mérite pas une telle récompense ; qu'il est indigne de telles splendeurs. — « Que dois-je faire, ô mon Sauveur, s'écrie-t-il, pour gagner cette couronne que vous me promettez ? »

— « Rien, rien, lui répond Jésus-Christ, tu en as fait assez ; vis encore ; je t'ai promis de longues années et une longue et énergique santé, pour que tu fasses aimer mon Sacré-Cœur par tous les hommes ».

A gauche du trône était le Roi. Il monte à son tour, mais un peu moins haut que le Pape et reçoit, lui aussi, les divines promesses. Il est le fils bien-aimé de la Vierge et il régnera avec son drapeau, symbole de pureté et de gloire.

Cependant tous les grands saints qui protégent la France planaient à l'entour. Au premier rang, revêtu de ses armes, saint Michel semblait attendre fièrement l'heure de la lutte contre le mal.

15 Juin 1875. — Le laurier est fleuri ; Marie-Julie n'aura plus d'autre signe.

— Connaissez-vous quelque chose de plus imposant que les tableaux allégoriques qui précèdent ? Cela est grand comme les Livres saints. Les divers degrés qui marquent la résurrection de la France et la majesté dont le Seigneur la couvre sont supérieurement accusés : ces paroles touchent, elles émeuvent ; elles confirment les promesses qui nous font tressaillir de joie, au milieu des tristesses qui nous désolent.—A. P.

M. C. place ici une note, en souvenir d'une précédente vision. « J'ai remarqué, dit-il, une parole de Jésus-Christ : il ne parle plus au futur, mais au présent ; il ne dit plus : Je frapperai, il dit : Je frappe.

« Que pensez-vous des inondations ? ajoute M. C. ».

Il continue de citer ses notes :

15 Juin 1875. — Hier, vers quatre heures du soir, Marie-Julie, après une longue extase, a raconté à M. David, toute la cérémonie qui avait eu lieu, le matin, à Montmartre. notant expressément la présence du duc de Nemours parmi les laïques. « Désormais, a-t-elle ajouté, il ne faut plus chanter : Sauvez la France, mais la France est sauvée ».

18 Juin 1875. — Marie-Julie a parlé plus longtemps que de coutume et plus clairement que jamais. Elle a levé hardiment tous les voiles de l'avenir et, chose remarquable, tous les récits semblaient se rapporter à des évènements présents et non plus à des faits à venir, comme autrefois. C'était l'histoire du moment qu'elle semblait raconter.

Toutes les révélations qu'elle avait dictées en secret à M. David, parce qu'alors il était défendu d'en parler publiquement, revenaient dans sa bouche sans réticence. Evidemment le temps avait marché et les évènements avaient marché avec lui, quoique nos yeux à nous ne le voient pas encore.

Ainsi nous contemplions la France renfermée dans son tombeau étroit et douloureux ; elle luttait pour le briser et pour en sortir, afin de revenir au jour ; mais elle retombait sans cesse, déchirée par les clous du cercueil qui ensanglantaient ses membres et son front.

Puis, Jésus-Christ descendait, ouvrait la tombe, prenait la morte bien-aimée dans ses bras, la ranimait, la consolait, la fortifiait en lui prodiguant toutes les espérances et en acceptant ses pleurs et ses sanglots d'expiation.

Debout bientôt et penchée sur la poitrine de son Rédempteur, la France laissait choir le suaire ténébreux qui l'enveloppait et elle se vêtait d'un manteau blanc semé de fleurs de lys d'or ; sa tête se parait d'une première couronne petite encore ; son cœur recevait le lys fleuri qui avait germé dans le Sacré-Cœur, et resplendissante enfin de gloire et d'allégresse, elle s'approchait du trône de Jésus-Christ qui lui souriait et l'accueillait avec transport.

Puis, c'était le Pape qui, lui aussi, séchait ses larmes et oubliait ses douleurs pour s'abandonner à toutes les joies du triomphe de Dieu.

C'était encore le Roi, amené par la Sainte Vierge qui l'aime comme son fils, à cause de son innocence. Il apparaissait en souverain, couronné de grandeur et ombragé par les plis de son drapeau.

Bientôt le tableau changeait et se complétait. La France, suivant son chef légitime, marchait reposée sur le cœur de la Vierge, et sa petite couronne se transformait en diadème de victoire (La grande couronne verte et blanche, parce qu'il n'y aura plus que ces deux couleurs). Le Sacré-Cœur s'unissait à Marie, pour l'assurer de son amour, et lui annoncer une fois de plus qu'elle vaincrait ses ennemis dans un triomphe sans égal, qui sera le dernier.

(Pourquoi ces mots : qui sera le dernier? Je suis sûr de les avoir entendus).

Et toujours ce triomphe était dépeint comme un fait présent, acquis.

« La France est sauvée », répétait sans cesse Marie-Julie.

Les bons, les amis du Sacré-Cœur, étaient groupés en masses profondes derrière la France, précédés de tous les saints qui protègent la fille aînée de l'Eglise.

En face se dressait l'armée furieuse des impies, mais ses colères étaient impuissantes et, tout à coup, cette armée était miraculeusement anéantie.

Pour la première fois, Marie-Julie a fait une allusion à la Prusse. Elle voyait un trône élevé pour être le centre et l'appui de l'impiété. Soudain il s'évanouit « comme une fumée ». Mais aussitôt, tous les méchants, transportés de rage, trouvaient encore le moyen de se réunir et de se jeter sur la France. Ils arrivaient *jusqu'à la frontière du Fleuve* qu'ils ne franchissaient pas, parce que la Sainte Vierge avait planté sur la rive un lys foudroyant.

— Il y a dans cette continuité d'affirmations une majesté qui étonne, qui subjugue. Celui qui entendrait cet exposé sans émotion ne saurait être qu'un sceptique ; or, tout sceptique, invétéré est un méchant. Ces pages si élevées, si bibliques, si on nous permet l'expression, sont en pleine concordance avec l'ensemble de nos prophéties. Il y a même ici plus de clarté que presque partout ailleurs.— A. P.

A. M. S.— Lettre du 14 septembre 1875. (Extrait).

Je me trouve, à propos de Marie-Julie, lancé dans une série d'incidents plus ou moins merveilleux. Poussé par ce que je lui en avais raconté, un religieux capucin est allé la voir. A son arrivée, il a trouvé écrit depuis quinze jours, sous la dictée de Marie-Julie, le 23 juillet, le récit complet d'un exorcisme qu'il n'a réalisé que le 3 août (il est arrivé à Blain le 5). Seulement Marie-Julie annonçait que l'ex-possédée devait, pour achever sa guérison, écrire avec son sang une rétractation des deux donations qu'elle avait antérieurement faites d'elle-même au diable. Dix jours après je lisais cette rétractation sanglante arrivée le matin même par la poste. Marie-Julie a prédit en outre au capucin que désormais il jouirait d'un pouvoir surnaturel ; qu'il n'aurait qu'à faire embrasser son Crucifix (1) au pécheur le plus endurci pour le convertir aussitôt, et mon capucin en est à la sixième conversion. — Ce n'est que le commencement des grâces attachées à ce Crucifix ; mais nous ignorons encore en quoi ces grâces nouvelles consistent.

Depuis, il y avait ici un prêtre malade qui ne pouvait plus dire ni messe ni bréviaire. Au mois de mai, il m'a chargé de dire à Marie-Julie de prier pour qu'il pût célébrer le saint sacrifice : le 8 ou le 9 juin elle répondait que ce prêtre pourrait désormais dire la messe. Il la dit régulièrement depuis le 16 juin. Au mois de juillet il a demandé de pouvoir dire on office : Marie-Julie lui a répondu qu'il le pourrait ; et depuis le 15 août il le dit sans fatigue.

Je sais encore cent autres merveilles : aussi le capucin « croit à Marie-Julie comme à l'Evangile ». Ce sont ses propres expressions.

A. M. E. de P. — *Blain, le 18 mai 1876.*

Je vais demain à la Fraudais (c'est le nom du lieu ha-

---

(1) Ce crucifix a été bénit par la Sainte Vierge pendant une extase de Marie-Julie. — A. P.

bité, près Blain, par la famille de Marie-Julie), et je veux vous envoyer le récit de mon voyage.

J'y étais lundi dernier 15. M. David m'y avait emmené pour être témoin d'un miracle, une communion surnaturelle. Nous sommes arrivés vers huit heures et demie. Marie-Julie était couchée dans son lit, les yeux fermés, dans une pose pleine d'une sérénité inouïe. C'était un calme sans nom, un repos ineffable. On sentait qu'elle vivait néanmoins, qu'elle ne dormait pas, et cependant elle ne faisait pas un mouvement.

Puis est venu un ravissement pendant lequel elle a prié et chanté. J'ai ses prières, mais je ne puis vous les copier, quelque belles qu'elles soient ; ma lettre serait interminable.

Après s'être tue, elle a récité à voix basse le *Confiteor*, frappé à deux fois sa poitrine et ouvert trois fois la bouche en portant sa langue sur sa lèvre. Il n'y avait rien encore sur sa langue.

Mais à une quatrième fois, nous y avons tous vu une hostie posée, d'une blancheur parfaite, petite, mince et déjà humide de salive. Elle a ouvert la bouche deux fois encore : l'hostie était toujours là, mais de plus en plus humide, de plus en plus mince, et à la fin réduite en petits fragments. Puis sont venues de nouvelles prières et de nouveaux chants. Je les ai aussi ; mais ce que je n'ai pas, et ce que l'on ne peut avoir, c'est l'accent, c'est la voix, c'est l'allégresse de la *sainte*.

Par moments, la joie divine qui l'oppressait la rendait haletante, et alors il ne sortait plus de sa bouche que des mots entrecoupés : Bonheur ! joie ! charme ! les anges ! mon époux ! amour ! — Figurez-vous ces choses et jugez de mon émotion.

Oui, j'ai vu tout cela, et je l'ai signé. C'est un grand privilège que la Providence m'accorde, et auquel, hélas ! je sens que je réponds bien mal. Mais je ne suis pas un ange et je ne puis le devenir. Quelle n'est pas notre pauvre misère humaine! Nous n'avons qu'un espoir, la pitié de Dieu.

Ou les jours mauvais sont très-près, ou je ne comprends plus rien. Voyez de toutes parts les guerres, les séditions qui commencent; et chez nous quel tableau!

Aujourd'hui, Paris est en liesse pour les funérailles du *glorieux* Michelet. Quelle honte et quel crime ! Comment s'étonner que Paris bientôt ne doive plus être que ruines ? Il l'aura bien voulu.

J'arrive donc à la Fraudais (19). Tout s'y est passé comme de coutume. Il est donc inutile que je vous parle du chemin de la croix que vous avez vu. Malheureusement Marie-Julie n'a pas parlé politique. Il y avait des étrangers, et j'ai remarqué que toujours, quand il y a ainsi des inconnus, elle est très-réservée. Elle a pourtant annoncé la prochaine victoire du Pape, et dit qu'elle voyait la France *partagée en trois parties*.

Depuis quelque temps, du reste, elle parle peu des évènements; est-ce parce qu'ils sont proches ? Je sais toutefois qu'elle les voit dans un avenir de moins en moins éloigné. L'année dernière, elle parlait beaucoup de morts subites chez les personnages importants du jour. La mort de M. Ricard est-elle un premier indice (1) ?

Quoi qu'il en soit, rien n'est changé dans nos espérances. Il faut qu'elles se réalisent, car elles seules sont logiques, et la logique est toujours la vérité.

A M. A. — Lettre du 1er janvier 1878.

Vous avez raison de voir l'avenir en noir; je crois que nous touchons à la tempête. Marie-Julie parle en termes qui

---

(1) Il y a eu d'autres morts subites, depuis, très-significatives.

Note d'A. P.

me *semblent clairs* du commencement du printemps (1). Heureusement la Bretagne sera protégée. Depuis quelques semaines, son nom revient sans cesse accompagné des plus belles promesses de bénédictions. Il y a huit jours, celui de la Vendée est venu à son tour ; elle aussi sera bénie spécialement.

On peut encore rester tranquille tant que Mac-Mahon sera là, si petit qu'il se fasse, mais dès qu'il sera parti, c'est alors qu'il faudra « élever à la fois vers le ciel ses yeux et son cœur.» Défions-nous du duc d'Aumale, et surtout, quoi qu'il tente, ne nous mêlons pas à ceux qui lui prodigueront « leurs applaudissements. » Restons dans la simplicité de nos opinions.

Le Roi ne viendra qu'au milieu de la crise, puisqu'il la terminera. L'Alsace et la Lorraine reviendront à la France. Dans l'intervalle, Paris surtout aura été pour ainsi dire détruit. Plus tard, mais presque aussitôt, le Roi partira avec son armée pour l'Italie. Don Carlos sera avec lui, et tous les deux rendront au Pape sa puissance temporelle.

Voilà le résumé fidèle de ce que je sais. C'est ce que disent à peu près toutes les autres prophéties déjà connues.

Mais il y a une quantité de détails étranges, de prédictions particulières dont quelques-unes se sont déjà réalisées. Il y a eu une chose exceptionnelle au commencement du mois dernier. La Sainte-Vierge a fait voir à Marie-Julie deux hommes sans les lui nommer, et elle lui a commandé de tracer leur portrait. Le dessin en a été si net, si précis, que personne n'a hésité à les reconnaître (2).

---

(1) C'est évidemment le Printemps de 1880.

Note d'A. P.

(2) Ce sont deux des chefs révolutionnaires français.

Note d'A. P.

Or, tous les deux ont un même but, la destruction de la religion : seulement M. X. agit par fourberie, par hypocrisie, il se démasque moins ; M. Y., au contraire, se lance avec audace. « Ah! s'écriait-il naguère, si je pouvais être à Rome, comme j'écraserais le vieillard!»

A. (c'est le parent de M. C.) continue toujours seul son rôle de confident. Je vous jure que je trouve le temps long, et que je voudrais bien être rappelé à la Fraudais. Puissé-je y revenir bientôt! C'est une merveilleuse et grande histoire qui se passe là ; elle est de nature à faire pâlir toutes les légendes connues. Les extases sont plus belles encore que de mon temps. Dieu merci, A. me les envoie toutes.

Voici les paroles de S. Jean l'Evangéliste, du 27 décembre dernier :

« Frères et sœurs de la terre, les fleurs ont presque disparu, les arbres ont perdu leur feuillage, toute la nature est dépouillée de ses beaux ornements. Eh bien, voici l'heure du Seigneur : il viendra avec sa justice et sa miséricorde au moment où la terre sera encore dépouillée ; mais les arbres commenceront à montrer leurs boutons, la terre commencera à reverdir, les jours seront longs et le soleil plus haut dans le ciel. Je parle au nom du Seigneur ; je viens vous annoncer l'avènement de sa justice. »

Extrait des notes de M. E. de P.

Pour éviter les illusions et les artifices du Démon, qui se présente parfois à Marie-Julie, sous les formes les plus hypocrites et les plus variées (une fois même il s'est présenté avec les stigmates), elle demande de temps en temps, pendant l'extase, de l'eau bénite, avec laquelle elle se signe, et, avant de parler, elle invoque les lumières de l'Esprit-Saint. S'il vient à elle un saint qu'elle ne connaît pas encore, elle l'oblige à un acte d'amour envers le Sacré-Cœur de Jésus. Si c'est le Démon, il prend aussitôt la fuite. Le Démon est maintenant facilement reconnu par elle : s'il apparaît avec une croix, elle est tortue ; s'il a une auréole, il y manque des rayons.

Le Démon a tracassé Marie-Julie de bien des manières : il l'a aussi battue en lui laissant des traces de ses coups. Il lui est même arrivé, étant à la Sainte Table, de ne pouvoir desserrer les dents : mais M. David, sachant ce que cela voulait dire, approchait la sainte hostie de sa bouche, et, en présence du corps divin du Sauveur, Satan était obligé de lâcher prise et Marie-Julie pouvait ainsi communier, malgré les efforts de l'enfer.

L'extatique a souvent des ravissements en dehors de ceux du vendredi, même à l'église ; mais alors elle ne parle pas et elle reste dans la position assise ou à genoux qu'elle avait auparavant. Marie-Julie est sourde, dans ces circonstances, pour pour tout le monde, excepté pour son confesseur et pour ses parents.

Marie-Julie a annoncé que l'Ouest sera épargné. Il ne sera pourtant pas entièrement exempt de châtiments : excepté Bordeaux et La Rochelle, Sainte-Anne couvrira la Bretagne de son manteau. D'autres villes, Paris surtout, seront terriblement châtiées.

Les inondations du Midi (1875) ne sont que la fleur des châtiments prédits. Les habitants du Midi ayant blasphémé au lieu de reconnaître et d'adorer la main de Dieu qui les a frappés, des fléaux plus effroyables leur sont réservés : cette fois ce sera le feu.

Marie-Julie, depuis la Quasimodo 1874, est restée d'abord cent cinq jours sans prendre de nourriture ; puis la Sainte-Vierge lui a permis de prendre quelques cuillerées de lait. Elle en prend, en conséquence, une cuillerée le matin et une le soir, mais pas tous les jours. Elle n'aime pas le lait, qui lui provoque des répulsions du cœur.

Marie-Julie connaît, pendant ses extases, la composition de son auditoire, et est plus réservée suivant les personnes présentes. Ainsi, il y a quelque temps, deux personnes étaient venues de Paris et étaient entrées pendant l'extase. Marie-Julie montra plus de réserve et fit allusion à l'un d'eux en disant avec toute la délicatesse qui lui est habituelle : « Il y a un sceptique parmi nous. »

Sans avoir jamais entendu parler auparavant des princes d'Orléans, elle a fait dernièrement, dans une de ses extases, un portrait peu flatteur de chacun d'eux, excepté du *prince* de Nemours, comme elle l'appelle.

Tous les vendredis, Marie-Julie voit le saint dont la fête tombe ce jour-là, et la vie de ce saint lui étant présente, elle en dévoile bien des traits saillants et même inédits. Il en est de même du chemin de la Croix, dont elle fait connaître bien des détails non parvenus jusqu'à nous par la tradition.

Guérison du petit Charbonnier. — Ce jeune garçon a été l'objet d'une grâce spéciale, par l'intermédiaire de la stigmatisée : il avait été gravement atteint du croup qui régnait à Fontenay à l'état épidémique. Le père écrivit à Blain une lettre désespérée, recommandant son enfant aux prières de Marie-Julie. Lui-même alla à l'église offrir ses prières à Dieu. Il avait beaucoup dit au Seigneur et le Seigneur ne lui avait rien dit. Il revenait tout triste, lorsqu'il aperçut Mme Charbonnier, qui marchait à sa rencontre, pour lui annoncer ce qui s'était passé pendant qu'il était à l'église. Elle avait un linge teint de quelques gouttes de sang du stigmate de la couronne d'épines de Marie-Julie, et eut l'heureuse idée de poser ce linge sur le front de son fils bien malade. L'enfant demanda aussitôt à manger. Cependant on n'osa satisfaire ce désir immédiatement ; mais le lendemain le médecin reconnut qu'on pouvait donner de la nourriture, et la guérison a persisté.

Feu Mgr Fournier, évêque de Nantes, était allé à la Fraudais, et avait reçu Marie-Julie tertiaire de Saint-François. Ce vénéré prélat avait recueilli toutes les communications fournies par le confesseur de la Voyante, et avait porté ces volumineux documents à Rome, où malheureusement il est mort il y a deux ans.

Les stigmates de Marie-Julie sont :

Les clous des pieds et des mains.

La marque des cordes de la flagellation aux poignets.

La couronne d'épines.

La plaie de l'épaule gauche (la plus profonde et la plus douloureuse).

Le déchirement de la lance au côté ne forme ensuite qu'une seule et même plaie.

L'anneau d'alliance sanglante à l'un des doigts de la main droite.

Sur la poitrine, elle a des stigmates qui ne la font pas souffrir, mais qui saignent lors de ses ferventes communions. Ils représentent : le sceau de Jésus en lettres anciennes, J. H. S. ; — le sceau de Marie, M et A.

Sur la poitrine sont encore imprimés ces mots : *Viens, ma victime ! — Triomphe de l'Eglise.*

Le 3 février 1877, Marie-Julie avait annoncé la mort prochaine de Pie IX.

Nous revenons aux lettres de M. C. Il narre, à la date du 8 novembre 1877, l'extase du 27 octobre, jour de la fête de la bienheureuse Marguerite-Marie Alacoque. Ce monument révélateur imposera assez par lui-même, et nous dispensera, de la sorte, d'en signaler l'importance. Par ce ravissement, le lecteur appréciera tous les autres.

« Le divin Maître montre la plaie de son cœur et dit :

« Mes enfants, c'est mon Sacré-Cœur qui a le privilège des grâces ; en lui est le triomphe. Mais avant de vous donner le triomphe, je veux vous éprouver : je vous enverrai bien des maux, vous verrez ma justice tomber sur la terre ; vous verrez aussi des signes précurseurs et éclatants paraître au firmament. Ne vous effrayez pas ; je vous ai promis le triomphe.
— Ma victime, j'avais promis à la bienheureuse victime de mon Sacré-Cœur de donner le triomphe de la France et de la sainte Eglise par mon Sacré-Cœur, à la condition que tous les enfants de la France se seraient soumis ; s'ils étaient ingrats, les châtiments devaient être plus terribles. J'avais promis à la victime de mon Sacré-Cœur que peut-être j'aurais attendu deux cents ans ou peut-être plus. Si mon peuple avait été docile, j'aurais donné plus tôt le triomphe ; il n'a pas été docile, j'ai attendu ; mais peu après les deux cents ans, le triomphe aura lieu. Ma victime, retiens bien cela.

— Oui, mon divin Jésus, je ne l'oublierai pas.

Il continue :

« La victime de mon Sacré-Cœur n'a pas pu transmettre toutes mes révélations. Beaucoup n'ont pas été transcrites ; voilà pourquoi je veux aujourd'hui prévenir mon peuple, afin qu'il soit bien préparé quand l'heure de ma justice arrivera.
— Victime de ma croix, il est impossible que je ne punisse pas le mal : je ne puis pas souffrir tant d'iniquités ! — Victime de ma croix, j'avais promis à la bienheureuse victime de mon Sacré-Cœur que le triomphe de la France viendrait après de grands châtiments ; cette révélation n'a pas été transcrite. Je rappelle aujourd'hui cette promesse à ton cœur.

— Merci, mon divin Jésus.

— J'ai annoncé à plusieurs saintes âmes qu'avant le triomphe de la France, il y aurait une grande lutte entre tous mes enfants, les bons et les méchants. Que mes enfants fidèles ne se laissent pas réduire par les armes des méchants. Je désire qu'ils leur résistent ; par la foi et par le courage ils réussiront. Ce sera le dernier effort des méchants ; c'est là que je les arrêterai. Ils tenteront encore de jeter le trouble parmi les amis de mon Eglise, de profaner tout ce qui est respectable sur la terre ; ce sera en vain. Rappelle-toi bien cette promesse.

— Oui, mon bon Jésus, Cœur adorable, je me le rappellerai ; puis le bon serviteur est là qui écrit (M. C.).

— Je suis très-satisfait. Je veux que mon peuple soit prévenu.

. . . .

— Voilà, mon Sacré-Cœur ; regarde, victime de ma croix. Je vois écrite dans mon Cœur la promesse que je t'ai faite : Je sauverai la France par mon Sacré-Cœur ; je la ressusciterai par l'amour de mon Sacré-Cœur.— « Eh ! je vois parfaitement, des yeux de mon âme, ces mots écrits dans le Sacré-Cœur. »

Le divin Sauveur continue :

— Je porte dans mon Cœur les noms des amis qui persévèreront dans le bien ; au milieu de la lutte je leur promets ma protection, afin qu'ils supportent les épreuves avec courage.

. . . .

» L'enfer, en ce moment, cherche des victimes pour les enrôler, afin de répandre l'iniquité sur toute la terre, et le Sacré-Cœur, lui, cherche aussi des victimes, mais pour les abriter sous sa bannière.

. . . .

» Voilà l'heure où je vais souffrir ; mon cœur sera déchiré ; voilà l'heure où des pleurs couleront de bien des yeux. Mes enfants, encore une fois, je vous préviens : Satan va satisfaire sa rage, qui est d'autant plus grande que les siens seront vaincus. Je veux humilier mon peuple : il n'a pas écouté mes paroles; mais ensuite je lui donnerai une victoire complète, c'est-à-dire la résurrection de la fille aînée de l'Eglise. Voilà le moment, mes enfants, où le lys blanc et la bannière blanche vont être foulés aux pieds; mais ce ne sera que pour un temps, que pour peu de temps. Leur triomphe viendra ensuite. Je veux récompenser l'attente et la confiance inébranlable de celui qui attend tout de moi et rien des hommes. Malgré les persécutions de toute sorte qui se sont élevées contre lui et qui s'élèveront contre lui; quoique l'on discute toutes ses pensées avec la plus grande hypocrisie; quoiqu'on l'abreuve de calomnies; sa belle bannière blanche sera plantée sur la France, et ses ennemis seront forcés de vivre sous sa dépendance. »

Puis Jésus-Christ parle à la fois à Marguerite-Marie et à Marie-Julie :

« Victime de mon Sacré-Cœur, et toi, victime de ma Croix, vous n'êtes pas choisies toutes les deux pour la même œuvre. La bienheureuse Marguerite-Marie a été choisie pour publier la gloire de mon Sacré-Cœur, et toi, *tu es choisie pour publier la gloire de ma Croix.* »

— Nous ne faisons suivre cette extase d'aucun commentaire. Tout y parle si clairement que nos réflexions ne pourraient qu'affaiblir un texte aussi caractéristique et aussi précieux. A.P.

Je termine cette copie, écrit ensuite M. C.; j'espère que vous en serez content. Vous comprendrez clairement le rôle de Marie-Julie. Le salut de la France est attaché au culte du Sacré-Cœur et au culte de la Croix, qui se complètent l'un l'autre; et de même que l'on élève des autels, un sanctuaire au Sacré-Cœur, ainsi on élèvera bientôt un sanctuaire immense, spécialement dédié à la Croix, et où des prodiges sans nombre feront accourir nuit et jour les pèlerins de la France, puis du monde entier.

Je vous l'annonce pour que vous teniez votre malle prête.

aussitôt que l'heure des saints voyages aura sonné. Vous me retrouverez alors, je l'espère, d'autant plus que Marie-Julie me promet à moi et à toute ma famille *une demeure stable*, tout près de ce sanctuaire, à la construction duquel je dois concourir, demeure que nous ne quitterons plus de toute notre vie.

Cette dernière prédiction m'intrigue fort ; comment se réalisera-t-elle ? Mais je ne m'en tourmente pas ; j'attends avec une tranquillité d'autant plus grande que la prédiction est accompagnée d'une promesse de protection spéciale pendant toute la grande crise prochaine.

Je dis prochaine, car il ne paraît pas qu'elle doive désormais tarder beaucoup. Toutefois elle n'est pas immédiate, car Marie-Julie doit être morte auparavant ; elle ne doit mourir qu'après le retour de M. David près d'elle, et après sa quatorzième et dernière communion surnaturelle, à laquelle, entre parenthèses, elle sait depuis un an que j'assisterai....

Jésus-Christ recommande, par la bouche de Marie-Julie, la dévotion à la plaie de son épaule gauche. Tous ceux qui l'auront, cette dévotion, seront protégés par lui dans les grands châtiments réservés : achetez donc des images pour vous et les vôtres, et répandez-en le plus possible (1).

Les extases de Marie-Julie le vendredi de chaque semaine.

La plupart des personnes qui lisent ce livre, ignorent probablement ce que renferment de mystérieux et de touchant les extases de Marie-Julie, celles surtout de chaque vendredi. Elles

(1) Saint Bernard, à qui fut révélé que la plaie de l'épaule gauche avait été la plus douloureuse pour Notre-Seigneur, a été l'instaurateur de cette dévotion. — Note d'A. P.

aimeront donc d'en connaître une analyse. Nous l'empruntons à une relation fidèle de M. E. de P., qui avait obtenu de Mgr Fournier l'autorisation d'assister aux manifestations surnaturelles de Blain. Notre ami a donc vu de ses yeux ce qu'il décrit.

— Une heure moins un quart. Marie-Julie est assise sur un fauteuil de paille, la tête appuyée sur son lit. Elle est oppressée. M. David dit, que c'est du bonheur qu'elle éprouve de s'unir à son Sauveur.

On nous place sur des chaises et sur des bancs autour de la chambre, qui ne peut contenir que sept à huit personnes ; les autres, au nombre de sept, se mettent à la porte en dehors de l'appartement.

Marie-Julie demande la bénédiction des prêtres qui, sur l'invitation de M. David, se lèvent, pendant que toute l'assistance imite Marie-Julie, en se prosternant pendant la bénédiction sacerdotale. Elle se rassied et presque aussitôt l'extase commence.

« Mon bien-aimé Jésus, je vous adore, je vous aime et je vous vois venir à moi tout plein d'amour et de tendresse ! Mon bien-aimé Jésus, cachez-moi dans ce saint amour ; mon cœur s'envole vers vous. Mon bien-aimé Jésus, recevez-moi. Viens vers moi, amour de mon cœur, transport d'amour ! Je n'ai pas mérité de posséder tant de bonheur ! Je serai près de vous, près de cette croix, cher trésor, époux bien-aimé ! Je vous donne mon cœur pour marcher sur vos traces. Faites-moi souffrir, car je languis d'amour. Mon cœur est à vous, renfermez-le dans le vôtre. C'est trop d'amour ! Donnez-moi des souffrances, des croix, mon époux du Calvaire ».

La Servante de Dieu met ses mains derrière le dos. Elle continue ses effusions saintes. Elle assiste à l'agonie du Sauveur au jardin des oliviers. On le maltraite, on le condamne, on l'outrage, on le charge de sa croix. Marie partage les douleurs de son Fils. M.-J. mentionne la colonne de la flagellation, les traitements barbares infligés à Jésus-Christ. Elle admire l'héroïsme de Véronique qui, bravant les soldats et les bourreaux, arrive jusqu'au divin Maître et lui essuie le visage couvert de sueur. D'après les paroles de l'Extatique, les saintes femmes, Madeleine en particulier, tentent certains soulagements pour Notre Seigneur, que la tradition ne rapporte pas. Marie-Julie implore la clémence et le pardon de Jésus.

« Dépouillez-moi, dit-elle, de ma volonté, de ma liberté ; donnez-moi votre amour ; donnez-moi votre croix, vos épines et vos clous. Dépouillez-moi de tout ; revêtez-moi des habits de la pauvreté ; donnez-moi un vêtement aux pieds de votre croix : la pureté, la virginité. Pardon pour les pauvres pécheurs ; pour moi, mon bien-aimé Jésus ! »

L'Homme de douleurs ne pousse pas un murmure, modèle accompli de patience, de résignation, de charité.

Marie-Julie se met à genoux et commence le chemin de la Croix, marchant en silence sur ses genoux et portant une croix mystique qui l'écrase et la fait marcher sous sa pesanteur avec une difficulté extrême. Elle fait, pendant le chemin de la Croix, au moins seize fois le tour de sa chambre. Elle porte une petite croix avec les deux mains au-dessus de l'épaule gauche.

Une heure vingt minutes. Première chute. Elle tombe la face contre terre et pleure. Après un certain temps, pendant lequel elle parle tout bas et prie, elle dit à haute voix :

« Mon bien-aimé Jésus, je vous adore et je vous aime. Je vous vois porter mes péchés dans votre tendresse et dans votre amour. Comment ne pas demander à souffrir, misérable pécheresse que je suis ! Mon bien-aimé Jésus me dit :

« Veux-tu souffrir davantage ? Veux-tu souffrir pour consoler mon divin Cœur ? Souffrir pour la conversion des pauvres pécheurs ? » Oh ! trop heureuse de souffrir avec vous sur le bûcher du supplice de la croix. — Toujours et partout souffrir ! c'est là que je goûte mon bonheur ! Il faut que je souffre ! Oh ! préparez-moi des croix, des souffrances ! »

Elle se remet à genoux et continue ainsi le chemin de la Croix, portant le bois mystique avec plus de peine et de fatigue qu'auparavant.

A une heure trente cinq minutes, deuxième chute. Elle parle tout bas, sanglotte et prie. Sa petite croix est tombée à sa gauche, détachée d'elle. Puis elle dit tout haut :

« Mon bien-aimé Jésus, je vous adore, je vous vois et je vous suis. Depuis assez longtemps je vous offense ; vous avez assez longtemps souffert pour moi. Je vous promets, ô mon trésor, je vous promets de mourir plutôt mille fois que de vous offenser. — Jésus me montre ses plaies, il tombe la face contre terre et la croix se sépare de lui. O mon Père, ô Verbe éternel, je contemple vos plaies adorables ! Elles sont autant de voix qui crient pour demander des prières. — Prépare ton cœur, me dit le bon Jésus, dans sa tendresse, donne-moi ton amour ; j'ai vu que tu partages mes souffrances. Ce que je te ferai supporter, te conformant à ma volonté, appellera les grâces et les bénédictions du ciel ».

« Je vois la plaie sanglante de son épaule ; combien elle est profonde et douloureuse !

— Je te dirai les prières qui allègent mes souffrances ; je désire que cette plaie soit connue de tous mes enfants.

» Mon divin Jésus ouvre son Cœur.

— Les personnes pour qui tu pries, qu'elles viennent frapper à la porte de mon Cœur divin ; je purifierai par la douleur et des sacrifices ce que vous me demandez ».

Une heure trois quarts. Marie-Julie se met encore à genoux, reste quelques instants les regards fixés vers le ciel, referme les yeux et marche de nouveau sur les genoux. Elle s'arrête près de son fauteuil, s'appuie sur le curé de Savenay, auquel elle donne sa petite croix (de 20 à 30 centimètres), fixe de nouveau ses regards vers le ciel. Elle est oppressée, elle sanglotte, referme les yeux et, laissant sa petite croix entre les mains du prêtre, elle continue sa marche avec sa croix mystique et si pesante.

Une heure cinquante-cinq minutes. Elle tombe pour la troisième fois, la face contre terre, le haut des bras détaché parallèlement à la direction du corps. Elle sanglotte. Après un certain temps de silence et de prières, elle parle de nouveau.

« Mon bien-aimé Jésus, je vous demande d'avoir part sur le Calvaire à vos souffrances. La croix de votre sacrifice se prépare. Cruels bourreaux, clouez-moi à la place de mon Jésus. C'est moi qui ai mérité toutes ces douleurs.

» Mon Sauveur me dit : « Viens sur ma croix ».

« O tendre amour de la croix, quand on vous a goûté, on ne peut plus vous quitter. Etendez-moi sur ce gibet que j'embrasse ; couchez-moi sur ce bûcher. Je veux vivre et mourir sur la croix, sur la croix du Calvaire ».

Elle essaie de se relever six fois et six fois elle retombe, toujours la face contre terre. Au septième effort elle se remet à genoux.

Marie-Julie continue ses invocations au divin Cœur de Jésus. Elle implore Marie et associe ses prières à celles de la Vierge sans tache.

Elle s'assied sur son fauteuil, les mains croisées sur sa poitrine. Elle assiste au couronnement d'épines, au crucifiement, et son langage est celui d'un ange réclamant les tourments du

Roi éternel des siècles consommant son holocauste réparateur.

Elle ouvre les bras et lève les yeux au ciel.

« Trop douce souffrance, viens accomplir le sacrifice que je demande de toi. Mon cœur nage dans les délices. Mon bien-aimé Jésus, je suis avec vous sur cette Croix qui console ».

Trois heures un quart. Elle élève les mains, en ouvrant davantage les bras, se tourne, met le pied gauche sur le pied droit et tombe en arrière de son haut, les bras ouverts et élevés, les mains crispées, comme clouées à la croix.

Elle dit les litanies de sainte Germaine dont chaque verset commence par : Sainte Germaine, épouse de Jésus-Christ, etc., ou : Ma petite sœur, ô ma Germaine, etc.

Après ces litanies, qui sont admirables, elle chante sur un air de complainte, ayant les bras dans la même position. Elle est toujours sur la croix et dit :

« Chaque jour, ô mon époux du ciel, donnez à mon cœur une douceur extrême ; du haut de la Croix, ô Jésus, du haut de la Croix, jetez un tendre regard sur vos enfants qui pleurent et qui gémissent. Mon bien-aimé Jésus, montrez-nous votre amour. Du haut du ciel, regardez vos enfants. Pitié mon Dieu, pour les pécheurs qui jusqu'ici n'ont pas écouté ! Et vous, Marie, ô ma tendre Mère, priez Jésus votre très-cher Fils ; demandez qu'il ait pitié de nous !

» Sans vous, mon Dieu, hélas ! sans vous, nous périssons; cachez-nous dans votre Cœur. Tendre Marie, portez tous nos cœurs à Jésus. O divin maître, nous irons tous en vous bénissant à votre saint Cœur. Il sera notre défense. Il sera le roi des hommes. Divin Jésus, faites sortir la victoire de votre Cœur adorable ; manifestez votre clémence.

» Précieux trésor que la Croix ! Quel riche partage que de posséder la Croix !... *Pitié, mon Dieu, du haut de la Croix, pour vos enfants couverts d'un habit de deuil ! Montrez-*

nous la fleur d'espérance qui doit un jour nous sauver !... Marie, mon auguste mère, présentez à Jésus les plaintes de nos cœurs, et dites lui que nous désirons la paix. Votre cher Fils ne sait rien vous refuser. Apportez-nous cette fleur promise, elle est notre espérance. Hâtez ce temps de la paix ! Pitié, mon Dieu, pour vos enfants ! — O Marie, demandez à Jésus qu'il pardonne avant d'exercer sa divine vengeance ! — Nous ne périrons pas, car Marie nous le promet ; Marie, notre mère, nous protégera ».

Trois heures quarante minutes. On dit une dizaine de chapelet pendant que Marie-Julie ne parle pas. — Trois heures cinquante minutes. Elle est frappée d'un coup de lance. On voit ses souffrances qui se trahissent par des soupirs de douleur, et son côté qui se contracte. Elle embrasse le crucifix qu'on lui a présenté ; elle prie tout bas et est immobile. Puis, à quatre heures :

« Mon bien-aimé Jésus, je vous adore et je vous aime de tout mon cœur. Je vous vois mort pour moi sur cette Croix ensanglantée. Là sont bien des cœurs attendris ; mais il en est d'autres qui sont bien froids et bien durs, chez qui la foi est morte. Pitié pour ces malheureux ; réveillez l'amour en eux ! Mon bien-aimé Jésus se penche avec pitié, les appelle dans sa miséricorde. « Accourez pécheurs, dit-il, c'est le temps du pardon, du repentir, de la contrition. Bientôt ce temps sera passé, je ne pardonnerai plus, ce sera l'heure de la justice, je frapperai ».

» Le Cœur de mon Dieu est rempli de trésors cachés et non encore connus. « Bientôt, dit le Sauveur, vous verrez combien mon Cœur possède d'amour pour vous, ô mes enfants qui avez cessé de m'offenser ! Je ne veux pas vous laisser périr, parce que vous êtes mon ouvrage ; je vous ai pardonné et vous pardonne chaque jour ».

» Au pied de la Croix, pour la pauvre France, j'ai vu Marie étancher ses larmes avec son manteau. Depuis longtemps elle retient le bras de son Fils, elle suspend sa justice. Marie demande des prières aux enfants du Sacré-Cœur. Elle se fait mendiante pour nous. Elle sollicite du Sacré-Cœur encore un peu de temps pour que nous l'invoquions nous-mêmes. Le divin Jésus pardonnera-t-il ? »

Marie-Julie voit saint François d'Assise au pied de la Croix et laisse tomber de son âme des accents dignes du fondateur de l'Ordre séraphique.

Marie-Julie baisse les bras le long du corps. C'est le tombeau. Elle reste immobile. Puis (quatre heures et demie) elle reçoit un nouveau coup de lance, ou bien le sang de l'autre coup de lance semble l'étouffer. Elle embrasse le crucifix, sa relique de la vraie Croix, la statue de la Sainte Vierge. Elle demande l'image de saint François d'Assise. Un prêtre en tire une de son bréviaire. Elle ne la prend pas. M. David dit : « Je sais ce que c'est, l'image n'est pas bénite ; » on la bénit et aussitôt elle l'approche affectueusement de ses lèvres. Même chose arrive pour un chapelet qu'elle refuse. M. David demande s'il est bénit. — Oui, dit-on. — La croix l'est-elle ? — Je n'en sais rien, est-il répondu, je l'avais perdue et on l'a remplacée. — On présente de nouveau le chapelet à Marie-Julie, qui ne le prend pas. Mais la croix étant bénite, elle accepte le chapelet et le baise ainsi que la croix. Elle fait des signes de croix sur le front avec sa relique qu'elle passe sur ses yeux ; elle prie et souvent porte à sa bouche les croix, les chapelets, les reliques qu'elle a avec elle. Pendant ce temps de silence, on récite les quatre dernières dizaines de la deuxième partie du rosaire, plus une dizaine aux intentions de Marie-Julie.

Cinq heures. Elle se lève, se met à genoux, les mains, les yeux tournés vers le ciel.

« Le séraphique père saint François d'Assise avait un amour si tendre pour mon Jésus crucifié, que lorsqu'il entendait prononcer son nom, il tombait la face contre terre et ne pouvait contenir son bonheur.

» O séraphique père saint François, je pourrai bientôt aussi vous appeler mon père et beaucoup d'autres aussi ».

Marie-Julie signale les faits ci-après :

Saint François resta trois heures sans connaissance, quand il sentit le fer de la lance pour la première fois.

Il resta cinq heures en agonie sur le rocher. Une flamme sortait quelquefois de son cœur. — *Elle voit une grâce consolante dont le jour n'est pas loin.*

Cinq heures et demie. Les yeux sont ouverts. Elle donne son crucifix à baiser, lequel lui revient après avoir fait le tour de l'assistance.

Marie-Julie annonce qu'une grande abondance de grâces sortent du Sacré-Cœur de Jésus. « Mais je ne puis tout dire, s'écrie-t-elle, je parlerai en secret. Mon bien-aimé Jésus et sa sainte Mère me défendent de parler en public ».

« La Sainte Vierge ne nous bénira pas aujourd'hui, ce sera Notre-Seigneur et le séraphique saint François.

» Nous allons faire une amende honorable au Sacré-Cœur de Jésus ».

Elle se prosterne et dit tout haut une prière admirable. L'assistance entière à genoux s'unit à elle. Puis elle se relève à genoux et se prosterne, présentant à Notre-Seigneur et à saint François tous les objets qu'elle a entre les mains, pendant la bénédiction.

Enfin elle tombe, brisée, dans les bras de sa mère qui l'assied sur son fauteuil où elle revient à la vie commune, mais pas tout de suite. Chacun se retire par discrétion, la laissant à sa famille. Chacun des assistants est heureux et convaincu.

M. David, son confesseur, attend ~~~~~~~~~~~~
ment.

Nota. Des circonstances sur lesquelles nous cro~~~~~~~~ sera de
garder le silence ont éloigné M. David de la Fraudais, ~~~~~ aura
la mort de Mgr Fournier ; mais l'Extatique a annoncé que son
confesseur lui sera rendu. A Blain comme à Fontet, les choses
doivent bientôt changer de face, Dieu le voulant ainsi, et une
opposition aveugle ne pouvant durer toujours.

P.-S. — Les derniers avis de Blain annoncent de continuels prodiges. La Sainte Vierge a promis le triomphe des bons, le bonheur de la France, après les événements dont nous ne voyons que trop les prodromes avant-coureurs. Le Seigneur paraît se réserver de tout faire, et recommande la vigilance. La Mère de Dieu fait toutefois espérer des ordres, sans autre explication.

Les extases sont de plus en plus merveilleuses ; leur publication, un jour, fera les délices des âmes pieuses.

— Recueillons-nous, et dans l'attente de ce qui se prépare, adorons celui qui donne la victoire ; qui n'a qu'à souffler pour faire trembler l'abîme, et qui est la puissance sans fin.— A. P.

Une lettre de Bordeaux nous affirme que feu Mgr Fournier, dans la communication donnée par lui à Pie IX, des manifestations de Blain, exposa que Marie-Julie et Berguille, la voyante de Fontet, étaient, par leurs extases, en communication intime, alors qu'elles ne se connaissent pas humainement.

X

Destinées prochaines de la Prusse, de l'Allemagne en général.

Vieille prophétie sur la Prusse. — « L'invasion prussienne en France sera suivie d'un immense désastre pour les

« Le séraphique [...] si tendre [...] — Despote ! Malheur à son con[...] de tous ! Le sang versé criera ven[geance] ! Je vois la terre couverte de cadavres ! Les Gaulois [...]nt en fuite, traqués de toutes parts par les fils des Gaulois et des Francs, transportés de rage et de colère ! Je vois un massacre inouï ! L'Europe en frémit de crainte et d'horreur ! Le vieux despote est tué, et les vainqueurs ne s'arrêtent que sur les bords du grand fleuve (le Rhin) ».

Rosa Colomba. — « La Prusse se soumettra à l'Eglise ».

Maria Stiefel. — « L'Allemagne deviendra le théâtre des plus effrayants évènements ; une guerre dévastatrice détruira ce pays d'un bout à l'autre ; ce qui n'empêchera pas que les peuples d'Allemagne, grandement opprimés, ne parviennent à constituer une patrie libre ».

Prophétie prussienne. — Peu de temps après la découverte de l'imprimerie, dit le docteur Alberti, parut en Allemagne un livre dont il serait, à coup sûr, difficile de trouver plusieurs exemplaires, la « *Sancta Sybilla* ».

Voici la prédiction qu'il contient :

« Un jour viendra où le luxe sera tellement grand que les marchandes de lait porteront des tabliers de soie.

» En ce temps-là il n'y aura plus de distance ; on se parlera d'un bout à l'autre du monde en une minute, et on se répondra à la même minute.

» Les plus lourdes voitures marcheront sans chevaux.

» Les plus gros bateaux remonteront les fleuves sans le secours de chevaux ni d'aucune force humaine.

» En ce temps-là, il y aura un roi du Nord qui porte sur la tête une corne devant, et derrière une visière.

» Ce roi aura une guerre avec un autre roi du Nord, le battra et lui prendra une partie de son royaume.

» L'ambition de cet homme ne s'arrêtera pas là : il voudra

devenir empereur d'Allemagne ; mais sa grandeur sera de peu de durée, car, à peu près cinq ans après, ce même roi aura une guerre avec un autre roi du Nord qui s'appellera Appolonin. Celui-ci le battra le défaira complètement et détruira son armée, au point qu'elle pourra camper sous le poirier de Lindenbourgeirath.

» Cettte guerre sera la ruine...; il y aura un empereur d'Allemagne, mais ce ne sera pas lui. Je ne puis dire qui il est, son visage m'est caché par un voile.»

Le curé d'Ars. — « Les ennemis (les Prussiens) ne s'en iront pas tout à fait ; ils reviendront encore et ils détruiront tout sur leur passage : on ne leur résistera pas, mais on les laissera s'avancer, et après cela on leur coupera les vivres et on leur fera éprouver de grandes pertes ; ils se retireront vers leurs pays ; on les accompagnera, et il n'y en aura guère qui rentreront ; alors on leur reprendra tout ce qu'ils auront enlevé, et même beaucoup plus ».

Le frère Hermann, religieux du couvent détruit de Lehninn au XIIIe siècle, a laissé une prophétie en cent vers latins, donnant en abrégé les faits et gestes de la famille de Brandebourg jusqu'à l'empereur Guillaume. Publié en 1722, dans *la Prusse savante*, ce document a été réimprimé depuis bien des fois. Adrien Leclère a édité la prédiction, en 1827, avec des commentaires. Il en ressort la prochaine abolition du protestantisme en Prusse, et l'extinction de la race royale après la onzième génération, celle du souverain actuel. C'est là le sens du quarante-neuvième vers, ainsi conçu :

Ce venin durera jusqu'à la onzième génération.

Le quatre-vingt-treizième vers porte ce qui suit :

Enfin celui-là porte le sceptre qui sera le dernier de la race.

Voici les vers de 93 à 100.

94.— Israël ose commettre un crime exécrable et digne de mort.

95.— Le Pasteur recouvre son troupeau, l'Allemagne obtient un roi.

96.— La Marche, oubliant entièrement tous ses malheurs,

97.— choie en toute liberté ses enfants, et l'étranger ne s'y réjouit plus.

98.— Les antiques bâtiments de Lehninn et de Chorinn se relèvent.

99.— Le clergé brille des honneurs qu'on lui rend selon l'ancien usage.

100.— Et le loup te dresse plus d'embûches au noble troupeau ».

La prophétie s'étant accomplie fidèlement depuis la destruction du couvent jusqu'à ce jour, ne doit-on pas croire à la consommation de ce qui reste à se réaliser, alors surtout que c'est le châtiment de tant d'énormités criminelles et la glorification de la Providence ?

La prophétie de Prémol renferme ce passage : « Que signifie ce chandelier à sept branches, que je vois s'avancer avec ces sept torches, dont la lumière semble vouloir éclipser l'éclat du point qui brille au sommet du temple, et forcer le *vert* (luisant) à rentrer sous terre ? Mais que vois-je ? la torche la plus grande et la plus ardente tombe et s'éteint, et les autres s'en réjouissent et se disputent sa place ».

Les sept branches du chandelier symbolisent les sept Etats qui envahirent la France en 1870. *Le ver luisant* placé au sommet du temple, c'est Napoléon III. La torche qui s'éteint, c'est la Prusse.

Pour les six derniers vers de la prédiction, autant qu'ils puissent être expliqués, on peut dire :

Que le crime commis par Israël, c'est la guerre ténébreuse faite à la Papauté par les sociétés occultes, conduite par des juifs de Berlin et d'ailleurs, juifs plus riches que des rois, M. de Bismarck est le complice de ces révolutionnaires cachés.

Le Pasteur qui recouvre son troupeau nous paraît le Pontife Saint rétablissant sur l'Allemagne l'autorité légitime de l'Eglise.

Du vers quatre-vingt-seizième au vers centième, le prophète se réjouit de la délivrance de son pays, la marche de Brandebourg où se relève le couvent de Lehnin ; du catholicisme qui triomphe et du *loup* qui laisse en paix le troupeau, loup dont le lecteur prononcera suffisamment le nom.

Plusieurs prédictions qui n'ont pas encore été publiées contiennent l'assurance que la Prusse sera abaissée. La voyante de Blain est très-affirmative sur ce point.

Tome IIIe de la vie d'Anne-Catherine Emmeriche, par l'abbé Cazalès, page 184, on lit :

« Une fois, étant en extase elle (la voyante) fit entendre ces paroles ou plutôt ces lamentations : « Ils veulent enlever au Pasteur le pâturage qui est à lui ! Il veulent en imposer *un* qui livre tout aux ennemis ! » Alors, saisie de colère, elle leva son poing fermé en disant : « Coquins d'Allemands ! attendez ! Vous n'y réussirez pas : le Pasteur est sur un rocher».

Le texte qui suit est extrait d'un commentaire manuscrit sur l'*Apocalypse*, composé avant 1850 :

» Le second ange répandit sa coupe sur la *mer*, et elle devint comme le sang d'un mort.

» Il n'est pas nécessaire de répéter que la *mer*, c'est l'Allemagne..... »

« Nous avons déjà vu le dragon s'arrêter sur le sable de la *mer* , là où la mer était et ne sera plus. Au 21e chapitre, v. 1er, nous rencontrons ces paroles : « Et la mer n'était plus ».

« La population des contrées que le prophète désigne sous le nom de mer serait-elle vouée à une extermination entière ou condamnée comme les Israélites des tribus schismatiques, à un triste exil dans les régions étrangères ou éloignées ? Fasse le ciel qu'il n'en soit pas ainsi. Toujours est-il que la mer est réservée à un châtiment qui sera grand et qui, selon les apparences, surpassera les plaies dont les autres nations coupables seront frappées. Si la peine doit être proportionnée au crime, il faut avouer que l'Allemagne, cette mer de tant d'erreurs monstrueuses, a bien mérité le sort funeste qui semble devoir être son partage ».

XI

LA NATIONALITÉ POLONAISE SERA RECONSTITUÉE.

Le B. Bobola. — En 1854, le P. Gregorio Felkierzanab, jésuite polonais, écrivit une relation que nous avons publiée en 1863, dans notre *Franve littéraire*. C'était l'exposé d'une apparition du B. Bobola, martyr de la Compagnie de Jésus, à un dominicain distingué de Wilna, nommé Korzenicki. C'est ce dernier qui avait dicté le document.

Un soir, le religieux dominicain, que le gouvernement russe empêchait de prêcher (1819), après avoir invoqué le B. Bobola, le vit apparaître dans sa cellule, et en reçut la promesse que la Pologne redeviendrait libre. Il lui dit, comme preuve, d'ouvrir sa fenêtre et de regarder.

« Le P. Korzenicki jette les yeux sur la campagne qui lui apparaît couverte d'innombrables bataillons russes, turcs, français, anglais, autrichiens, prussiens et d'autres soldats encore, que le religieux ne peut distinguer, combattent avec un acharnement dont il n'y eut d'exemple que dans les guerres les plus furieuses. Le Père, ne comprenant pas ce que tout cela signifiait, le B. Bobola le lui expliqua en ces termes : « Quand la guerre, dont le tableau vous a été révélé, aura fait place à la paix, alors la Pologne sera rétablie, et moi j'en serai reconnu le principal patron, car notre sainte religion sera libre ».

Comme signe matériel de sa promesse, le B. Bobola imprima sa main sur le bureau du P. Korzenicki. Le lendemain, le couvent entier vit l'empreinte miraculeuse, et le meuble est encore conservé. La guerre indiquée par le bienheureux est au nombre de celles où sera présent le Grand Monarque, et elle est prochaine.

Prophéties allemandes. — « La Pologne recouvrera son indépendance ».

Voici le résumé des prophéties sur la Pologne : « Lorsque cette nation aura expié ses erreurs durant un siècle, elle ressuscitera enfin. Avec l'or de l'Angleterre et le secours de la France, elle s'insurgera de toutes parts, et quatre grandes victoires scelleront sa délivrance. Il ne restera plus sur la terre polonaise ni un allemand ni un russe vivant, et la Pologne redeviendra grande et puissante jusqu'à la fin des siècles ».

Le P. Marc. — Ce religieux de l'Ordre des Carmes a retracé les tourments et les longues tortures de la Pologne ; il termine par ce cri d'espérance : « Mais toi, ô Patrie, tu te relèveras, tu deviendras l'ornement de l'Europe chrétienne ; car, ainsi que le Phénix, tu renaîtras de ton bûcher ».

XII

FIN DE L'EMPIRE TURC

Boré. Correspondance et Mémoires d'un voyageur en Orient.— « L'Orient est dans l'attente ; les traditions lui ont appris qu'un grand roi de France serait tout à la fois son vainqueur et son sauveur ».

Saint François de Sales a dit, dans l'Oraison funèbre de Philippe-Victor-Emmanuel de Lorraine : « Plusieurs estiment que ce sera un de nos rois, ô France, qui donnera le dernier coup de la ruine à la secte de ce grand imposteur Mahomet ».

Recueil chrétien. 1611. — « Les Turcs seront extirpés. On verra les hommes passer la mer par grandes compagnies, et l'église Sainte-Sophie sera en valeur et viendra toute félicité. Le lion sauvage sera amené à la mère Eglise chrétienne, avec un lez de soie, et sera faite nouvelle réformation qui durera longtemps. Et le nom de l'empereur des Turcs ne sera plus ouï entre les catholiques ».

Artus Thomas (in-folio sans date). — « Peuples désolés, qui gémissez sous le joug, voici le temps où votre tristesse sera changée en joie. Cette fière Bizance, autrefois la dominatrice du monde, était abandonnée à la tyrannie. Chrétiens asservis, ne perdez pas confiance, car je vois luire le soleil qui éclairera votre liberté. O toi, qui fus aussi la ville aux sept collines, Dieu te suscite enfin un héros ! Saluez celui qui tarira vos pleurs et vous prendra sous la protection de ses armes. Son origine est illustre ; il est grand comme vos anciens empereurs, et Dieu est avec lui. Il accablera le loup dont vous étiez la proie. Celui qui doit vous affranchir est humble et voudrait fuir le rang suprême ; mais un ange du ciel l'exhorte, et il accepte le souverain pouvoir. La gloire lui est promise, et le Vicaire de Jésus-Christ le bénira, lui assurant le triomphe (on reconnaît ici le Grand Monarque.) Vos maux seront finis ; vous fleurirez dans la paix : le réparateur commandera en Orient et en Occident. Peuples et rois battez des mains sur son passage ! Soldats qui le suivez, soyez intrépides ! Là-haut vous attend la palme qui récompense. Surtout fléchissez les genoux devant le Seigneur: car c'est de lui que vient toute assistance et toute protection.

Holzhauzer. — « L'empire des Turcs sera brisé, et toutes les hérésies seront éteintes ».

Curiosités des traditions. — « La porte d'or de Constantinople, par laquelle entraient les triomphateurs, portait cette prédiction : « Quand viendra le roi blond de l'Occident, je m'ouvrirai de moi-même. » Les Turcs, qui ont muré cette porte, croient qu'elle doit un jour livrer passage aux chrétiens.

Prophéthies sur l'Orient. — « Le lion sauvage (le sultan) sera amené à la mère Eglise chrétienne avec un lez de soie, et sera faite nouvelle réformation. Et le nom de l'empereur des Turcs ne sera plus ouï entre les catholiques».

« Ce sera un certain prince chrétien qui prendra possession de l'Egypte ».

« La foi de Notre-Seigneur Jésus-Christ sera portée dans les provinces de l'Orient, la croyance de Mahomet cessera ; et les Mahométans « demanderont le baptême de Jésus-Christ ». Un jour la Mecque, Médine et autres villes de l'Arabie Heureuse seront détruites, et les cendres de Mahomet, ainsi que ses partisans, seront dispersées sous les quatre vents du ciel ».

Diverses prophéties affirment que le peuple indien jettera

bas le manteau de l'erreur, pour embrasser généreusement la foi catholique.

En même temps que la conversion de l'Angleterre et de la Russie, A.-M.-Taïgi a prédit la conversion de l'empire chinois.

L'Ecriture nous a dénoncé elle-même le temps où nous entrons comme devant être celui d'un seul troupeau, d'un seul pasteur.

Le prodige de Nicopolis. — Sous la signature de quatre missionnaires, nous possédons le récit d'un prodige arrivé à Nicopolis, en 1820. En voici la substance : Sur le croissant placé au haut des minarets des trois différentes mosquées, on aperçut trois croix réelles et palpables. Le bruit de cet évènement se répandit aussitôt, et les Turcs en furent saisis d'effroi : ils y voyaient la victoire de la religion chrétienne sur l'islamisme. Le Pacha de Nicopolis ordonna immédiatement d'ôter ces croix. Un Turc s'approcha, fusil en main, et visa la croix de la forteresse. La croix ne fut pas atteinte, mais le malheureux tomba lui-même frappé de mort. Un autre Turc, extrêmement hardi, monta au sommet des minarets des mosquées du nord ; il parvint à briser les croix, mais avec elles furent détruits les croissants qui les suportaient. Voulant en faire autant de la croix de la forteresse, celle-ci disparut lorsqu'il fut rendu au haut du minaret ; puis, lorsqu'il fut descendu, reparut de nouveau la croix.

Plusieurs autres musulmans tentèrent à leur tour l'entreprise, mais en tremblant et sans résultat. La mosquée fut fermée pour toujours. Pendant neuf ans, la croix est demeurée visible pour tous les habitants de Nicopolis ; elle ne disparut qu'en 1835, lorsque la mosquée fut détruite par un tremblement de terre. Les deux croix qui restèrent brisées avec le croissant étaient des croix grecques, tandis que celle de la citadelle était une croix latine. De là deux faits évidents pour qui voudra comprendre : c'est le catholicisme qui triomphera et de l'islamisme et du schisme grec.

L'Apocalypse. — « Les Gentils fouleront aux pieds la ville sainte (Jérusalem) pendant quarante-deux mois. Apocalypse, XI, 2 (42 × 30 = 1260). Nous pensons que les mois dont parle ici saint Jean sont des mois d'années et non des mois de jours, et qu'ils expriment par conséquent une durée de douze cent soixante ans. Ceux qui voudraient nous accuser de hardiesse et de témérité dans notre manière d'interpréter, nous les renverrons : 1º au soixante-dix semaines de Daniel ; 2º à l'évangile de saint Luc, où Notre-Seigneur Jésus-Christ dit à ses disciples : « Jérusalem sera foulée aux pieds par les Gentils, jusqu'à ce que les temps des nations soient accomplis (XXI, 2e) ; 3º enfin à l'histoire du moyen âge et des temps modernes, où ils verront que Jérusalem a été sous la domination des musulmans depuis douze siècles, c'est-à-dire depuis qu'elle a été prise par Omar Iᵉʳ, vers l'an 636. Nous concluons de là que Jérusalem sera délivrée de ses oppresseurs l'an 1896. (A. Le Pelletier, *Cycle universel.*)

Les Turcs sont persuadés qu'ils seront chassés de Constantinople sous un sultan du nom de Mahomet.

Prophétie abyssinienne. — « Un jour, la Mecque, Médine et autres villes de l'Arabie-Heureuse seront détruites, et les cendres de Mahomet ainsi que ses partisans seront dispersés sous les quatre vents du ciel. Ce sera un certain prince chrétien, né dans un pays septentrional, qui exécutera tout cela, et il prendra en même temps possession de l'Egypte et de la Palestine ».

P. S. — Le succès de la Russie dans la guerre contre les Turcs ne doit pas nous abuser. Rien n'est terminé dans la question d'Orient ; c'est peut-être le cas de dire que tout commence. L'attitude de l'Angleterre et des autres puissances fait assez présumer l'ébranlement européen qui se prépare. La Russie ne se donnera pas sa part, on la lui fera. Une fois la France relevée, et elle le sera, tout changera de face, et c'est surtout par la France que la quesrion d'Orient sera tranchée. Certaines prédictions montrent Constantinople obéissant, après les conflits armés qui doivent suivre, à un ordre de chevalerie créé pour la défendre.

XIII

Vaticinations sur Rome, le Concile du Vatican, la fin des hérésies.

Anna-Maria Taïgi. — « Si les Romains savaient ce qui se prépare pour eux, au lieu de s'amuser, ils se cacheraient dans les Catacombes. Le Seigneur permettra que l'iniquité triomphe à Rome et d'en d'autres lieux, pour séparer le bon grain de l'ivraie, car Dieu veut, par des châtiments, ramener les membres du sanctuaire à la simplicité et à l'esprit de leur état ».

J. de Vatiguerro. — « Toute l'Eglise dans tout l'univers sera persécutée d'une manière lamentable et douloureuse ; elle sera dépouillée et privée de tous ses biens temporels, et il n'y aura si grand personnage dans toute l'Eglise qui ne se trouve heureux d'avoir la vie sauve. Car toutes les églises et les monastères seront souillés et profanés, et tout culte public cessera à cause de la crainte et de l'emportement de la rage la plus furieuse. Les religieuses, quittant leurs monastères, fuiront çà et là, flétries et outragées. Les pasteurs de l'Eglise..., chassés et dépouillés de leurs dignités et prélatures, seront cruellement maltraités..., et, pendant un [court espace de temps, l'ordre entier du clergé restera dans l'humiliation.... Car toute la malice des hommes retournera contre l'Eglise universelle ; et, par le fait, elle sera sans défenseur pendant vingt-cinq mois et plus, parce que, pendant ce temps, il n'y aura ni Pape ni empereur à Rome, ni régent en France ».

De la fin de ce texte il faut rapprocher ces mots de la prophétie de Prémol : « Les fils de Sion se partagent en deux camps : l'un, fidèle au Pontife fugitif, et l'autre qui dispose du gouvernement de Sion, respectant le sceptre mais brisant les couronnes, et qui place la tiare mutilée sur une tête ardente, qui tente des réformes que le parti opposé repousse, et la confusion est dans le sanctuaire ! »

En nous rappelant divers passages prophétiques, ayant rapport à la possibilité prochaine d'un anti-pape, et en observant les intentions de plusieurs gouvernements européens relativement au Conclave, faut-il croire à un schisme momentané ? Il est toujours prudent de ne pas se risquer à des interprétations délicates. Les prophéties privées sont prises par les bons esprits dans leur acception générale ; le reste, c'est à l'avenir de l'expliquer.

La sœur de la Nativité voyait peut-être nos désordres lorsqu'elle disait :

« Parmi ceux qui devaient soutenir l'Eglise, il s'est trouvé des lâches et des indignes, de faux pasteurs, des loups revêtus de la peau de l'agneau et qui ne sont entrés dans le bercail que pour séduire les âmes simples, égorger le troupeau de Jésus-Christ et livrer l'héritage du Seigneur à la déprédation des ravisseurs, les temples et les saints autels à la profanation. J'ai vu chanceler les colonnes de l'Eglise, et un grand nombre d'elles sont tombées ». (T. I, art. III, § 2.)

Le Concile, commencé au Vatican en 1870, sera continué sous le Grand Monarque et le Pontife Saint. « Toutes les hérésies seront éteintes, dit Holzhauzer ; mais l'œuvre de Dieu étant d'ordinaire marquée au coin des difficultés, tant de bien ne se fera pas sans en rencontrer de grandes, et si grandes, qu'elles nécessiteront la tenue d'un Concile général, qui sera le plus célèbre de tous et le dernier ».

Religieuse trappistine. — « Elle refleurira cette religion sainte... Plusieurs nations rentreront dans le sein de l'Eglise. Cependant je vis de grands troubles dans cette Eglise ; ils n'ont été terminés que par un Concile général ».

La sœur de la Nativité. — « L'impiété révolutionnaire sera anéantie, son châtiment sera terrible; mais quelle consolation, quelle joie pour les vrais fidèles! Je vois dans la Divinité une grande puissance conduite par le Saint-Esprit et qui, par un second bouleversement, rétablira le bon ordre... Je vois en Dieu une assemblée nombreuse de ministres de l'Eglise qui, comme une armée rangée en bataille et comme une colonne inébranlable, soutiendra les droits de l'Eglise et de son chef, rétablira son ancienne discipline. En particulier, je vois deux ministres du Seigneur qui se signaleront dans ce glorieux combat, par la vertu du Saint-Esprit qui enflamme d'un zèle ardent le cœur de cette illustre assemblée.

» Tous les faux cultes seront abolis, je veux dire : tous les abus de la révolution seront détruits et les autels du vrai Dieu rétablis; les *anciens usages* seront remis en vigueur, et la religion, du moins à quelques égards, deviendra plus florissante que jamais ».

Sainte Catherine de Sienne. — « A la fin de ces tribulations et de ces angoisses, Dieu, d'une manière imperceptible aux hommes, purifiera l'Eglise... Toutes les nations fidèles se réjouiront de se voir illustrer par de si saints pasteurs; les peuples infidèles eux-mêmes, attirés par la bonne odeur de Jésus-Christ, reviendront au bercail catholique et se convertiront au véritable Pasteur et à l'Evêque de leurs âmes ».

Marie Lataste. — « L'impiété sera renversée, ses projets dissipés, ses desseins réduits à néant, à l'heure où elle les croira accomplis et exécutés pour toujours »

La B. Catherine de Racconigi. — Elle disait à l'occasion du Concile de Trente, qui lui était indiqué : « Il n'y aura pas de Concile complet ou parfait, avant le temps où viendra ce très-saint Pontife que l'on attend pour la rénovation future de la sainte Eglise ».

Léon XIII est-il le grand Pape à qui les prophéties défèrent une mission immense? Ce Pontife continue Pie IX. Il est fort comme son prédécesseur, et les circonstances providentielles de son élection proclament hautement les desseins d'En-Haut sur son auguste personne. Les prophéties connues jusqu'ici ne lèvent pas le voile qui couvre la réponse à cette grave question. Les révélations d'A.-M. Taïgi la trancheraient, assure-t-on, mais elles sont closes. Une vaticination, qui dit du successeur de Pie IX, *qu'il sera maigre comme un clou*, est connu d'un petit nombre de personnes. Elle a pour objet l'identité du Pontife saint ; mais des raisons spéciales ne nous laissent pas libre de donner ces lignes inédites.

XIV

UNE CHAINE DE PROPHÉTIES.

Une antique prédiction irlandaise fixe la pleine délivrance de la *verte Erin* à une année après celle de Rome.

En 1737, parut la vaticination ci-après :

Magnus tremor erit. Il y aura un grand ébranlement.

Nullus Pastor erit. Il n'y aura plus de Pasteur,

Unus Pastor, unum ovile. Un seul Pasteur, un seul troupeau.

Ces trois mots contiennent trois dates : 1789, les jours mauvais qui approchent, le triomphe qui suivra.

Maria-Antonia del Senor, sainte femme espagnole, voyait la place de S. S. Pie IX au ciel, « au milieu des martyrs ».

Sainte Brigitte, dans ses Révélations, affirme le retour de la Suède à l'orthodoxie. Cette voyante déclare aux Grecs, séparés de l'unité romaine par un *orgueil obstiné*, « qu'ils demeureront toujours sous le joug de leurs ennemis qui leur feront subir sans relâche de très-grands dommages et de longs malheurs, jusqu'à ce qu'ils en viennent à se soumettre en toute humilité et charité à l'Eglise et à la Foi romaines, en se conformant entièrement aux saintes constitutions et aux rites de cette même Eglise ».

La B. Marguerite-Marie. — « Fais savoir, lui avait dit Jésus-Christ, au fils aîné de mon Sacré-Cœur (Louis XIV) que comme sa naissance temporelle a été obtenue par la dévotion aux mérites de ma sainte Enfance, de même il obtiendra sa naissance de grâce et de gloire éternelle par la consécration qu'il fera de lui-même à mon Cœur adorable, qui veut triompher du sien, et par son entremise de celui des grands de la terre. Il veut régner dans son palais, être peint sur ses étendards et gravé dans ses armes, pour les rendre victorieuses de tous ses ennemis, en abattant à ses pieds ces têtes orgueilleuses et superbes ; pour les rendre triomphants de tous les ennemis de la sainte Eglise ».

Louis XIV ne fut pas prévenu de cette prescription céleste, et ce fut un malheur dont les conséquences s'étendent aux désastres de sa vieillesse ; aux licences de la Régence et du règne de Louis XV ; aux horreurs de la Révolution. C'est parce que la couronne de France unira le Sacré-Cœur aux Lys, que le Grand Monarque sera constamment heureux et triomphant.

Le Vénérable Grignon de Montfort. — Ce glorificateur de la Très-Sainte Vierge, en Bretagne, au siècle dernier, parle en ces termes des serviteurs de Marie, choisis, dans les jours qui approchent, pour publier le règne de Dieu sur la terre : « Ce seront des nuées tonnantes et volantes par les airs, au moindre souffle du Saint-Esprit, qui sans s'attacher à rien, ni s'étonner de rien, ni se mettre en peine de rien, répandront la pluie de la parole de Dieu et de la vie éternelle : ils tonneront contre le péché, ils gronderont contre le monde, ils frapperont le diable et ses suppôts, et ils perceront d'outre en outre, pour la vie et pour la mort, avec leur glaive à deux tranchants de la parole de Dieu, tous ceux auxquels ils seront envoyés de la part du Très-haut ».

Saint Léonard de Port-Maurice. — Ecrivain distingué, éloquent missionnaire, restaurateur de la dévotion du chemin de la Croix en Italie, au xviiie siècle, ce saint brûla de zèle pour obtenir la proclamation du dogme de l'Immaculée Conception de la mère de Dieu. Ses lettres, à cet effet, au Nonce apostolique, à Paris, sont de précieux documents historiques. Le prophète assure que la paix universelle doit suivre cette proclamation. Il voyait dans la poursuite de cette grande pensée pour la France : « *Le royaume heureux, la succession se perpétuant dans la famille royale, les hérésies abattues, les différends entre les divers potentats du monde entier aplanis* ». « Prions donc avec instance, disait le voyant, afin que l'Esprit-Saint inspire à Notre Saint-Père le Pape la volonté de s'occuper avec ardeur de cette œuvre d'une si grande importance, *d'où dépend la paix du monde.* »

Le B. Labre, ce pauvre sublime, cet humble et grand pèlerin tout à la fois, a prédit la destruction de Paris, et a vu à l'avance les incendies, les profanations et les sacrilèges accomplis par la révolution. Le bienheureux « *terminait tou-*

jours en disant que la pénitence seule pouvait désarmer la colère de Dieu. »

A.-M. Taïgi. — M. l'abbé Curicque a recueilli ces paroles du Postulateur de la cause de la Vénérable : « La servante de Dieu avait prédit que la Papauté rentrerait avec éclat, dans la possession intégrale de tout le patrimoine de saint Pierre ; que, bien plus, ceux de ses ennemis qui étaient les plus acharnés contre le pouvoir temporel du Saint-Siège, ne resteraient point en vie jusque là et ne verraient pas ce glorieux triomphe ».

Le P. Isidore de Isolanis, des Frères prêcheurs, annonçait pour ce siècle la splendeur future du culte de saint Joseph, culte solennel auquel bientôt le monde devra des grâces très-abondantes.

La vénérable Marie d'Agréda, à qui a été dictée surnaturellement la *Cité mystique* ou Vie de la Très-Sainte Vierge, a décrit les combats de la Reine du ciel, aux ordres de qui les anges, conduits par saint Michel, écraseront, en nos temps, le dragon infernal et ses noires armées.

A.-C. Emmerich, morte en 1824, a tracé dans ses visions la peinture que voici de la situation présente : « Bientôt néanmoins il me fallait redescendre dans les régions ténébreuses, au milieu du plus affreux spectacle qui se pût voir ; la perfidie, l'aveuglement, la méchanceté, la duplicité, la vengeance, l'orgueil, la tromperie, l'envie, l'avarice, la discorde l'homicide, la luxure et une affreuse impiété passaient sous mes yeux : les victimes de ces vices, loin d'y trouver quelque avantage réel, n'en devenaient que plus aveugles, que plus misérables, et leur chute dans l'abîme ténébreux n'en était que plus profonde ».

La même prophétesse retrace le combat suprême entre la vérité et la révolution, composée à la fois de scélérats et d'hypocrites. « A la fin, dit-elle, il ne resta plus debout qu'une poignée de braves : c'étaient les gens bien pensants ; la victoire leur demeura ».

E. Canori Mora obtint par son humilité et son esprit de sacrifice les plus signalées faveurs pour l'Eglise et pour les peuples. Le triomphe lui fut annoncé, avec la promesse que nous retrouvons partout : » Je donnerai à mon Eglise un nouveau Pasteur, saint et rempli de mon esprit : par son grand zèle il réformera mon troupeau ».

Le P. M. Clauti. — « Il viendra un grand fléau ; il sera terrible, et dirigé uniquement contre les impies. Ce sera un fléau tout nouveau, et tel qu'il n'y en a point eu jusqu'ici dans le monde. Le ciel et la terre s'uniront, et de grands pécheurs se convertiront, parce qu'alors ils connaîtront Dieu. Ce fléau se fera sentir dans le monde entier, et il sera si terrible que ceux qui lui survivront s'imagineront être les seuls qu'il ait épargnés. Tous seront bons et repentants. Ce fléau sera instantané, mais terrible ».

Ne faut-il pas voir ici les ténèbres pestilentielles qui doivent envelopper le monde pendant plusieurs jours ?

La vénérable Marguerite-Marie et d'autres servantes privilégiées de Dieu ont assuré que le salut de la terre était attaché au culte du Sacré-Cœur. Une révélation spéciale d'une tertiaire dominicaine affirme que la solennité du Sacré-Cœur devenant fête d'obligation dans l'Eglise universelle, la félicité sera définitivement rendue à l'humanité.

Silvio Pellico. — « Aujourd'hui, comme au temps du déluge, les hommes sont en guerre contre Dieu. Le traité d'alliance paraît être sur le point de se signer. Cette fois le traité sera signifié à la terre, comme jadis, par la colombe de l'arche ; néanmoins l'oiseau divin portera dans son bec, non plus une branche d'olivier, *mais une fleur de lys* ».

La Mère du Bourg. — Elle entendit le Seigneur dire d'une voix menaçante à Louis-Philippe : « Vous m'avez méprisé, vous avez fait apostasier mon peuple, en le faisant travailler le dimanche. La jeunesse a été livrée aux impies ». Bientôt après éclatait la révoluiion de 1848.

Un curé de Lyon. (1817). — « Il y aura des pays où à peine se trouvera-t-il quelques justes : ils seront épargnés, et les méchants en seront étonnés. Mais ils sauront bientôt que c'est parce qu'ils sont justes et amis de Bien, pleins d'amour et de confiance envers le Cœur de Jésus. Il fera des miracles frappants, et il en opérera par la main des justes, ses amis ».

La Mère du Bourg. — « Voilà où nous en sommes (1857) : les châtiments du Seigneur vont tomber sur nous en diverses manières. Des fléaux, des troubles, le sang versé. Il y aura dans notre France un renversement effroyable ! Cependant ces jours seront abrégés en faveur des justes. Dieu élèvera sur le trône un roi modèle, un roi chrétien ».

Beaucoup de faits surnaturels et contemporains sont encore des voix prophétiques, continuant la prédiction de la Salette : Dieu est irrité contre les crimes de la terre ; son bras est levé pour frapper des coups formidables ; la prière et la pénitence peuvent seules adoucir les calamités prêtes à fondre sur nous.

Telle est la signification des apparitions de la Sainte Vierge, à trois petites filles, au village de Marpingen, diocèse de Trèves, en octobre 1876.

Les apparitions nouvelles (1877) de la Sainte Vierge, au village de Gietzwald (diocèse d'Ermeland), sur lesquelles les renseignements sont trop brefs, ne sont-elles pas comme un avant-coureur de cette délivrance prédite à la Pologne par plusieurs prophètes !

Le divin Salvatore (décembre 1877) a raconté, de son côté, avec des témoignages autorisés, des apparitions de Marie, non loin du village de Mettenbuch et d'une abbaye de Bénédictins, semblables à celles de Marpingen et de Gietzwald. Marpingen touche la frontière de France ; Gietzwald est sur la limite de la Pologne et de l'Allemagne ; Mettenbuch est un point contigu à l'Allemagne et aux pays de nationalité slave.

Un pieux vieillard, George Carlod, a été favorisé d'une série de visions : Ici comme partout où elle s'est manifestée, Marie, secours des chrétiens, a fait craindre de grandes afflictions, à cause de la dépravation des mœurs, de la profanation du dimanche, du sensualisme qui courbe les hommes sous son joug. Elle a vivement recommandé la prière.

Nous pourrions relater ici d'autres apparitions miraculeuses, à la suite desquelles il y a eu des guérisons, des conversions, des faits, en un mot, qui font croire à l'intervention divine ; mais nous ne prétendons pas épuiser le sujet Nous donnerons, cependant, un exposé sommaire de quelques manifestations enregistrées par les journaux religieux.

C'est à la suite d'une triple apparition à une sœur de charité qu'a été établi le scapulaire de la Passion, avec la sanction de l'Eglise.

L'Archiconfrérie réparatrice et les sœurs de l'Adoration réparatrice doivent leur institution à plusieurs communications de Notre-Seigneur à une religieuse.

En 1857, à Allonville, près Amiens, le ciboire répandit des larmes à diverses reprises, en dehors de toute explication physique possible. De nombreux témoins ont vu le prodige et en ont témoigné. C'était aux approches de la fatale guerre d'Italie et de la spoliation du Saint-Siège.

A Vrigne-aux-Bois, diocèse de Reims, en 1859, l'hostie de la sainte Messe, à quatre reprises diverses, se couvrit de quatre taches de sang. Une de ces hosties est conservée dans un ostensoir. Ces hosties miraculeuses ont été vues par des témoins dignes de foi comme les larmes surnaturelles d'Allonville. Peut-on ne pas reconnaître dans ces signes prodigieux des avertissements du ciel sur les douloureux événements qui se passent ou vers lesquels nous marchons ?

Le 24 juin 1871, à Barri, dans le royaume de Naples, une statuette de l'Enfant Jésus a sué du sang ; a pris dans sa main une croix de laquelle le sang a découlé. Elle a écrit avec ce sang sur des linges bénits et des images, des symboles caractérisant la situation ; les procès-verbaux sont d'une pleine authenticité.

Le 12 mai 1848, à Obermauerbach, en Bavière, la Sainte Vierge était venue révéler à un petit berger que les épidémies et des guerres allaient désoler les nations coupables.

Le 19 mai 1853, Notre-Dame des Sept Douleurs apparaissait à Véronique Nucci, bergère, âgée de douze ans, et lui communiquait les mêmes menaces.

A Suriano, en Calabre, le 15 septembre 1870, jour où Rome était investie par les troupes du roi qui vient de mourir subitement au Quirinal, une statue de saint Dominique fit pendant plusieurs heures des mouvements que la foule observa et qui la jetèrent dans l'admiration et dans la crainte.

Lors de la première révolution, plusieurs Madones d'Italie présentèrent des phénomènes surnaturels. En 1862, la Madone *Auxilium Christianorum*, près de Spolète, accomplit des prodiges. La Madone de Vicovaro a présenté également des symptômes de calamités prochaines. A Rome, la Madone dite de Pie IX a versé des larmes.

Une dame protestante se convertit, à Rome, en 1850, à la suite d'une triple apparition de Marie, dans la chapelle du Pape, à Saint-Jean-de-Latran et à l'audience pontificale.

A la maison de Secours de Nancy, une Vierge miraculeuse a consolé des affligés et leur a distribué des grâces (1870).

Nous ne saurions omettre de signaler les stigmatisées ou extatiques qui ont précédé, dans ce siècle, celles qui attirent l'attention présentement. En Allemagne, ce sont d'une part Crescenzia Neecklucch, Julienne Waiskircher ; en France, Thérèse-Joséphine Cartier, et plusieurs autres. Mais les deux plus célèbres ont été Marie Dominique Lazzari, de Capriana, au diocèse de Trente, et Marie de Moerl, de Kaltern, dans le Tyrol. « Nommer Marie de Moerl, dit un biographe, c'est invoquer, pour ceux qui l'ont connue ou qui en ont seulement entendu parler, une vision céleste de chrérubin plutôt que de sainte. » Les extases de cette victime de la croix, qui attirèrent les foules, durèrent de 1832 à 1868, époque de sa mort. La peinture en est des plus saisissantes. Marie de Moerl, comme les autres extatiques, eut le don de prophétie.

Nous arrêterons ici nos indications sur les prophéties en général et sur les signes révélateurs qui écartent devant nous les voiles épaissis devant l'avenir. Les téméraires, les endurcis s'obstineront dans leurs préjugés, dans la torpeur qui les alourdit. Les prudents agiront autrement, et loin de traiter les prophéties de chimères, ils mettront à profit les avertissements divins qu'elles renferment.

Comme corollaire aux signes providentiels qui précèdent, ne faut-il pas mentionner les fléaux précurseurs qui ont déjà désolé tant de peuples ?

La petite vérole a ravagé plusieurs pays. Le choléra a décimé la Perse, la Russie, la Turquie. La famine a fait sentir ses horreurs à la Perse, puis à l'Inde, où elle sévit encore. En Chine, elle a reparu et s'est annoncée d'une manière on ne peut plus sinistre. Elle sévit ailleurs et il est écrit qu'elle doit visiter l'Occident. La lèpre a reparu en divers endroits.

Des tremblements de terre ont bouleversé divers pays, et des villes entières ont été ensevelies avec leurs habitants. Des éruptions volcaniques ont porté au loin leurs ravages. Des incendies ont dévoré des milliers de maisons et de vastes monuments. Un des derniers avis d'outre-mer signale deux mille habitations détruites à Manille. Des inondations ont causé d'énormes dégâts et renversé des localités de fond en comble. Ces fléaux ont fondu sur les diverses parties du monde. Les sinistres sur mer : naufrages, navires brisés, incendiés, cargaisons et passagers engloutis, ajoutent à cette sombre nomenclature. En Espagne, la Murcie est dans le deuil.

L'homme grave, qui médite les textes prophétiques, songe avec épouvante aux rigueurs qui doivent pleuvoir sur les nations oublieuses des vérités éternelles, qu'il s'agisse d'épidémies, de batailles, de chômages, de bouleversements, de profanations, de cités maudites, d'éléments dévastateurs.

Quel esprit un peu clairvoyant ne reconnaît la décomposition sociale dans la tiédeur universelle, l'ignorance, la duplicité, l'orgueil cynique de la demi-science trafiquant des plus saints noms, et le libéralisme effronté se jouant des hommes et des choses, au nom de vertus d'emprunt qu'un examen un peu sévère fait évanouir. On crie contre les révolutionnaires déclarés, sans voir les anarchistes cachés sous le masque du bien. Les premiers coupables sont les hypocrites, les fourbes, les faux zélateurs de la justice ; ce sont eux qui ont frayé la voie aux anarchistes effrénés. Nulle part d'âme supérieure, d'ardeur chevaleresque, d'énergie héroïque. A genoux, et prions, car il ne nous reste que l'humilité pour refuge et l'invocation pour dernier espoir.

P.-S. — Plusieurs prophéties ont fait nouvellement leur apparition, bien qu'elles aient une certaine date. La suivante est d'un nommé Rodolphe Gœros, qui l'imprimait en 1523 ;

« Vers la fin du dix-neuvième siècle, il y aura des républiques en Suisse, en France, en Italie ; des signes dans tout l'univers, des pestes, des guerres, des famines ; de grandes villes seront détruites, des rois, des prélats, des religieux seront tués.

» Vainqueurs dans la première lutte, les ennemis de Dieu seront vaincus dans la seconde. L'Eglise sera dépouillée de ses biens temporels ; le Pape sera tenu en captivité par les siens ; le siège de Pierre deviendra vacant ; il n'y aura pas de Pape ; mais l'Elu de Dieu viendra du rivage avec lui ».

Une prédiction du curé d'Ars a été confiée à l'empereur d'Autriche, pour être ouverte lorsque les Russes feraient la guerre en Orient. Cette vaticination de trois lignes, indique la mort de Pie IX pour l'année où les Russes toucheront à Constantinople. Ces deux points sont accomplis. L'authenticité de la prophétie ne nous étant pas absolument confirmée, nous n'avons pu inscrire la troisième ligne, dont l'affirmation est d'une hardiesse presque sans égale.

Un paysan dont le mot a été mille fois répété, avait dit de Victor-Emmanuel : « Il mourra *Colle scarpe* (avec les souliers) ». Victor-Emmanuel est bien mort comme le prédisait ce simple et naïf chrétien Le matin du jour où il est décédé, il avait voulu se lever, malgré les médecins. On l'habilla, on le *chaussa*, on l'assit dans un fauteuil. Le paysan avait dit qu'il mourrait *Colle scarpe* (avec les souliers). Anna-Maria Taïgi avait dit : *Colle pantufole* (avec les pantoufles).

XV

PROMESSES CONSOLANTES.

Elisabeth Canori Mora. « D'immenses légions de démons parcourront alors le monde entier ; ils s'attaqueront à tout et nuiront aux hommes, et rien ne sera épargné. Heureux les bons et véritables catholiques ! Ils auront pour eux la protection puissante des saints apôtres Pierre et Paul, qui veilleront sur eux, afin qu'il ne leur soit fait aucun dommage ni dans leur personne ni dans leurs biens. »

La même. — « Tous les fidèles qui auront gardé dans leur cœur la foi de Jésus-Christ, ainsi que les religieux et les religieuses qui auront conservé fidèlement l'esprit de leur institut, seront délivrés de l'affreux châtiment. »

L'abbé Souffrant. — « Dans ces évènements, les légitimistes n'auront rien à faire, parce que ce seront les libéraux qui se dévoreront entre eux. Entre le cri : *Tout est perdu !* et celui-ci : *Tout est sauvé !* il y aura à peine le temps de se retourner, et ce sera lorsque l'on croira tout perdu que tout sera sauvé. »

Le P. Necktou. — « Quand la grande crise arrivera, il n'y aura rien à faire, sinon de rester où Dieu vous aura mis et d'y persévérer dans la prière. »

Le curé d'Ars. — « Ce ne sera pas long. On croira que tout est perdu, et le bon Dieu sauvera tout. Ce sera un signe du jugement dernier. »

Le même. — « Les ennemis ne s'en iront pas tout à fait, et ils détruiront tout sur leur passage. On ne leur résistera pas, mais on les laissera s'avancer, et, après cela, on leur coupera les vivres, et on leur fera éprouver de grandes pertes ; ils se retireront vers leur pays ; on les accompagnera, et il n'y en aura guère qui rentreront ; alors on leur reprendra tout ce qu'ils auront enlevé, et même beaucoup plus »,

Mélanie. — « L'Europe se liguera contre la France et l'écrasera. Paris sera ravagé ; trois grandes villes seront brûlées. Du sein de ce chaos le calme sera ramené subitement par une intervention de Dieu ».

Anna-Maria Taïgi. — « Après le pontificat de Pie IX, d'épaisses ténèbres pestilentielles, horribles, peuplées de visions effrayantes, envelopperont la terre pendant trois jours. Tous les ennemis cachés ou apparents de la sainte Eglise périront pendant ces ténèbres, à l'exception de quelques-uns qui se convertiront. L'air sera alors empesté par les démons qui apparaîtront sous toutes sortes de formes hideuses. Les cierges bénits préserveront de la mort, ainsi que les prières à la Très-Sainte Vierge ».

Le P. Bernard-Marie Clauti. — « Il viendra un grand fléau. Il sera terrible et dirigé uniquement contre les impies. Ce sera un fléau tout nouveau. Il sera instantané, momentané, mais terrible ».

Religieuse trappistine. — « Le temps de tous ces bouleversements ne sera pas de plus de trois mois, et celui de la grande crise, où les bons triompheront, ne sera que d'un moment ».

Religieuse d'Autriche. — « Ce sera au moment du crime (attentat contre la Papauté) que les choses changeront de face par une intervention visible du Seigneur ; le triomphe de l'Eglise sera éclatant ».

Pie IX. — « La Révolution sera tuée, tuée par ses propres armes, ces mêmes armes qu'elle dirige contre la vérité, la justice, l'Eglise, contre tout ce qu'il y a de plus sacré sur la terre... Prions sans relâche, et le suicide de la révolution aura lieu lorsque nous nous y attendrons le moins ». (*Univers* du 1er janvier 1873).

« Le Seigneur fera luire enfin le jour de ses miséricordes, et il nous délivrera des maux qui nous accablent. N'en doutez point ». (*Discours*, p. 450).

« Le monde est plongé dans le mal, il ne peut continuer comme cela ; une main humaine est impuissante à le sauver : il faut que la main de Dieu se manifeste visiblement, et je dis : Nous verrons cette main divine avec les yeux de notre corps ». (A un évêque d'Orient).

« Le Seigneur viendra à notre secours. Qu'il lève le petit doigt de sa main, et l'orgueil humain disparaîtra... Il me semble qu'il se prépare déjà à faire pour le moment désigné par la divine sagesse un miracle si sublime que le monde en sera dans la stupéfaction..... (Allocution du 22 juin 1871).

« Ah ! que Dieu vienne calmer la tempête et ramener le navire dans le port du salut et du repos. Sans aucun doute il viendra, et c'est avec cette foi que je lève la main pour vous donner la bénédiction du Seigneur ». (11 février 1871).

« J'accepte cette tiare ; elle ne me servira pas aujourd'hui, mais elle paraîtra au jour du triomphe ». (18 juin 1871).

Pie IX n'a point cessé de publier hautement ces solennelles assurances.

Rosa Colomba. — « L'Angleterre retournera à l'unité ».

Prophétie d'Orval. — « Un grand peuple de la mer reprendra vraie croyance en deux tierces parts ».

Le P. Pegghi. — « Un royaume entier viendra à la foi catholique ».

L'abbé Souffrant. — « La Russie viendra abreuver ses chevaux dans le Rhin, mais elle ne le dépassera pas. Elle se convertira et aidera la France à rendre la paix et la tranquillité au monde entier ».

A.-M. Taïgi a également annoncé ce retour.

Prophétie d'Orval. — « Trois princes et rois mettront bas le manteau de l'erreur et verront clair en la foi de Dieu ».

L'abbé Souffrant. — « Toutes les forces du gouvernement étant prises par cette puissance étrangère, l'intérieur de la France se révoltera. La crise civile sera dirigée surtout contre la religion. Le choc sera terrible. On se battra du Midi au Nord pendant plusieurs semaines, et les quinze derniers jours, jour et nuit. Cependant la crise ne sera pas longue ; mais il périra plus d'hommes en ce peu de temps qu'en 93.

» Elle se fera sentir surtout dans les grandes villes ; le sang coulera par torrents dans le Nord et le Midi ; l'Ouest sera épargné à cause de sa foi. Les puissances, voyant ce désordre en France, s'armeront, non en faveur de la légitimité, mais dans le but de se partager la France, car l'Angleterre trahira. L'Empereur de Russie viendra jusqu'au Rhin ; une main invisible l'arrêtera, il se fera catholique. Le ciel se déclarera en faveur de la France ; elle remportera la victoire ; mais celle-ci sera attribuée au Seigneur, non aux hommes. La chose sera tellement surprenante que le vulgaire criera au miracle. Et alors aura lieu la restauration ».

Un curé de Lyon (1817). — « Outre la punition terrible que Dieu exercera contre les chefs des impies, il en exercera pareillement de bien affligeantes sur les villes coupables et les méchants. Ces châtiments seront aussi visibles que ceux qui frappèrent Pharaon et son peuple ».

Sainte Hildegarde. — « Quand les hommes seront assez purifiés par les fléaux, quand ils seront fatigués de la guerre, quand la crainte de Dieu aura touché leur cœur, ils reviendront vers la justice et la pratique des lois de l'Eglise... Bon nombre de païens, frappés de la gloire et des richesses des peuples chrétiens, solliciteront le baptême et prêcheront hautement la doctrine de Jésus-Christ ».

Sœur de la Nativité. — « Je vois en Dieu qu'il viendra un temps où ce grand arbre (la révolution) sera déraciné ».

La même. — « Je vois en Dieu que l'Eglise s'étendra en plusieurs royaumes, même en des endroits où il y a plusieurs siècles qu'elle n'existait plus ».

Sainte Catherine de Sienne. — « Quand ces tribulations et ces épreuves seront passées, Dieu purifiera la sainte Eglise par des moyens inconnus aux hommes ; il réveillera les âmes de ses élus, et la réforme de la sainte Eglise sera si belle, le renouvellement de ses ministres sera si parfait, qu'en y pensant mon âme tressaille de joie ».

Marie Lataste. — « Je regarde le présent, et je vois tous les hommes s'élever contre Dieu, blasphémer son nom et violer ses lois. Mais je m'élèverai contre ces superbes pécheurs, je ferai gronder mon tonnerre au-dessus de leur tête, et ma foudre ébranlera la terre sous leurs pieds. J'éclairerai leurs yeux du feu de mes éclairs, et les envelopperai dans le brouillard impénétrable de mes nuages ».

Sont-ce les ténèbres dont parle Anna-Maria Taïgi? La voyante continue :

« Tout est dans le silence à la surface ; mais tout gronde, tout mugit, tout fermente en dessous, dans le peuple, dans ceux qui se trouvent immédiatement au-dessus du peuple, comme parmi les grands ».

Plusieurs prédictions annoncent l'apparition corporelle de saint Pierre et de saint Paul. Elisabeth Canori Mora vit le ciel se couvrir d'épais nuages ; un vent furieux souffla sur les hommes et les animaux ; les hommes en vinrent aux mains et les impies furent exterminés par les démons, tandis que les fidèles serviteurs du vrai Dieu étaient préservés par la protection de saint Pierre et de saint Paul.— Ce passage nous paraît confirmer aussi les ténèbres dont a parlé A.-M. Taïgi.

Maria Stiefel. — « Le pouvoir temporel des Papes sera rétabli, et les peuples seront heureux sous leur sceptre si doux ».

Anna-Maria Taïgi.— « Il lui fut dit par Notre-Seigneur, que les plans des impies sectaires ne prévaudraient pas, à Rome, de son temps ; mais qu'après, Dieu leur laisserait le champ libre pour travailler à leurs trames, et qu'au moment de l'exécution, tous les fils en seraient rompus d'un seul coup ».

Le vénérable Grignon de Montfort. — « A la propagation du culte de Marie correspondront, dans la même proportion, les progrès des missions étrangères, le retour des grands empires à la foi catholique, et le réveil de cette même foi dans les nations plongées dans le flot de l'impiété ».

S. X. X.— « Le dernier spectacle auquel j'assistai me remplit de consolation et m'inonda de joie. C'est une église aux colossales proportions et d'une éblouissante splendeur... Mille cierges brûlent à l'autel, et une assistance innombrable y chante les louanges du Seigneur. Des chœurs harmonieux, avec des instruments de musique, y font retentir les voûtes élancées. C'est une solennité incomparable dont ma faible parole ne donne qu'une idée fort incomplète. Je partage la commune allégresse.

» Depuis cette vision, lorsque je me sens attristé par la vue des hontes du présent et par celle des secousses sanglantes que nous avons en perspective, je m'efforce de me remettre en mémoire les transports de félicité qui remplissaient le peuple assemblé dans la vaste basilique, et que je crois pouvoir nommer la fête des nations régénérées ».

Prophétie de Prémol. — « Mon esprit s'égare et mes yeux s'obscurcissent à la vue de cet effroyable cataclysme ! Mais, me dit l'Esprit, que l'homme espère en Dieu et fasse pénitence, car le Seigneur tout-puissant et miséricordieux tirera le monde du chaos, et un monde nouveau commencera ».

Sainte Catherine de Sienne. — « Alors l'Eglise deviendra éclatante de beauté, elle sera ornée de joyaux précieux et couronnée du diadème de toutes les vertus ; la multitude des peuples fidèles se réjouira de se voir dotée de si saints pasteurs : de leur côté, les nations étrangères à l'Eglise, attirées par la bonne odeur de Jésus-Christ, reviendront au bercail de la catholicité, et se convertiront au véritable pasteur et Evêque de leurs âmes ».

Les trois textes suivants sur le Grand Monarque nous tombent sous la main. Leur place n'est-elle pas marquée ici ?

Saint François de Paule. — « Il sera comme un soleil parmi les astres et obtiendra la principauté du monde ».

Prophétie de Blois. — « Ce sera le sauveur sur lequel on ne comptait pas ».

Le P. Calliste. — « Une splendide fleur de lys sort d'une nuée. Gloire à Dieu, la foi renaît : un homme, pur instrument de Dieu, en vient rallumer le flambeau. Heureux ceux qui auront survécu ! Gloire à Dieu ! »

XVI

LE TRIOMPHE. — SA DATE. — LA FRANCE MIRACULEUSEMENT RELEVÉE AINSI QUE L'ÉGLISE. — PROPHÉTIE MONUMENTALE DE TRITHÈME SUR CES GRANDS ÉVÉNEMENTS.

En lisant les chapitres qui précèdent, si affirmatifs sur la venue du Grand Monarque et du Pontife Saint, promis au monde à l'heure où notre société, semblable à un navire désemparé, erre violemment, jouet de la tempête, et paraît condamnée à une destruction inévitable, le lecteur s'est évidemment demandé quelle est la date et du cataclysme imminent, et du miracle qui doit comprimer la fureur de l'orage.

Les prophéties privées ont rarement des dates absolues, Dieu avançant ou retardant les évènements, selon que sa clémence est apaisée par l'invocation des justes ou que son courroux s'enflamme devant la perversité croissante des méchants. La conscience publique pressent ordinairement le temps qui doit marquer le terme d'une période d'angoisse, et ouvrir la voie à une transition effervescente, à l'issue de laquelle la paix se présente aux hommes un rameau d'olivier à la main. Il n'est pas un esprit de quelque portée, aujourd'hui, qui croie à la durée de ce qui est. Mais au sein de cette impression universelle d'incertitude et d'instabilité, il existe aussi un trouble profond, un doute sombre qui ne laisse apparaître l'espérance qu'à travers des nébulosités sinistres : nul ne sait reconnaître où il va. La foi qui transporte les montagnes, attiédie là où elle n'est pas complétement oblitérée, ne permet pas au regard borné de contempler les collines éternelles, et d'y saluer le rayon consolateur, précédant l'apparition du soleil de justice.

A déclarer toute notre pensée, les chrétiens seuls qui ont refusé créance aux idoles contemporaines, et le nombre en est restreint, sont favorisés d'un coup d'œil consolant sur l'avenir, et cette vue leur vient par les prophéties.

Nous n'avons pas imité les auteurs qui, dans les livres de prédictions, multiplient les commentaires et s'aventurent témérairement à déterminer les dates, celle du triomphe surtout. Sans doute la situation politique de l'Europe, compliquée partout, le marasme des affaires, la grave question d'Orient, l'isolement de la France, la médiocrité de ses hommes d'Etat, les projets ambitieux et bien connus de deux grandes puissances, cet ensemble d'agressions, de résistances, de préparatifs, d'atrophie, nous pronostique pour un avenir prochain des commotions générales et des chocs dont la seule pensée pénètre d'effroi. Mais ces complications, où s'amassent des nuages chargés de tant de foudres, ne servent qu'à jeter l'observateur dans une plus complète perplexité.

Sans prétendre écarter entièrement les voiles qui nous dérobent l'avenir, mais en tenant compte des prophéties que nous avons classées dans un ordre de concordance, sous la rubrique de quelques appellations précises, nous avons à donner en dernier lieu une prédiction avec date fixe que nous croyons devoir vivement recommander : c'est la vaticination monumentale de Trithême.

Jean Trithême, naquit à Trithenheim, à deux lieues de Trèves, en 1462. Ce moine célèbre tira son nom de son village. Entré dans les ordres, il devint abbé de Spanheim, au diocèse de Mayence, l'an 1483. Il abdiqua cette dignité, mais pour être bientôt investi d'une autre : en 1506, il porte la mitre abbatiale à Saint-Jacques de Vurtzbourg. Il s'endormit dans le Seigneur le 15 décembre 1516. Zélé pour la discipline, il aima l'étude e tla fit cultiver. D'une vaste érudition, il a écrit de remarquables ouvrages d'histoire, de morale, de philosophie, des livres de piété. Il a un volume d'opuscules, parmi lesquels est le suivant: *Des sept causes secondes, c'est-à-dire des intelligences ou Anges préposés, après Dieu, au gouvernement des mondes.*

Basé sur une antique tradition juive ; appuyé sur des autorités historiques, ce travail est à la fois une œuvre de science et une prophétie. Il est si bien de nature à nous intéresser qu'il répand des clartés sur la confusion des temps présents, et qu'il indique l'heure divine du relèvement de la France, la même que celle de la glorification de l'Eglise. Nous analysons la prédiction,

Les esprits, désignés sous la dénomination de causes secondes, ont été appelés chez les Israélites, savoir : Ariphiel, Anaël, Zadkariel, Raphaël, Sammaël, Gabriel et Michel.

Trithème, partant de données à lui fournies par la Cabale ou tradition sacrée mais non canonique des Hébreux, trouve, après d'autres, la philosophie de l'histoire, dans les révolutions astronomiques, sans pour cela interrompre les lois providentielles qui dirigent l'humanité, et sans donner dans les écarts de l'astrologie judiciaire. Après avoir interrogé les arcanes du savoir, il s'inspire de cette parole du Psalmiste : *Les cieux racontent la gloire du Seigneur, et le firmament annonce les œuvres de ses mains.*

Le nombre sept est mystérieux et l'usage en est fréquent dans les fastes de l'Ecriture. L'*Apocalypse* divise la durée de l'ère chrétienne en sept âges. Les sept esprits supérieurs, nommés plus haut, ambassadeurs célestes toujours présents devant le trône de Dieu, sont d'après les Juifs, les gouverneurs alternatifs des sphéres. Le règne de chacun d'eux est de trois cent cinquante-quatre ans et quatre mois. Nonobstant cette domination successive, chacune des sept planètes de notre système solaire obéit à un des archanges. Or, l'influence que des sages anciens et des sages ultérieurs ont accordée aux planètes, ne nous semble pas contestable, n'en déplaise au positivisme des sceptiques contemporains. Ces influences sidérales, en même temps physiques et morales, n'altèrent en rien le libre arbitre de l'homme.

Ariphiel commande à Saturne. Cette planète, ou mieux l'esprit qui la gouverne, a commencé son règne, d'après la tradition, l'an premier du monde. Au rapport de Trithème, la création a commencé le 13 mars. Ce règne d'Ariphiel correspond à l'état chaotique et de la nuit.

Anaël a pris le sceptre du commandement, l'an du monde 354, le 24 juin ; il préside à Vénus. L'amour guide les hommes, constitue la famille, forme la cité. Des chantres, inspirés par lui, furent les premiers instituteurs de l'humanité. Le malheur est que la poésie, s'éloignant du culte divin, achemina les mortels au fanatisme, à la débauche, aux crimes monstrueux qui devaient appeler le déluge sur les dépravations de la terre.

Nous sommes au 25 octobre de l'an 708. Alors commence le règne de Zadkariel, conducteur de Jupiter : le droit de propriété est érigé ; chaque famille possède sa demeure indépendante ; les champs ont des limites ; les villes se multiplient ; les empires se développent ; la civilisation fleurit ; mais avec la culture des arts, elle apporte aussi la guerre ; les hommes fabriquent des armes pour s'entretuer.

Raphaël conduit Mercure : il féconde la science, les œuvres de l'esprit, l'industrie, et exerce la puissance, le 24 février 1063. Propagation du commerce ; nécessité de l'écriture pour les transactions, les affaires publiques, les travaux de la pensée. La première langue a été hiéroglyphique : le livre d'Hénoch et certains autres débris des écrits des patriarches sont les seuls monuments de ce genre qui ont survécu, pour arriver jusqu'à nous. Avec la science et le commerce, la navigation devient florissante.

Le 26 juin de l'année 1417 ouvre le règne de Sammaël, l'ange de Mars: c'est une époque de corruption générale, d'endurcissement universel : le déluge engloutit bientôt la race humaine, en punition de ses forfaits, moins la famille pieuse qui trouva son refuge dans l'Arche.

Gabriel, préposé à la Lune, saisit l'empire le 28 mars 1771. La terre est sortie des flots ; veuve de son premier éclat, elle répare insensiblement sa beauté amoindrie. Noé et sa famille repeupleront le globe dévasté.

C'est Michel qui est l'ange du Soleil, l'astre souverain; le prince des milices éternelles prend le pouvoir le 24 février 2126 de la création. La civilisation postdiluvienne poursuit ses étapes. La religion est longtemps florissante, mais la postérité d'Adam s'égare ensuite dans les pratiques idolâtriques. Le souvenir du déluge s'altère, et la dépravation reparaît. La science et les arts ont repris leur éclat, malheureusement asservi à l'orgueil humain.

Trithème poursuit ainsi, d'un âge à l'autre, les cycles itératifs de chacun des sept anges supérieurs, et nous fait assister aux transformations universelles de l'humanité. Chaque période ou commandement angélique est caractérisé d'après la physionomie qui lui est propre dans l'histoire. Les astres ont leur action sur les générations qui passent, sans toutefois que la fatalité se montre et que la Providence perde rien de son infaillibilité et l'homme de sa liberté morale. Les déchéances, les restaurations, les royaumes qui grandissent ou qui périclitent, la synthèse des mouvements divers des nations qui se sont succédé ici-bas, se dessinent dans ce panorama merveilleux. Ajoutons cet axiome : dans la félicité ou dans les malheurs qui se reproduisent, les mêmes causes déterminent constamment les mêmes effets, comme aussi les infractions prolongées aux lois célestes appellent constamment des expiations mesurées sur la gravité des crimes. Or, la science établit qu'en vertu de telles ou telles conjonctions astronomiques, les nations ont en partage ou d'heureuses immunités ou des châtiments éclatants.

C'est à l'aide de ces considérations et déductions diverses, que Trithème est conduit à la fin de 1879. Alors Michel reprend le principat du firmament. De longs déchirements, de pénibles élaborations ont précédé cette époque, à laquelle est placée la fondation d'un empire universel.

Michel est l'ange du soleil comme il est l'ange de la France; il est le premier défenseur de l'Eglise comme la France en est le soldat; or, le royaume de saint Louis sera le centre de cette domination immense. Les prophéties, d'un consentement unanime, corroborent cette affirmation. Le chef providentiellement suscité de l'empire prédit, étroitement uni au Pape choisi pour les mêmes jours, ces deux grands hommes seront reconnus pour les Pasteurs des peuples.

Trithème jette un étrange défi aux puissances qui s'alourdissent en ce moment de tout leur poids sur l'empire turc, car il écarte leurs fières prétentions, en donnant à la France les clés de l'Orient, et en affirmant que l'empire universel appartiendra au pays qui tiendra ces clés et qui aura l'initiative de l'intelligence.

La déclaration est d'une hardiesse d'autant plus forte que l'intelligence est présentement on ne peut plus affaissée sur la terre de notre patrie, et que le doctrinarisme de 1830 et du second empire, de concert avec le radicalisme impie, l'ont réduite à une déchéance profonde, à un abaissement prodigieux.

L'étonnement nous étreint, en effet, en écoutant cette prédiction, et la foi seule en ce qui vient d'en-haut nous donne la force d'y croire. Voici, du reste, les paroles de feu dans lesquelles est conçu le couronnement de l'Oracle ; c'est Trithème qui parle :

« *Peut-être la France aura-t-elle à subir pour cela une croix et un martyre analogues à ceux de l'Homme-Dieu ; mais, morte ou vivante parmi les nations, son esprit triomphera et tous les peuples du monde reconnaîtront et suivront, en 1879, l'étendard de la France, victorieuse toujours ou miraculeusement ressuscitée* ».

Quels accents ! Quel regard d'aigle ! Quelle promesse ! Il est donc vrai que la France doit arriver au Thabor, mais en passant par le Calvaire ! La croix qu'elle porte, à laquelle elle est à la veille d'être attachée, sera l'instrument de son supplice ; mais cette même croix, devenant l'arbre de vie, communiquera sa vertu au sépulcre où la nation semblera couchée un moment, pour la glorifier et la couvrir de splendeur ! Oui, oui, les hideuses opinions d'entre-deux, le mammonisme, les conjurations occultes, le cortège bariolé des ennemis de l'Eglise et de sa Fille aînée, tout sèchera de dépit, tout sera déraciné du sol, et la terre s'entr'ouvrira pour engloutir cet héritage dans l'abîme. L'apostasie et l'athéïsme périront, et sous le doigt vivificateur du Très-Haut, apparaîtront une nouvelle terre et des cieux nouveaux !

Vous êtes peut-être éblouis, et vous ne croyez pas encore ! Vous faut-il un précédent pour achever de vous convaincre ! Le voici. La science astronomique, comme nous l'avons établi au chapitre consacré aux *Prophéties accomplies*, avait prédit, des siècles à l'avance, l'année 1789 comme devant amener des ébranlements inouïs en Occident. Nous avons pour justificateurs de cette vaticination, le savant arabe Albumazar, le cardinal d'Ailly, Roussat, Turrel, Jean Muller et d'autres. Newton reconnaît que les vérités astronomiques sont toujours d'accord avec la théologie, ce qui établit la concordance de l'astronomie et de l'histoire. Ideler et Humboldt n'ont pu s'empêcher d'avouer les effets des grandes conjonctions sidérales. Qu'il se lève donc l'audacieux qui osera combattre ces pages !

Et maintenant, il nous reste à nous placer dans la main de Celui qui déracine, quand il lui plaît, les cèdres du Liban ; qui aplanit les monts et comble les vallées ; qui met à nu les abîmes de l'Océan, et qui écrase sur le sol la tête des superbes.

Que son nom soit à jamais béni, et que sa protection s'étende sur ceux qui ont sa crainte dans le cœur !

XVII

PIE IX A-T-IL VU LE COMMENCEMENT DU TRIOMPHE ?

Pie IX a rendu son âme à Dieu. Les adversaires du surnaturel diront que le Pontife n'a pas vu le commencement du triomphe, comme les prophéties le lui promettaient. Laissez agir la Providence : les oracles divins ne mentent pas.

Moins appesantis que les doctrinaires et ceux de la libre pensée, nous affirmons, nous, que Pie IX a assisté au commencement du triomphe de l'Eglise. Nous ne plaçons pas, il est vrai, uniquement ce succès du bien sur la scélératesse, dans la délivrance de Rome, dans la restitution à l'Eglise du domaine pontifical, dans l'abaissement des puissances conjurées contre le Saint-Siège. Il existe dans un ordre de faits moraux que nous allons énoncer.

Comment aurions-nous pu songer à ces suprêmes résultats, lorsque nos textes révélateurs nous apprennent que les Etats pontificaux seront arrachés à la révolution par le Grand Monarque, et que ce puissant envoyé apparaîtra en même temps que le Pontife Saint ? Comment aurions-nous pu nous méprendre sur la situation de la France, que le nouveau Charlemagne doit restaurer, et sur les affaires de l'Europe, que le même réparateur est appelé à remanier d'après les principes du droit et de la justice ? Nous marchons vers ces figures augustes ; nous ne les possédons pas encore.

Savez-vous où nous plaçons cette vue annoncée à Pie IX, comme le prix de son héroïsme, avant l'heure où il devrait dormir son sommeil de la tombe ? Elle est pour nous dans l'effondrement de l'Europe, en face duquel le Pape défunt se dressait avec toute la hauteur de la magnanimité et du génie. Elle est dans cette royale sérénité qui regardait sans peur le travail des sectes, les projets sataniques de certains hommes d'Etat, travail et projets qu'il arrêtait, au nom du Très-Haut, dans leur marche, comme le flot courroucé venant se briser au rivage. Elle se montre dans les enseignements qu'il a légués à l'Eglise ; dans les dogmes qu'il a proclamés. Nous la constatons dans cette protestation vigoureuse que le Pontife a dictée, le lendemain de l'intronisation d'Humbert, contre la spoliation de ses provinces. Elle éclate dans cette suite d'actes supérieurs et de discours où il défie l'abîme et ses suppôts. Elle se révèle dans l'apparente abstention du prince de Bismark d'exercer une pression sur le Conclave. On la reconnaît dans le schisme des vieux catholiques aplatis, mis sur les dents. Il existe dans l'atonie du mouvement qui marque la fin d'une époque de ruines et la proximité d'un âge plein de vie. Elle est marquée dans le catafalque que surmonte le cercueil de l'unique grandeur qui nous restât, et devant lequel Jésus-Christ se dresse, en même temps qu'un digne et non moins vaillant successeur élève ces clés contre lesquelles la révolution ne prévaudra jamais. Elle se déclare enfin dans ces mille entreprises de l'abîme, enrayées, percées à jour ; dans ces fraudes démasquées ; dans la force brutale qui s'est armée contre le Saint-Siège; contre le mensonge qui a voulu colorer ses entreprises monstrueuses, mais dont les auteurs sont demeurés saisis d'une secrète épouvante, comme les misérables qui allèrent au Mont des Oliviers pour s'emparer de Jésus-Christ.

Vingt des fameux conjurés morts miserablement, Victor-Emmanuel compris, et l'Angleterre revenant au catholicisme, proclameront encore ce résultat.

Le commencement du Triomphe, ne le contemplez-vous pas dans les cérémonies lugubres qui ont attiré les fidèles d'un bout de la terre à l'autre, depuis l'humble chapelle de village jusqu'aux riches basiliques de nos cités.

Le commencement du triomphe resplendit dans le Conclave duquel a surgi le Pape tant exalté de nos vaticinations, et qui, si longtemps à l'avance, a été désigné par cette belle appellation : *Lumen in cœlo* (1).

---

(1) Un de nos amis nous a écrit les judicieuses réflexions qui suivent :

« Peut-on bien dire que les prophéties aient affirmé que Pie IX verrait le triomphe de l'Eglise ?

» Je ne trouve aucun texte précis à cet égard ; je ne vois que des rapports de texte, ou l'interprétation humaine, pressée de voir le triomphe, ayant voulu appliquer à Pie IX ce que le texte même attribue au ; Pape les paroles d'Anna-Maria Taïgi sont toujours entre les mains de la congrégation romaine, et plusieurs autres prédictions qui nous éclaireront un jour, sont également conservées en secret.

XVII

LARMES PROPHÉTIQUES DE PIE IX.

Le Pontife-roi, à ses derniers moments, a répandu des larmes. Pourquoi cette marque d'affliction, dans cette âme forte, à l'heure où il allait déposer le fardeau de sa souveraineté spirituelle ? Que pouvait-elle regretter, elle, pleine de jours et d'œuvres saintes, après les douleurs dont les ennemis de l'Eglise l'avaient rassasiée ? Ne devait-elle pas, au contraire, se réjouir d'abandonner les crépuscules orageux d'ici-bas, pour sourire à l'aurore qui apparaissait à ses yeux, du haut des collines éternelles ?

Ah ! c'est que Pie IX, ayant considéré l'avenir, a oublié les joies de la victoire, tant de fois promises par ses allocutions, pour s'arrêter sur les jours obscurcis de la transition, les jours de la grande crise. Le temps de l'expiation s'est montré à lui, et il n'a pu résister à ce spectacle de désolation. L'hypocrisie des uns, le ramollissement des autres, les défaillances, les trahisons, l'apostasie de ceux-ci ou de ceux-là, qui ont autorisé les forfaits de la libre pensée, sont destinés à avoir un résultat rempli de désastres.

Qui nous dira si, en effet, un peuple égaré, bien que comblé de bienfaits par Pie IX, n'envahira pas de nouveau sa demeure souveraine, pour y porter une fois de plus le fer et le feu ! Qui nous rassurera contre les ébranlements effroyables dont le monde est présentement menacé ? Le dernier soupir du Pape n'a-t-il pas correspondu avec l'évanouissement du dernier espoir pour la paix ? La Russie n'est-elle pas arrivée à Constantinople ? Les navires anglais n'ont-ils pas mouillé aux Dardanelles ? L'Autriche, prise comme dans l'étreinte d'un étau, n'est-elle pas poussée, après ses malheurs récents, à de nouveaux combats ? La Prusse, non moins hostile que la Russie au siège de Pierre, n'est-elle pas à nos portes, armée jusqu'aux dents ? La France, sans alliance, sans gouvernement fortement assis, sans un chef à la trempe antique, ne ressemble-t-elle pas à un géant, tombé en des embûches, et dépossédé de son glaive de commandement et de [suprématie ?

La voilà, la guerre générale, ce fléau de Dieu, précipitant peuple contre peuple, couvrant les champs de bataille de morts et de mourants ! Et pourquoi ? Parce que les hommes ont bu l'iniquité comme l'eau ; qu'ils ont regardé avec indifférence le Vatican asservi ; Rome occupée par les sectes, et le grand-prêtre de la Nouvelle Alliance prisonnier. La France, par la complicité d'un Bonaparte et l'oblitération des sentiments généraux, a été l'instrument de ces envahissements sacrilèges, de cette dépossession criminelle, alors que les générations qui ont précédé la nôtre lui avaient légué la défense du centre de la catholicité et des Etats pontificaux.

Les larmes du successeur de Pierre mourant ont eu peut-être pour objet les nouvelles profanations que consommeront les anarchistes, pendant la courte durée de leur domination. Qui ne sait les projets des impies contre nos sanctuaires, contre les asiles de la prière et de la contemplation, si propices pour apaiser le Seigneur ? Pie IX a pleuré sur ces calamités prochaines, comme le Christ pleura sur Jérusalem, le jour où l'Homme-Dieu lui prédit le siège à la suite duquel la cité de David serait détruite, le temple consumé par les flammes, le peuple qui n'avait pas été dévoré par la contagion, la famine et le glaive, emmené captif et vendu comme du bétail sur les marchés romains.

Mais, si les iniquités des hommes ont préparé à la terre ces malheurs, nous, que Pie IX a nourris de la parole de vie ; nous, enfants de la promesse, nous nous garderons d'être abattus. Nous savons que le Verbe divin nous voit et qu'il nous protège. Or, si le Seigneur est avec nous, qui sera contre nous ?

SUITE A DERNIER MOT DES PROPHÉTIES

Précis fidèle des faits miraculeux de Fontet et des prédictions de Berguille.

Grandes apparitions. — La Salette, Lourdes, Pontmain, Fontet et Blain, telles sont les solitudes choisies où la Mère de Dieu a voulu se manifester en France, en des temps où un effrayant duel se livrait entre le bien et le mal, et où ce dernier l'emportait. L'amour de la Vierge Immaculée pour le pays qui a reçu le surnom de Royaume de Marie, a éclaté dans ces mémorables circonstances, et cette sollicitude rénovatrice a semblé vouloir exercer de plus en plus une salutaire contrainte sur cette terre de France tant chérie, à mesure que l'apostasie et la perversité, dans leurs manières diverses, se rebellaient contre le règne de Dieu. Ces avertissements nous ont mis en présence de la justice suprême, comme ils nous ont fait espérer des jours meilleurs par le retour au respect du Verbe incréé.

De ces localités bénies où Marie s'est rendue visible, forte de la puissance de son Fils, escortée par les milices éternelles, trois sont pleinement acquises à son culte glorieux : la Salette, Lourdes, Pontmain. Les deux autres, Fontet et Blain lui, sont encore disputées avec l'acharnement qui exista d'abord contre la Salette et contre Lourdes. A l'heure qu'il est, Berguille a reçu de son Directeur l'injonction de ne plus accueillir personne chez elle, même hors des jours d'extase. Cette mesure justifie l'annonce de la Voyante du 14 octobre 1877 : « Je vois tout fermé. » Rien ne lassera l'humilité de la Servante de Dieu, mais ces grandes rigueurs nous semblent préluder au triomphe que le Sauveur réserve aux instances de sa Mère, Notre-Dame des Anges. Tout bon chrétien respecte les agissements de l'autorité religieuse, à propos de miracles, mais le Concile de Trente, qui impose la soumission à cette autorité, n'interdit pas d'implorer l'examen canonique des faits surnaturels, et c'est ce qui est obstinément refusé pour Fontet.

MÉMOIRE DE M. L'ABBÉ DAURELLE SUR LES ÉVÈNEMENTS DE FONTET. — Un homme de foi et de courage, M. l'abbé Daurelle, après avoir suivi, pendant une année entière, les extases de Berguille, a consigné ses consciencieuses observations en un Mémoire, où il conclut à leur divinité, en vertu des principes de S. Thomas. Il termine cependant son travail, par ces mots : « L'Eglise, ma Mère, n'a qu'à prononcer un seul mot, et le souffle de sa parole n'aura pas effleuré mon front, que mes convictions n'y seront plus. » Nous signons à notre tour cette déclaration et nous attendons avec confiance.

Est-il besoin de faire observer, que la cause de Blain, ne se sépare pas de celle de Fontet, et que le succès de l'une auprès du Saint-Siège, emportera forcément le succès de l'autre ? Il suffit d'avoir vu et entendu une seule fois Marie-Julie, dans ses extases, dit M. Daurelle, pour être accablé par l'évidence du divin.

CHEMIN MYSTIQUE DE LA CROIX A FONTET ET A BLAIN. — A Fontet comme à Blain, le vendredi, de deux heures à huit

heures du soir, se produisent, comme aux temps des François-
d'Assise, des Hildegarde, des Thérèse, les phases mystérieuses
de ces transports mystiques auxquels l'Eglise attache le nom
d'extase. Là, Jésus-Christ, la Vierge-Mère, les Anges et les
Saints viennent converser avec Berguille et Marie-Julie. Là,
dans un siècle qui sèche de dépravation, la grâce convie les
âmes encore pures à des communications ineffables. L'expiation
étant l'objet essentiel entre le monde des esprits et celui d'ici-
bas, la souffrance occupe dans ces relations, une large place,
c'est-à-dire que les deux Voyantes y portent hebdomadairement
la Croix du Calvaire, et qu'elles y suivent, sous ce pesant fardeau, la voie douloureuse de l'Homme-Dieu.

OPPOSITION CONTRE FONTET ET CONTRE BLAIN. — Un anta-
gonisme ardent s'est déclaré à Bordeaux et à Nantes contre les
événements qui nous occupent et que nous défendons avec une
conviction profonde. Le dédain, le rire moqueur, la calomnie
ignorante et aveugle, comme parle M. d'Aurelle, n'a jamais
rien prouvé; on se tient à l'écart des événements, on refuse toute
observation, et c'est au nom de cet entêtement inqualifiable
que les faits sont condamnés. On veut quand même que les
phénomènes soient diaboliques ou purement humains.

Mais si la science est confondue devant des guérisons obtenues; si tout révèle à Fontet et à Blain, l'action de l'infini,
sera-ce notre nature bornée qui agit ? D'autre part, sera-ce le
démon qui fulmine contre les débordements de notre âge, et
qui demande des immolations et des prières ininterrompues,
pour apaiser le courroux céleste et conjurer par là d'incroya-
bles catastrophes ? Ce serait assurément pour la première fois
que Satan s'épuiserait en sollicitations, depuis six ans, pour
réclamer une église d'une splendeur inconnue, en l'honneur
de la Mère de Dieu, en même temps qu'il poursuivrait les
colossales erreurs contemporaines au profit de la foi catholique

Directeurs de Berguille. — Berguille a eu trois directeurs : M. Miramont, curé de Fontet, qui a signé des pages si imposantes sur les manifestations ; M. le curé de Blagnac, d'abord opposé aux faits surnaturels, mais bientôt terrassé par eux ; enfin, M. le curé actuel de Hure, qui n'a pu obtenir la permission d'assister à une seule extase.

Berguille avait connu ces changements à l'avance, puisqu'elle avait dit dans le ravissement du 7 mai 1876 : « Seigneur, je vous offre ces souffrances pour l'Eglise, pour Mgr notre archevêque, pour mon Directeur et ceux que j'aurai dans l'avenir ». La Voyante a assisté aux délibérations des opposants, notamment dans la vision du 14 septembre 1877.

Mais prenons les faits à leur début.

Miracle de la guérison de Berguille. — Berguille était mourante d'un cancer à l'estomac. Au mois d'avril 1873, le médecin n'espérait plus rien, et le curé n'osait donner la communion, la malade ne pouvant garder le moindre aliment depuis quinze jours. Le 29, elle dit au prêtre qu'elle devait guérir ; qu'elle en avait reçu itérativement la promesse de la Sainte-Vierge, et qu'il suffisait pour cela de lui apporter le Viatique. Le 30 au matin, elle reçoit en effet l'auguste sacrement et un quart d'heure après, elle était complétement rétablie. Depuis, sa santé n'a éprouvé aucune altération, et cette guérison, précédée d'une prophétie, a été le premier anneau de cette chaîne de faveurs insignes d'En-Haut, dont le retentissement s'est répandu jusqu'aux extrémités de la terre.

Voici en quels termes la Sainte-Vierge avait parlé à la Voyante, le 29 avril 1873, à propos de sa guérison : « Je suis l'Immaculée-Conception. Ne craignez rien ; dites-le à tout le monde. Je vous accorde la grâce que vous m'avez demandée. Faites demain la communion, et vous serez guérie. Après la communion, vous vous lèverez et vous mangerez ». Trente voisins ont été présents à ce miracle.

Présidence du maréchal de Mac-Mahon. — Le 14 mai, Berguille annonce, par l'ordre de l'Apparition, qu'il y aura bientôt en France, un changement avantageux dans le gouvernement, et peu après, si les détenteurs du pouvoir et les représentants chrétiens du pays secondent le mouvement, la restauration du roi légitime. La présidence du Maréchal était ainsi révélée. Le septennat le fut également.

Le septennat. — Le 13 novembre 1873, Berguille résume ainsi le côté politique de sa vision : « La colère de Dieu se trouve un peu apaisée ; si on continue à prier jusqu'au 21 novembre, il y aura un évènement remarquable ; ce ne sera pas le roi, car on ne le mérite pas encore ; mais ce sera un frein à la révolution qui menace de tout engloutir ». Le 19 novembre fut le jour où les pouvoirs du président furent prorogés. Ce vote aurait du solliciter le ministère et le chef du gouvernement à favoriser le retour du roi, la Providence les y invitant par son secours, mais de misérables ambitions et la faction orléaniste firent, en ce moment, les affaires de la révolution.

Secret du Ciel pour le maréchal-président. — Le 22 décembre, la Sainte Vierge rappelle à la Voyante un secret qu'elle lui avait confié plusieurs mois auparavant et concernant la personne du Maréchal de Mac-Mahon. « C'est le moment, ajoute Marie, de lui faire connaître ce secret ; hâtez-vous de le lui transmettre ; il faut qu'il le sache avant le premier janvier. » C'est en vertu de cet ordre que Berguille partit, le 27, avec le Comte Estève, de Pau, pour Paris. Ne pouvant voir le Maréchal, elle fit écrire le secret par le Comte, et le pli fut remis à un aide de camp pour le duc de Magenta. Il concernait, a-t-on cru, Mgr le comte de Chambord. Ce message sera publié un jour, il appartient à l'histoire. Il nous rappelle cet autre secret venu de Dieu qu'un maréchal-ferrant de Salon apporta un jour à Louis XIV, et les communications de l'ange Raphaël, que le laboureur Nicolas Martin alla faire à Louis XVIII, en l'année 1817.

Les gouvernants. — D'imprudents écrivains royalistes ont essayé de justifier la monarchie comme étant de droit divin, alors qu'elle est essentiellement de droit national. Cette dernière origine n'amoindrit pas les titres de la royauté, car la liberté demeure son inséparable compagne, et la doctrine tient pour inattaquable toute constitution qui porte la sanction des âges. L'autorité, elle, est de source divine, et son existence ne dépend nullement de la forme du pouvoir. De là cette affirmation : un gouvernement n'est fort que basé sur le Christianisme. Ce même ordre d'idées nous explique pourquoi le Maréchal de Mac-Mahon figure pour sa part dans les visions de Berguille et pourquoi des avis célestes lui ont été transmis. Nous ne publions pas les paroles textuelles de la Voyante concernant les gouvernants qui avaient la charge d'enrayer la révolution ; nous n'en présentons que l'expression générale.

La servante de Dieu a prié fréquemment pour les hommes qui étaient ou qui sont au pouvoir. Elle a signalé les devoirs qui leur incombent, les fautes qui ont été commises, le mauvais vouloir de plusieurs, leurs dédains pour les prescriptions d'En-Haut. Elle a marqué l'action dissolvante de la libre-pensée, les défaillances des conservateurs frayant la voie aux méchants par leur manière équivoque d'agir ; les dates à partir desquelles la confusion demeurerait comme dernière perspective. L'ironie a même répondu à certaines audaces dans ces textes prophétiques, et de justes sévérités ont stigmatisé la légèreté, l'imprévoyance, l'aveuglement, les faux calculs, les concessions funestes. Des réprobations ont été indiquées, la franchise et la bonne volonté ayant pu prévenir les fléaux. C'en est fait, le bouleversement l'emporte ; Dieu a été banni du pouvoir ; voici les ouragans et les tempêtes. Il y aura des infidélités, des trahisons, des déceptions cruelles. Il a été fait litière du bon droit : il en résulte l'anarchie et ses rudes conséquences. Pour s'arracher au chaos social, aux désastres publics, il faut revenir à la monarchie traditionnelle. *Dieu le veut*, dit Berguille.

COMBINAISON FUNESTE. — Le 28 avril 1874 était l'anniversaire de la première apparition accordée à Berguille. Marie se plaint : « Voilà un an, que je viens parmi vous, et on ne me reconnaît pas encore. Cependant tout ce que je dis est très-important, et mes paroles s'accompliront ; les malheurs vont éclater, ils seront immenses. On *prépare* en ce moment une *combinaison* qu'on ne soupçonne pas et qui *amènera les plus mauvais résultats*. Pauvre France !... Cependant elle m'est consacrée ; elle ne périra pas. » Demandez à M. Vallon, le catholique libéral, à quelle combinaison il a prêté la main. Pour les mauvais résultats, la cause en gît dans la faction bleue ; les effets se trouvent dans les complots incendiaires de la libre pensée, autrement dit l'athéïsme des sectes.

Les manifestations surnaturelles de Fontet auront prédit la succession des évènements publics contemporains, les évolutions de la politique, les résultats électoraux, les troubles, les ébranlements militaires, les deuils des villes, des profanations, des scènes sanglantes, dont le terme ne sera marqué que par le rétablissement de la vraie Monarchie. Poursuivons.

HENRI V ET LES LYS. — Le 30 octobre, la Sainte-Vierge dit à l'Extatique : « Je ne peux plus retenir le bras de mon Fils, à cause des blasphèmes qui se commettent, et des méchants qui veulent tout détruire, non-seulement la société, mais encore la Religion. Que l'on prie pour la France, *car je la sauverai*.

Les méchants croient leurs complots assurés ; mais quand-ils penseront avoir tout gagné, tout sera perdu pour eux. Henri V sera roi. Il n'arrivera pas par le vote et les combinaisons des hommes Les hommes ne le connaissent pas. Il sera conduit par la volonté de Dieu. »

Le 21 novembre, la servante de Dieu est informée que l'Apparition se révèlera exceptionnellement le 3 décembre. 3,000 personnes entourent, ce jour-là, la champêtre habitation. Les phalanges angéliques escortent la Souveraine des cieux. « Il se passera beaucoup de choses d'ici à la fin de l'année, dit la Mère de Dieu. La crise est imminente. » Le roi est promis de nouveau ainsi que le Pontife Saint, sur l'identité duquel nous gardons le silence présentement.

Le 20 août 1875, on met à la main de la Voyante, pendant l'extase, un portrait d'Henri V. Elle fait aussitôt entendre ces paroles adressées à Jésus-Christ : « O roi de gloire, de triomphe et de paix, calmez les irritations de ces esprits méchants. Nous venons vous conjurer pour ses ennemis (du Prince). Oui, mon Dieu, protégez-le, bénissez-le. Puisqu'il nous est réservé, accordez lui les grâces nécessaires pour accomplir sa mission. Ayez pitié de nous ! »

Dans les extases des 12 novembre, 17 et 31 décembre 1875 ; 7 et 14 janvier 1876 ; 25 février, 5 et 19 mai de la même année ; enfin, les 2 février, 27 juillet, 9 septembre et 12 octobre 1877, il est dit : « C'est par vous, ô Jésus, qu'il vaincra. Conservez-le. Puissions-nous voir bientôt flotter le drapeau sans tache ! Quand est-ce que le Lys refleurira sur la France ! Conduisez notre souverain et qu'il surgisse au port. Faites-nous grâce pendant les jours de tourmente. Un *Te Deum* d'action de grâces retentira par toute la terre, au retour d'Henri V. »

« Hâtez ses pas, ô mon Jésus ; abrégez son exil..... Il a commencé par la route des épines, il arrivera par le chemin

de la gloire. Que sa couronne s'imprime sur nos fronts !
Qu'elle brille à nos yeux ! Bénissez notre prince et qu'il vainque ses ennemis ! L'enfer est déchaîné contre lui ; mais ce n'est pas en vain que vous le gardez ; il doit propager votre gloire dans le monde.

» O Vierge Marie, priez pour lui, protégez-le. Il viendra pour être les délices de la patrie. O Jésus, adoucissez le barbare.... courroucé contre lui. Bénissez le prédestiné qui s'approche de vous, en s'éloignant des hommes. Il sera élevé sur la terre au-dessus de tous les monarques.

» Seigneur, rendez à l'Exilé la patrie absente... Quels tableaux lugubres ! Chassez, mon Dieu, ces fiers ennemis qui veulent envahir nos cités. Hélas ! nous le méritons... Cœur Sacré de Jésus, ayez pitié de la France ; luise l'aurore qui nous rendra le roi très-chrétien ! Que son drapeau ombrage bientôt nos têtes ! L'heure de la réhabilitation n'est pas éloignée ; par le Sacré-Cœur, les ennemis seront terrassés.

» Voici l'heure de la délivrance ; mettez fin à l'exil du roi, ô mon Jésus ; rendez-le à nos vœux ! La France trouvera la félicité sous la bannière des lys. L'Eglise, aujourd'hui dans les angoisses, sera avec lui dans l'allégresse... Arrivez, ô réparateur, et nous Français, sortons de l'abîme de la tribulation, voici celui qui nous apporte la joie ! »

Le 25 juin 1875, Berguille ne s'arrêta pas à saluer les fleurs royales, mais elle chanta les strophes suivantes que plus d'un poète aimeraient à signer :

» Ce noble lys, c'est la fleur d'espérance,
Qui refleurit pour embaumer ce lieu.
Oui, c'est le lys qui sauvera la France ;
Ne craignons plus, il nous unit à Dieu.

Va, Roi chrétien, va délivrer ton Père ;
Il est captif, qu'on vole à son secours ;

> Rome t'attend, c'est en toi qu'elle espère :
> L'heure a sonné, Dieu te bénit, accours.
>
> Ah ! ne crains pas Satan et sa furie,
> Vole au combat, tu reviendras vainqueur ;
> Ton drapeau blanc, c'est celui de Marie,
> Car dans ses plis brille sa belle fleur. »

Précédemment la Voyante avait dit, en forme d'invocation : « O saint Joseph, pourquoi foule-t-on ces fleurs si pures ! Qu'elles refleurissent plutôt sur cette chère patrie ! *C'est le Lys qui affranchira la France.* Je le vois s'épanouir sur la terre, briller sur l'autel ! O sainte Gertrude, qui avez la première doté la patrie de ce lys éclatant, que les anges d'ici-bas s'unissent à ceux du Ciel, pour chanter à l'envi : Béni soit Celui qui vient au nom du Seigneur. »

9 septembre. « Oui, dans le moment que l'on croira tout perdu, on verra s'épanouir cette belle fleur sur nos têtes. »

LES ÉLECTIONS. — LES GOUVERNANTS. — 5 novembre 1875. « Je voudrais abréger, dit la Voyante, la durée de nos infortunes. Ces quelques jours qui vont se passer devraient être des jours d'espoir, ils seront des jours d'affliction. Conduisez-les par la main (les électeurs), éloignez de nous les périls, ô Marie ».

9 Juin 1876. « O France, que la maladie consume, pourquoi ne pas recourir au médecin ? Pourquoi ne pas invoquer le Saint-Esprit ? Qu'il les éclaire pour les diriger (les gouvernants) ; c'est d'eux que dépend le sort de la France. Oui, nous avons eu bien des échecs, mais ce n'était que le *prélude* de ce qui nous attend. Vous allez nous humilier, Seigneur ; vos ennemis nous environnent de toutes parts ! La France n'est pas une nation qui sache vous prier. Cependant, ô divine Marie, sous votre égide, pourrait-elle être déchirée sans merci ! »

28 septembre 1877. « Que les âmes chrétiennes fassent quelques neuvaines pour aider ceux qui doivent guider la France. (Allusion aux élections du 14 octobre suivant). » On ne peut aboutir à rien sans votre volonté, ô mon Jésus. S'ils savaient vous mettre en tête de leurs travaux, ils seraient sûrs de réussir. Il s'agit en réalité de choses bien sérieuses (du gouvernement dans tout ce qui le concerne). » La Voyante fait, en ce moment, des signes de désolation.

Les révolutionnaires font, en quelque sorte, leur métier, en obéissant à leurs idées subversives ; mais que dire de l'incurie, des ambitions, de l'incapacité, de l'endurcissement des bons ; car ce qui a été fait par les honnêtes gens, n'a porté le cachet ni de l'intelligence, ni de la magnanimité.

Inondations. — 4 juin 1875 « Que de victimes ! s'écrie Berguille, en découvrant le deuil de Toulouse. Secourez la France, ainsi frappée, ô mon Dieu ! Nous méritons ces tribulations sans doute ; néanmoins Seigneur, ayez compassion de ces malheureux ! Oh ! des prières pour eux ! Quels cris de détresse, Seigneur, apaisez votre justice. »

9 juillet 1875. « Convertissez les obstinés, Seigneur, en ce moment où d'autres tourmentes vont fondre sur nous. Mais on ferme les yeux à la lumière ! Mon âme frémit en découvrant tant de désolations. »

16 juillet 1875. « Pourquoi ne pas faire des prières publiques pour abréger les calamités que nous traversons (inondation du 20 au 26) et celles plus cruelles encore que nous aurons à subir ? Eloignez cette famine, ô mon Dieu ! Un jour viendra où nous demanderons grâce, mais il sera trop tard. »

Scandales et Sacrilèges. — Le 19 mars, la Sainte-Vierge demande à la Voyante de faire une neuvaine à son intention ; elle lui recommande de prier plus que jamais. Elle verse d'abondantes larmes, parce que son Fils souffre les douleurs d'une nouvelle Passion, à cause des *scandales* et des *sacrilèges* qui se commettent.

Ces avertissements ne se commentent pas : c'est à tous ceux qui ont encore la foi, de voir, de comprendre et d'agir.

Les Carbonari. — Les Carbonari n'ont pas échappé aux regards de la Voyante. 13 juillet 1877. « Oh ! ces carbonari, ils se roulent comme des bêtes fauves ; quel affreux spectacle ! »

12 octobre. « Les gouvernements n'ont pas assez de force pour contenir les Carbonari, qui veulent détruire ce qui vous a coûté si cher, Seigneur : la sainte Eglise romaine et ses Ministres. »

L'Italie. — L'Italie et l'Eglise pourraient-elles ne pas être l'objet des sollicitudes suprêmes dans les manifestations de Fontet ! 30 avril 1875. « Ne nous abandonnez pas, Seigneur, s'écrie l'Extatique ! Oui, je vous implore pour les Ministres de la sainte Eglise !... Pauvre Italie !... Je ne demande pour moi que l'humilité. »

25 juin. « Je suis résignée à être votre victime pour la conversion des méchants, pour la France, pour la sainte Eglise, pour l'Italie ! Ah ! c'est la plus grande ennemie de la religion, par sa trahison envers le Saint-Père.... Convertissez son souverain. » Cette conversion a été obtenue. Berguille a déclaré à l'un de nos amis, le 2 fevrier dernier, que Victor-Emmanuel était au fond du Purgatoire, depuis le 9 janvier.

Martyre d'un Evêque. — 28 mai 1875. Paris aurait-il à pleurer la mort tragique d'un autre Mgr Affre ou d'un autre Mgr Darboy ? Voici la vaticination : « Oui, évêque de Paris (sic).... martyr... Oui, mon Dieu, comme *lui* encore.... Déchirant sacrifice...! Force et résignation dans ces mortelles détresses. »

Invocations pour le salut de la France. — 26 Novembre 1875. « Cœur de Jésus, ne rejetez pas la France ; faites-la grande et redoutable. O Jésus, pour nous délivrer, quels faibles sacrifices vous demandez de nous! Pourquoi ne pas en faire un seul? »

14 Janvier 1876. « O Vierge sainte, vous traversez les villes et les campagnes, demandant des prières, et en particulier pour la France. Jusqu'ici c'est en vain! Quelle responsabilité !»

7 Avril 1876. « O malheureuse France, c'est à cause de tes erreurs que tant d'infortunés succombent! Oui, tu as renié ton Dieu! Tu mets le trouble et la ruine dans la société chrétienne! Tu veux la livrer au schisme! O Reine Immaculée, ramenez-la (à la vérité)! »

21 Avril. « Saint Joseph, protecteur de l'Eglise, vous qui avez tant de pouvoir, je vous en supplie, obtenez merci pour la France égarée; jetez sur nous un regard de compassion! »

5 Mai. « Quelle fureur du démon! Que de ravages! O cœur de Jésus, ayez pitié de la France!... Le jour où surgira le roi très-chrétien, il répètera cette invocation, et ce jour là la patrie sera sauvée... »

16 Juin. « Elle est bien alourdie notre chère France; mais un acte de votre volonté peut la guérir, ô Jésus! C'est surtout pour les pécheurs que vous venez ici... O démence! on crie en ce moment même : Plus de Dieu, plus de religion, plus d'églises, plus de Ministres saints! »

3 Juin. « Si la France savait pleurer et prier, elle serait bientôt rétablie dans ses grandeurs! O mon Jésus, vous ne permettrez jamais que tout un peuple périsse! »

18 août. « Ayons donc confiance au Sacré-Cœur de Jésus. La France est comme Lazare dans la nuit du tombeau; mais d'un souffle, Seigneur, il vous appartient de lui dire d'en sortir! *Veni foras*. Elle vous sera fidèle alors, car sans la foi nous ne pouvons rien accomplir qui vous soit agréable. »

25 août. « La France a perdu cette belle vertu, la foi. Mais elle est la fille aînée de l'Eglise ; c'est pourquoi ce bon Jésus veut la sauver... Devrait-elle oublier ses humiliations récentes ? »

15 décembre 1876. « France, quel abîme ! Que d'avertissements de toutes parts ! Quand l'*étincelle* éclatera, on sera convaincus. Quel sombre tableau se déploie à mes yeux ! qu'il est effrayant ! Ne nous laissez pas succomber, ô mon Jésus ! »

19 janvier 1877. « Seigneur, pardon pour les pécheurs, et ils reviendront à vous, particulièrement dans notre France si désolée. Autrefois, en fait de piété, elle était la première. Aujourd'hui, où est son zèle ? où est son amour ? Oh ! ne permettez pas qu'elle meure ! Vous ne demandez de nous qu'un peu d'amour, un peu de charité, pour assurer notre repos. »

16 février 1877. « Puissent ces victimes (volontaires) que je reconnais, abréger nos maux ! Que d'agitations ! Que de complots ! Mais d'un souffle, d'un regard, ô mon Dieu, vous avez le pouvoir de tout renverser ! O France ! ô Eglise ! Quand Dieu est mis en avant, les projets réussissent ; quand on le met de côté, tout s'abîme. Si la France priait comme Jésus a prié, elle serait bientôt toute renouvelée. »

2 juillet. « O mon Jésus, ouvrez les yeux à l'incrédulité, mais surtout pardonnez à la France entière ! Elle a été la première à vous proclamer Immaculée, ô Marie ; maintenant nos ennemis s'écrient : la Mère de Jésus abandonne son royaume. Protégez-le, protégez son chef, ses ministres : préservez-les des embûches ! »

L'extase du 19 octobre 1877 devait être la dernière qui fut publique : Faut-il voir la colère de Dieu, à ce propos, dans cette parole dite, ce jour-là, par la Voyante ? « La France s'endurcit dans son aveuglement téméraire.... Oui, il faut qu'elle *soit rudement châtiée*. »

Ténèbres. — Le 23 août 1873, les trois jours de ténèbres dont nous parlent d'autres prophéties, sont annoncés aussi par Berguille : des évènements terribles les suivront.

4 octobre 1877. « Tout n'est pas fini dans le siècle que nous traversons : on voudrait détruire la sainte Eglise et la France catholique. Quand on connaîtra les secrets des âmes, secrets en ce moment cachés, on verra que c'est par vous, ô Marie, que la France aura été sauvée. »

La chaumière de Berguille deviendra une basilique. — « Mon Fils est très-irrité, dit l'Apparition, le 24 décembre, à cause des blasphèmes et de la profanation du dimanche ; je ne peux plus retenir son bras. La crise n'est pas éloignée : elle sera épouvantable. Je vous plains tous, car vous aurez beaucoup à souffrir... Ici sera mon sanctuaire. » Le sanctuaire de Notre-Dame-des-Anges ou de Notre-Dame-de-Fontet. La Sainte Vierge avait indiqué de la main la place où est actuellement la petite chapelle de Berguille.

Nous sommes en 1874, au 2 février. L'Apparition confirme ce qui précède, parle du successeur de Pie IX ; puis du Pontife Saint comme devant paraître après Léon XIII.

Le 25 février 1876, Berguille promet encore de sublimes destinées à sa petite habitation.

Le 30 juin 1876. « O Jésus, dit-elle, c'est dans cette chaumière mille fois bénie, qu'on viendra vous faire amende honorable... Eclairez-les. » (Les adversaires de Fontet).

28 septembre 1877. « Partout où vous vous plaisez à descendre, vous demandez des prières ; oui, de tous les côtés vous donnez des avertissements ! Tant pis pour ceux qui n'en profitent pas ! Hâtez le jour du triomphe promis à ce lieu. »

24 mai 1875. « Oh ! ce plan que vous leur avez montré ! Oui, ce sera cette belle basilique de Notre-Dame-des-Anges ! C'est de là que sont partis ces rayons de lumière. »

2 juillet. « Oh ! ce magnifique Autel que je vois ! »

2 août 1877. « Oui, c'est après des siècles d'attente que se lèvera ce jour. Cette basilique sera la plus belle de l'Univers ! » — « Vous voulez, ô Sainte-Vierge, un édifice en votre honneur ; vous le voulez ici. C'est pour le bien de la France : répandons le culte de Marie. »

INVOCATIONS POUR L'ÉGLISE. — Ces invocations reviennent dans chaque extase, et nous ne savons comment les contradicteurs de Fontet s'y prendraient, dans un examen, pour donner à ces accents une autre origine que celle du Ciel. Nous ne consignerons ici que les lignes ci-après :

30 juin 1876. « Saint-Joseph, patron de l'Eglise universelle, priez pour elle, surtout pour son Chef. Oh ! que ses ennemis sont exaltés contre Lui ! Renversez tous leurs projets. »

9 juillet. « Je vous demande la paix, le triomphe pour la Sainte Eglise, dans ces temps de calamités que nous allons traverser : Protégez son Chef. »

15 août. « Accordez la paix, Seigneur, à toutes les puissances ! Donnez le triomphe à la Sainte Eglise ! Hâtez-en le jour ! »

COMMUNION SURNATURELLE. — La Voyante jouit de l'éminent privilège de la communion surnaturelle, comme Palma, comme Marie-Julie. Le 19 janvier 1875, en particulier, après avoir contemplé Notre Seigneur, la Sainte-Vierge, saint Joseph, elle reçut le pain des forts des mains de Jésus-Christ lui-même

LA GRANDE CRISE. — 2 juillet. « On ne prie pas assez, dit l'Apparition ; on ne se convertit pas ; je ne puis plus retenir le bras de mon Fils. (Cette phrase, souvent répétée, est d'une bien sombre éloquence). La famine et les épidémies vous épient. Les malheurs sont proches ; ils seront courts, mais *terribles*. Paris surtout aura à souffrir, à cause du scandale permanent de la statue de Voltaire. »

Le 29 octobre 1875. L'Extatique présente un lamentable aperçu de ce qu'elle découvre au loin : des échafauds, le travail des sociétés occultes. « O mon Jésus, dit-elle, c'est la rage du démon ! Quelles secousses ! Que de sang répandu ! »

27 octobre 1875. « Que de grâces perdues !... Triste spectacle ! Des échafauds qui se dressent ! Il y a des martyrs... Ces pauvres enfants !... Ministres de Jésus, si vous saviez tout ce qui vous attend, vous n'auriez pas honte de vous humilier... Ils sont encore là ces casques pointus, acharnés. » — Comme l'a dit aussi le curé d'Ars et d'autres voyants, nous n'en aurions donc pas fini avec les prussiens.

3 mars 1878. « Beaucoup mourront, s'offrant en sacrifice ; mais tous ne seront pas martyrs. O Ministres de Jésus, ayez la force et le courage de monter cette *marche* qui vous est offerte... Franchissez ces degrés avec amour et confiance. »

18 avril. « Oui, nous pouvons nous écrier : la foudre fond sur notre pays, je la vois venir ! »

15 décembre 1876. « Les événements arriveront comme un coup de foudre, au moment où on croira au calme. »

15 septembre 1876. « O sainte Vierge, vous promettez le pardon au repentir. Oui, nous avons été sourds à votre voix ! Oui, malheur à nous ! Un désastre formidable va nous frapper ; il est en marche, il s'avance vers nous. Pauvre France !... Pauvre Eglise !. »

2 février 1877. « Oh ! cette bonne Mère qui retient le bras de Jésus, demandons-lui de protéger les âmes dans ce coup de foudre qui va éclater ; puissions-nous, toutes les victimes (volontaires) qui portons la croix, apaiser votre justice et éloigner ces malheurs, ô mon Dieu ! »

23 mars 1877. « Le jour est loin pour les hommes, et l'heure est prés pour vous, ô mon Jésus, où vous allez frapper et déchaîner votre justice, alors qu'on s'y attendra le moins.

Comment ?... jusqu'à nier !... oui, incrédules plus que les Juifs... Ce n'est pourtant pas un abus que les prières, la pénitence, les sacrifices. »

16 juillet 1877 « O aimable Jésus, vous attendez les pécheurs; malheur à eux, s'ils ne sont pas prêts au moment où la justice de Dieu viendra !. »

Evêques martyrs. — Mélanie (de la Salette). — 14 mai 1876. « O mon Jésus, donnez à vos ministres, la force d'accepter la croix qui leur est préparée. Que l'avenir est triste ! Disposez-les ces quelques évêques et qu'ils soient martyrs ; qu'ils sachent combattre pour votre gloire !... Mais plutôt éloignez ces appareils sinistres ; nous sommes tous vos enfants !.... Oui, le *secret* que vous lui avez confié, Mélanie (de la Salette) l'a toujours gardé !... Que de contraintes, que d'humiliations pour ceux qui luttent pour votre nom ! Donnez-leur la force de tout supporter. »

Invocations pour les ministres sacrés. — L'Extatique exprime de fréquentes prières pour les gardiens du sanctuaire. Elle sollicite leur union avec l'Eglise, et se lamente si elle aperçoit chez eux une foi sans vigueur. Elle presse les âmes chrétiennes d'invoquer pour les mêmes motifs. Le 22 décembre 1876, elle voit les ordinants et s'écrie : « Qu'ils soient, ô Jésus, des ministres selon votre cœur ; ils seront peut-être victimes dans quelques jours ! »

Notre-Dame-des-Anges. — Cette appellation revient constamment sur les lèvres de la Voyante. Elle nomme heureux ceux qui croient à cette dévotion. Elle aperçoit le jour où elle sera glorifiée dans la chaumière de Fontet, convertie en basilique splendide. Les peuples y accourent des extrémités du monde. Notre-Dame-des-Anges aura des autels dans l'univers. Saint-François-d'Assise est le premier qui ait nommé Marie de ce doux nom. Il aura son autel dans le temple demandé ! Le pieux ministre qui, le premier, y célèbrera les sacrés mystères, est montré à l'Extatique. Depuis des siècles, des âmes pures ont désiré connaître l'endroit où le sanctuaire serait élevé. Ces parvis privilégiés sont enfin choisis ; voici venir les temps où des voix innombrables rempliront les airs de ce cri : Vive Notre-Dame-des-Anges ! Vive Notre-Dame de Fontet !

Marie-Julie, l'extatique de Blain. — Berguille a parlé, dans ses extases, plus de trente fois, de Marie-Julie. 2 avril 1875. « Marie-Julie, vous qui me prenez pour votre sœur, oui, je veux l'être. Vous qui vous réjouissez de souffrir avec Jésus, je me réjouis avec vous. » (comme victime).

14 mai. « Oui, sœur en souffrances, demandez pour moi, la charité, l'humilité. »

21 mai. « O Marie-Julie, chère sœur, j'offre tout pour la conversion des pécheurs ; puissions-nous expier tous les péchés des hommes ! Que de persécutions se préparent ! »

9 juillet. « O Marie-Julie, nous sommes heureuses de participer ensemble aux souffrances de Notre-Seigneur... Je suis la plus indigne des créatures... C'est par l'humilité que nous vaincrons. »

16 juillet. « O Marie-Julie, que de tristes choses nous voyons aujourd'hui ! Oh ! c'est au moment où les évènements approchent, que nos souffrances redoublent. »

13 août. « O union de souffrances, ô chère sœur, vous n'êtes pas connue dans le monde encore ! »

20 août. « O ma chère sœur, priez pour cette pauvre Eglise, vous si humble, si aimée de Notre-Seigneur. »

24 septembre. « O ma chère sœur Marie-Julie, intercédons pour cette malheureuse France, pour l'Eglise persécutée ! »

10 décembre. « Chère sœur en Jésus-Christ, sœur en souffrances, puissions-nous abréger les maux par nos invocations ! »

28 juillet 1876. « O ma chère sœur, c'est là *qu'on a su*

comprendre la main de Dieu! » Allusion à Mgr Foürnier, qui était plein de sollicitude pour les manifestations surnaturelles de Blain.

Février 1877. « O Marie-Julie, cette mission n'est pas terminée ; oui, la croix sera la préservation de notre cœur. »

6 avril. « O mon Jésus, elle (Marie-Julie) prie, elle souffre, elle voudrait amoindrir les châtiments. C'est une victime qui vous est agréable. Ses jours sont comptés. Bientôt elle sera tout près de vous. On viendra l'invoquer ; on aura bien besoin de son secours, surtout ceux qui sont maintenant si *irrités* contre elle! Elle sera encore l'instrument de votre grâce du haut du Ciel. »

16 juillet. « Elle travaille à terminer cette couronne : avant celle-là, elle en a eu bien d'autres qui ont percé sa tête. (Allusion au stigmate de la couronne d'épines)! Heureuse encore de marcher sur les traces de ce bon Jésus. »

3 août. « Elle vient de subir une grande et nouvelle amertume ; elle est abandonnée : pauvre victime! Elle se consume d'amour, elle mourra d'amour! Ce moment est proche. » Ces paroles font allusion à l'éloignement de Blain de M. l'abbé David, directeur de Marie-Julie, et aux rigueurs dont elle est l'objet depuis la mort du vénéré Mgr Fournier.

4 octobre. Une dame de Tours présente à l'Extatique de Fontet, une enveloppe fermée, contenant un linge teint du sang des stigmates de Marie-Julie; Berguille dit aussitôt : « Il y a quelque chose.... Oui, c'est une victime, c'est une martyre. Dans quelque temps ce sera une sainte ; elle sera au rang des élus. Quand vous habiterez ce beau Ciel, auprès de Jésus, priez-le pour moi, vous qu'il aime tant. »

Ces relations mystiques entre les deux Voyantes, ne vous semblent-elles pas une des preuves qui proclament comme divines les manifestations de Fontet et de Blain?

Invocations pour la France. — La Sainte Vierge ne cesse de témoigner sa sollicitude pour la France. Les paroles sont glacées pour exprimer les témoignages de compassion et d'amour de Marie pour le pays qui la nomma autrefois sa Reine. Berguille est l'écho vivant de cet amour.

23 avril 1875. « O mon Dieu, éclairez les hommes préposés à la direction de cette patrie qui vous est si chère ! Oui, puisque vous agréez mes afflictions, qu'elles servent à expier pour la France. Anges du Ciel, étendez vos bras et vos ailes pour nous secourir ! Que de menaces ! Oh ! confondez les sociétés secrètes ! Que de pleurs ! que de gémissements ! Je vous en supplie, Seigneur, ayez pitié de la France !... Le chef surtout, ne le délaissez pas ; éclairez-le. Prions tous. »

18 juin. « Dans le Cœur de Jésus, qui brûle d'amour pour nous, ô ma bien-aimée patrie, dans ce Cœur seulement tu trouveras la paix et le bonheur. »

29 octobre. « Que l'Esprit-Saint fasse descendre sa lumière pour gouverner la France !... »

12 novembre. Ici la Voyante prend sur son lit une image du Sacré-Cœur, une médaille de Pie IX, un portrait du Comte de Chambord ; elle les tient exposés à la vue des assistants et prononce ces mots : « Oui, ce sera le triomphe de la France et de la sainte Eglise.... Avancez-les, mon Dieu, ces jours de félicité ! Saints et saintes du Ciel, intercédez pour la France. Vous surtout, ô saint Louis, priez pour qu'elle recouvre sa majesté ! Cœur de Marie, sauvez-la ! Seigneur, éloignez ses ennemis, qui sont aussi les vôtres. Martyrs de la France, qui êtes dans le Paradis, intercédez pour elle ! O Jésus, secourez-la ; elle combattra hardiment ses ennemis. Pour nous, ce n'est pas avec l'épée que nous pouvons la défendre, mais par la charité, l'humilité. »

Le Purgatoire. — Berguille s'intéresse vivement au soulagement des âmes du purgatoire. Elle invoque le Seigneur pour elles. Le 23 mars 1877, un avocat et sa dame assistaient à l'extase de ce jour. Ils présentent un papier à la servante de Dieu, suppliant pour deux de leurs chers morts, et disent trois *Ave Maria* à cette intention. La prière terminée, l'Extatique répond : « Une de ces âmes prie pour vous, elle est au Ciel ; l'autre souffre et demande des prières. » La dame renouvelle son invocation unie à l'assistance, et la voyante dit : « Oui, agréables » (les prières). Nous pourrions citer d'autres faits de ce genre.

La réparation. — Berguille dont la théologie la plus sévère ne saurait censurer la bonne doctrine, n'a pu omettre la *réparation*, cet objet si essentiel de notre délivrance. Les moyens qu'elle appelle à cet effet sont la prière, la pénitence, les sacrifices. Marie est surtout notre protectrice. Plusieurs grands saints sont efficacement invoqués. Les ministres du Seigneur doivent pleurer et prier. Le 9 juin 1876, la Voyante entend ces paroles de la bouche de Jésus-Christ : « O mon peuple que t'ai-je fait pour me traiter ainsi ! » Le Sauveur ajoute qu'il veut « un nouveau sanctuaire, un temple réparateur. » C'est dans le repentir qu'est la réparation ; hors de la réparation au Sacré-Cœur, nous n'avons qu'afflictions et châtiments en perspective.

19 janvier 1877. « Offrons des pénitences ; réparons. Un moment viendra où nous voudrons nous tourner vers Jésus, mais il sera trop tard. »

Que de logique dans ces textes ! Si nous touchons ici aux matières les plus élevées, n'est-il pas vrai que les discours que nous écoutons procèdent aussi bien du bon sens que de la doctrine chrétienne ?

Plaintes de la voyante contre les adversaires de Fontet. — Les plaintes de la Voyante contre le parti pris de méconnaître la volonté suprême dans les manifestations de Fontet, sont continuelles. Elle prie pour les opposants, mais elle s'élève aussi, au nom de la Reine des anges contre tant d'obstination. On remarque des allusions claires à l'autorité du Saint-Siège, non loin duquel M. l'abbé Daurelle a écrit le Mémoire que nous avons signalé. Au sujet de cette œuvre de justification, dans l'extase du 31 août 1877, Berguille s'écrie : « Ils seront bien forcés d'ouvrir les yeux, et cela leur sera pénible. La lumière viendra de plus haut (de Rome). Ils veulent rendre inutile, rejeter ce travail, mais ils ne réussiront pas, ô mon Jésus. »

31 août 1877. « Ils refusent d'être éclairés. Ils veulent rester dans les ténèbres. Oui, une seule fois venir se recueillir devant Marie, vous demandant de voir, et cela suffirait. Jamais aucun de vos ministres vous a-t-il demandé la lumière sans qu'il l'ait obtenue ? »

9 septembre. « On tâche assidûment d'*éteindre* les manifestations, mais vos œuvres ne s'éteignent point : d'un côté ou d'un autre, la clarté en sortira constamment ; votre gloire se fera jour. On ne veut pas écouter, on ne veut pas voir. Je ne puis rien, vous le savez, ô mon Jésus et votre instrument est bien indigne. »

14 septembre. — Berguille annonce la décision qui clora sa porte, comme pour emprisonner les manifestations. Le 19 octobre elle prie et fait prier pour le cardinal-archevêque de Bordeaux.

17 août. « Oh! si l'on pouvait comprendre les desseins du Seigneur en ce lieu! (Fontet). Ils ne s'avoueront pas vaincus, sans qu'un coup terrible les accable! Si on songeait aux fléaux qui sont sur le point de nous frapper, comme on s'empresserait bien vite de faire honorer cette bonne Mère à la place ou est cette ferme! Voyez à Lourdes; que de grâces

sont prodiguées ! Voyez tous ces pélerins accourant de tout l'univers, pour aller y chercher des bienfaits abondants ! »

Les reproches de l'Extatique contre ceux qui s'opposent à l'érection de la basilique de Notre-Dame-des-Anges, à la divinité des manifestations de Fontet, prennent souvent une allure biblique. La Voyante donne alors à ses plaintes les formes diverses d'un discours où distille l'amertume du cœur, l'affliction d'une âme brisée par la tribulation. Elle voudrait n'employer que des remontrances d'insinuation ; mais irrésistiblement elle constate que les *endurcis* amassent des charbons ardents sur leurs têtes. *Elle les a vus rire; ils n'ont rien fait depuis cinq ans; ils méprisent les ordres du Ciel sans examen.* Elle accuse la prudence humaine prenant la place des prescriptions célestes. Elle vaticine des punitions ; elle est saisie d'épouvante en face du courroux inapaisé de Jésus-Christ. Toujours humble, cependant, elle se soumet, elle attend. Elle a l'orgueil en horreur. Comme oppressée par la puissance qui l'anime, elle laisse parfois gronder l'ironie, et dit, (le 18 septembre 1877) : « On agit de tous les côtés ; on prend mille moyens (d'opposition), mais tout sera inutile : ils n'auront qu'à se soumettre, à s'humilier, à publier votre gloire, ô Marie. »

Le 22 décembre 1873, la Sainte-Vierge était apparue, portant sur la poitrine un grand Crucifix noir ; elle dit : « On prétend que c'est le démon qui vous apparaît ; demandez si le démon peut apparaître avec ce signe. »

Prédictions contre Paris. — Le nom de Paris est tombé plus d'une fois des lèvres de la Voyante éplorée. Il y a ici plus de solennité peut-être que dans les autres prophéties connues contre la Babylone moderne. — 7 mai 1875. « Que ces ténèbres sont épaisses, ô mon Dieu ! Que ce feu est dévorant ! Je vois tout consumé ! Protégez ces pauvres enfants : ils étouffent au milieu des flammes ! Oui, Paris est la plus coupable des villes ! Quel déchirant spectacle ! Que de tristesse partout ! Que de larmes ! Que de tombes ! Que de têtes qui roulent ! O Sainte-Vierge, ne nous abandonnez pas ! »

12 novembre 1875. « Malheureuse cité, ville maudite ! Un jour, elle sera consumée jusqu'à la dernière pierre. Malheur à ces diaboliques sociétés (occultes)... Je les vois les misérables ; ils accourent... Quel affreux tumulte !... Ville ingrate, elle n'est pas digne de prononcer le nom sacré de Jésus ! Ville exécrable, tu veux nous mener aux abîmes ! »

14 juillet 1876. « O Marie, ô Notre-Dame des Victoires !... Prions pour cette malheureuse ville d'où nous viennent toutes nos afflictions ! »

4 août. « Qui peut se rappeler sans frémir les horreurs de la Commune ? Les justes en captivité ; leur sang versé sur les places publiques ; nos temples et nos tabernacles renversés !... Et n'a-t-on pas voulu établir des lois sans vous, ô mon Dieu ; n'a-t-on pas nié les paroles de l'Evangile ! »

18 mai 1877. Berguille vit, ce jour là, des évêques, une multitude de prêtres, de femmes et d'enfants, qui disparurent dans un tourbillon ne laissant que de la fumée. Un second point noir s'éleva, se dilata, et prit la direction de Bordeaux. Un troisième nuage ténébreux se dessina : « celui-là se dirige vers l'Italie, » dit Notre Seigneur.

12 octobre 1877. « Je comprends qu'il faut que votre justice s'accomplisse, ô mon Jésus ; cependant votre miséricorde n'est pas épuisée... Reviens à Dieu, ville criminelle, reviens à Jésus qui t'aime encore !... Tu vas être châtiée une fois de plus... Paris sera lavé, purifié dans le sang de ses habitants !... Quels nombreux ennemis !... »

19 octobre. « O cité plus rebelle que Tyr et Sidon ! — Si ces villes avaient eu les mêmes avertissements, elles se seraient

converties ; elles auraient fait pénitence. Oh ! tant de fois souillée !... Oui, elle est plus dépravée que Ninive qui, à une seule parole, s'humilia. Or, il y a ici plus que Jonas, c'est le Roi du Ciel et de la terre, réclamant pour son nom outragé. »

On dirait les accents des prophètes d'Israël tonnant sur le vieil Orient, ou mieux le Sauveur des hommes pleurant sur Jérusalem.

Retour des Prussiens. — Nos ennemis d'Outre-Rhin ont plus d'une fois frappé le regard de la Voyante. « Eloignez, mon Dieu, dit-elle, dans l'extase du 8 octobre 1875, ces ennemis qui viennent à la rencontre de votre armée. » Votre armée : cela n'indique-t-il pas qu'elle serait conduite par le Roi de France ? » Vous aviez envoyé ces étrangers sous nos toits ! Je les vois revenir !... Nous avons essayé de combattre sans vous, mais vous nous avez arrêtés et jetés dans la boue, la face contre terre. (Sédan). »

Le 7 janvier 1876, Berguille conjurait le Seigneur de protéger le Roi armé pour sa cause. L'assistance chantait : *Marie, à vos genoux toute la France prie !...* L'Extatique interrompant le cantique, s'écria : « *Non, pas toute la France !...*

La Salette. — Avec Lourdes et Pontmain, la Salette a été bien des fois mentionnée par Berguille. Il y a de la grandeur dans cette confirmation des avertissements célestes sur la montagne dauphinoise. Ecoutez plutôt :

16 juillet 1875. « Oui, ces prédictions malheureuses s'accomplissent. Notre-Dame de la Salette, priez pour nous. »

13 août. « Que de larmes vous avez versées sur nous ! » Elle tenait une médaille de la Salette.

14 janvier 1876. « Notre-Dame de la Salette, priez pour nous ! C'est-là que vous avez annoncé de grands malheurs. On n'a pas écouté vos plaintes. Ce n'est que dans le but de nous exciter à la prière, à la pénitence, que vous venez encore ici. »

7 avril 1876. « O Reine immaculée des anges, Notre-Dame de Fontet, ramenez les pécheurs au divin cœur de Jésus. — Oui, dites-vous, il y a bientôt trente ans que je suis descendue pour demander des prières, mais on a été sourd à ma voix ! O peuple ingrat ! Marie, soyez notre protection ! »

14 avril. « Pauvre Eglise !... Malheureusement on n'a pas écouté vos avertissements, ô Notre-Dame de la Salette !.. Le secret que vous avez donné à Mélanie, elle l'a toujours gardé : Que d'épreuves, que d'humiliations pour défendre votre gloire ! Donnez-lui le courage de tout supporter. »

21 avril. « Oui, ces trente ans (depuis lesquels vous êtes venue) seront bientôt écoulés. Vous êtes descendue de nouveau. Qu'avons-nous fait ? Vous avez pourtant toujours tenu vos promesses, et vous dépasserez même nos espérances dans l'avenir. La profanation du dimanche est surtout la cause de nos accablements. On en fait un jour de scandale et de blasphèmes. C'est en ce jour que se réunissent les sociétés secrètes. Que d'âmes perdues ! »

9 juin. « Sur cette montagne où vous avez versé des larmes amères, Notre-Dame de la Salette, priez pour nous. »

30 juin. « Oui, c'est là, sur cette montagne, que vous avez pleuré. Vous venez également ici pleurer et gémir, demander des prières en répétant : Heureux ceux qui croient ! — Priez pour nous. »

21 juillet. « Combien la Sainte Vierge aime la France ! *Non fecit taliter omni nationi.* Nous n'avons qu'à nous rappeler les endroits où vous êtes apparue : la Salette, Lourdes, Pontmain, et maintenant ce lieu. »

27 octobre. « A la Salette, où vous êtes apparue une fois seulement, on s'est empressé d'accourir ! Et ici, après plus de *trois cents fois*, on n'écoute pas vos plaintes ! »

22 décembre. « O sainte Vierge, vous avez prédit des cala-

mités sur cette sainte montagne. En a-t-on tenu compte ? S'est-on converti ? — Non. — Se convertira-t-on ? — Non. — Il faut qu'ils soient châtiés. »

9 septembre 1877. « Il faut que cette Œuvre de Fontet soit bien grande, pour être si persécutée, ô Sainte Vierge ! »

21 septembre, à la veille de la défense qui a fermé la porte de Berguille, le vendredi : « Ne se trompent-ils pas ? Est-ce qu'ils ne se sont pas trompés ? *Dans ce moment-ci*, ils se trompent gravement, en voulant porter un jugement tel..... Oh ! depuis le firmament jusqu'à la plus petite fleur, tout est mystère. — Comment donc peut-on comprendre le surnaturel, si on ne veut pas se donner la peine de l'examiner ? La chose est bien simple pour eux : c'est de savoir s'il existe ! Ils demandent de grands miracles ! On en voit tous les jours ! N'y en a-t-il pas assez ? »

Pontmain, 28 septembre 1877. — Ce consolant souvenir a été rappelé par l'Extatique de la manière suivante : « Sainte Vierge, ma Mère, rappelez-vous cette promesse que vous avez faite : *Mon Fils se laisse toucher*. (17 janvier 1871). Qu'il se laisse donc toucher, surtout pour la France ; qu'il ne la délaisse pas dans ce moment de grandes épreuves qu'elle a à traverser. C'est par vous, ô Marie, que nous, victimes, offrons nos souffrances, nos humiliations. Suppliez le Cœur Sacré de Jésus : qu'il ne nous laisse pas seuls, bien qu'il soit lui-même délaissé, presqu'abandonné dans son tabernacle! »

La statue de Voltaire, a paris. — Les paroles de Berguille contre cette grossière idole, sont très-caractéristiques.

8 octobre 1875. « Hommes insensés, pourquoi ne pas faire tomber celui qui a tant blasphémé le saint nom du Seigneur ? Faites-leur comprendre, ô mon Dieu, que cette statue ne peut plus subsister. Les ennemis, (les Prussiens), la briseront. Elle

attire la malédiction sur la grande ville. Vous, ô mon Dieu renversez-là, avant qu'elle le soit par le boulet. »

5 novembre. « Comment oser prononcer votre nom sacré, ô mon Dieu, devant cette statue infâme ! Abattez-la Seigneur ! Déchaînez votre foudre. »

Mort subite de M. Ricard. 12 mai 1876. — Le 28 avril, après la lecture d'une amende honorable du Sacré-Cœur, par un de nos plus généreux amis, la Voyante s'écria soudain : « O malheureux chrétiens, vous reniez votre foi, vous la foulez aux pieds ! Il y en a un (le ministre ci-dessus) qui *va périr bientôt* : le démon va le précipiter dans l'enfer. O Vierge Sainte, mettez-vous à la porte, défendez-le ! »

Mort d'Adolphe Thiers. 21 août. — L'Extatique a vu Adolphe Thiers, qui devait mourir le 3 septembre suivant. Toujours saisie d'épouvante, elle parle ainsi : « Prions pendant ces quelques jours d'attente. Faisons le bien pendant que d'autres projettent le mal. Prions Jésus-Christ d'éclairer ceux qui dirigent la France. — Une agitation ténébreuse subjugue les esprits. — Faisons violence au divin Cœur de Jésus. »

Signes dans le ciel. — 15 décembre 1876. « Quelles affreuses images ! Quels phénomènes effrayants ! mon Dieu, miséricorde ! »

23 février 1877. « Deux croix apparaissent encore : l'une est plus grande... Un glaive ! Aspect sinistre ! — Notre Seigneur tient le glaive. — Une flamme rouge sort du sein d'une fumée épaisse. — La sainte Vierge accourt pour l'arrêter... Elle est triste..., le sang coule. — l'incendie pétille ! »

21 avril. La Voyante signale des événements désastreux : c'est la guerre civile, des massacres de prêtres.

13 juillet. « O mon Jésus, que ces signes de désolation s'éloignent de moi, si vous daignez le permettre ! Quelles scènes ! tout se hérisse de sabres, de baïonnettes ! Quelle terreur ! Quel moment ! »

ZOUAVES PONTIFICAUX. — Le 31 mars 1876. Elle mentionne le protectorat de saint Joseph sur l'Eglise universelle. Elle prie pour Pie IX, que Dieu devait appeler à lui le 7 février suivant. Elle nomme ensuite les Zouaves pontificaux, et dit : « Ils sont encore prêts à verser leur sang pour délivrer le Pape de sa captivité. Oui, force, courage et résignation. — Ils marcheront en avant, et ils remporteront la victoire. »

LOUISE LATEAU. — Dans un certain nombre d'extases, Berguille a rendu hommage aux *victimes volontaires*. Le 16 avril 1875, elle salua spécialement Louise Lateau. Ces âmes privilégiées offrent leurs souffrances au souverain Maître. Elles veulent désarmer la justice infinie. Elles sont heureuses de partager le Calvaire de l'Homme-Dieu. Berguille voit la place de plusieurs d'entre elles dans le Ciel. Il en est qui ne sont pas connues. Bientôt la lumière resplendira.

LE TRIOMPHE. — Berguille a vu cet objet de nos vœux, ce but de nos espérances. Le 22 décembre 1876 surtout, elle peint le désespoir de Satan, prêt à être enchaîné, tandis que Notre-Dame des Anges reçoit d'universels hommages, à Fontet.

Le 2 février 1877. La Voyante proclame la gloire de Notre-Dame-de-Fontet. Elle salue les trois personnes divines, et demande à la sainte Vierge d'ouvrir les yeux aux opposants.

23 mars. « O mon Jésus, c'est pour le triomphe de votre sainte Mère, que vous continuez de vous révéler ici. Nous vous sollicitons tous pour le relèvement de la France ; pour la glorification de l'Eglise ; pour l'honneur et l'exaltation de Notre-Dame-de-Fontet. Je vous demande de vous aimer de toutes mes forces, de toute mon âme, jusqu'à mon dernier soupir. »

Le 2 août et le 8 septembre. C'est encore une touchante invocation et l'assurance que notre espoir sera bientôt couronné, malgré Satan, malgré les difficultés apparentes.

Le 22 octobre et le 12 novembre 1875, l'Extatique avait déjà entonné le *Te Deum* du triomphe de Notre-Dame de Fontet, signal du salut de la France.

Saint-Michel. Le Roi de France allant délivrer Rome. — 29 septembre 1876. « Que vois-je, ô mon Jésus ? Une grande croix. C'est l'Archange saint Michel qui la tient. Des lettres sont écrites sur sa poitrine ; elles s'agrandissent de plus en plus. O bonne Mère, je ne comprends pas ! Elle devient rouge cette croix. Oh ! saint Michel montre le chemin ! — Quand le Roi pieux délivrera le Saint-Père, il combattra avec ces forces, qui sont les saints Anges et Archanges, venant délivrer la sainte Eglise. »

Nous trouvons ainsi dans les vaticinations de Berguille les événements redoutables annoncés pour Rome, dans plusieurs autres prophéties.

Etude des manifestations surnaturelles au XIXe siècle. — Les évènements de Fontet, d'après les principes de saint Thomas, par l'abbé Daurelle, du diocèse de Mende. Résumé.

L'auteur, en débutant, présente son travail comme « une simple consultation préalable adressée aux dépositaires de la science dans l'Eglise. » Le livre a 156 pages in-4°, il a été imprimé à Rome. La presse a récemment publié certaines notes relatives à ce digne ecclésiastique. Il nous sied d'affirmer que c'est un généreux caractère et que Rome n'a nullement censuré son ouvrage.

M. l'abbé Daurelle, ayant assisté, indécis encore, à l'une des extases de Berguille, fut en proie, pendant trois jours, à un doute qui le tortura cruellement. Une invocation suivie de promesse à la sainte Vierge, d'aller étudier humblement et théologiquement les phénomènes de Fontet, mit fin à cette tempête.

Fontet est un petit village, à 3 kilomètres de la Réole (Gironde), dans une charmante situation. La ferme où les apparitions ont lieu, est tenue par le mari de Berguille, dont l'âge est d'environ cinquante ans. Simple femme de la campagne, l'existence de la Voyante n'a rien présenté d'extraordinaire jusqu'aux évènements qui nous occupent. Ses habitudes furent toujours chrétiennes. De ses trois enfants, l'un, une fille est déjà morte, l'aîné des fils est sous les drapeaux.

Les révélations ont commencé en 1873, le 27 février, par une guérison miraculeuse, comme il a été dit précédemment.

Le surnaturel divin est seul en question, à Fontet. M. l'abbé Daurelle démontre d'abord l'orthodoxie de ces manifestations *par voie d'élimination*, et en second lieu *par voie directe*. De là, deux parties concourant à une seule et même évidence.

Berguille, contrairement à ce qui a été dit, n'est ni *une comédienne, ni une femme dont les facultés mentales sont troublées, ni une possédée du démon*.

Une intelligence préside aux faits de Fontet ; or cette intelligence est inévitablement ou *humaine*, ou *diabolique*, ou *divine*.

La nature humaine, en outre, agit à l'*état normal*, ou à l'état de *condition seconde*.

Pour le premier des trois cas, M. Miramont, curé de Fontet, a déclaré hautement que Berguille *est absolument incapable de tromper*. Tous ceux qui la connaissent affirment sa bonne foi. L'honnêteté de son mari n'est pas moins bien établie. Elle néglige toutes les prudences humaines, et répond aux remarques qui lui sont faites. » Que voulez-vous? Je ne peux pas dire autrement que l'Apparition ne dit. « *L'habileté* n'existe donc pas et rien n'autorise la supposition que la

Voyante a pu vouloir tromper. Elle n'a pas été poussée par l'intérêt; elle n'a pas retiré le moindre profit de ses visions. Elle a obstinément refusé d'accepter tout secours. La famille y a perdu par les dérangements survenus et le temps perdu. Les satisfactions de l'amour propre? Mais il n'est revenu à Berguille que l'incrédulité des uns, la risée des autres, les invectives des impies. Les sympathies? Mais elle n'a recueilli que des amertumes, et son âme a été rassasiée d'angoisse.

D'autre part, comment expliquer les faits les plus élevés au-dessus de nous, par le jeu des ressources humaines ? Et cette imitation s'accomplissant aux yeux de tous, de la foule, des savants, du clergé ? Comment concilier l'état inculte de la Voyante avec le langage qui lui est particulier dans l'extase, l'élévation comme la sûreté des idées qu'elle y exprime. Berguille va jusqu'à chanter des cantiques, dans ses ravissements, qui lui sont dictés par une puissance supérieure et dont les vers affectent une facture qui a de l'élégance et de la correction. Viennent les docteurs Mauriac et Verdale; ils soumettent Berguille aux épreuves d'une science qui n'épargne rien pour nier le divin dans les phénomènes : dans leur scepticisme, ces messieurs arrivent à la constatation d'un « état d'insensibilité générale *caractérisant toutes les extases.* » Cet aveu incomplet n'en est pas moins concluant.

Osez donc dire que Berguille est une *comédienne !*

Mais, la nature humaine atteint d'autres ressources, c'est l'état de *condition seconde* au *doublement de vue*, ce que la théologie nomme *puissance extensive.* C'est à cet état dynamique occulte que Berguille doit la situation que vous appelez en elle surnaturelle, prétend l'incrédulité.

Puisque vous osez expliquer les manifestations de Fontet par une sorte d'état pathologique d'où dérivent des faits si merveilleux, faites-nous connaître cette maladie dans un corps que les violentes secousses électriques des médecins de Bordeaux n'ont pas été capables d'arracher à l'insensibilité. Il ne peut être resté de maladie en Berguille, puisqu'il est manifestement établi que sa guérison a été miraculeuse et radicale, après avoir reçu le Saint-Viatique. Les docteurs Dusson et Leydet, venus à Fontet, pour visiter Berguille, ont affirmé qu'il n'y avait pas de maladie chez elle.

Rien n'annonce, par conséquent, des *conditions physiologiques* pouvant déterminer le cas qui les motiverait, à savoir : ce que l'art appelle des *lésions*, des *névroses*, des *faits magnétiques*.

A bout de raisons, les docteurs Mauriac et Verdale, ont avisé une hypothèse, celle d'une *lésion du bulbe, dont le fonctionnement est tout à fait inconnu à la science,* sorte de pays ténébreux, où les plus habiles explorateurs avouent qu'ils n'ont rien pu découvrir de précis. C'est une manière comme une autre d'éluder le surnaturel divin.

A cette hypothèse absurde, qui dérange l'appareil cérébral, se rattachent la *folie* et l'*hallucination*. Or les facultés intellectuelles de Berguille étant normales, c'est le comble de l'impudence que de lui supposer la folie. Mais Jésus-Christ lui-même n'a-t-il pas été taxé d'insanité !

Pour le second chef, Berguille n'est point hallucinée. « Rien n'est plus faux que cette hallucination », a écrit M. le curé de Fontet. L'hallucination est une folie partielle, mais n'a rien de commun avec Berguille, qui juge constamment des choses comme elle les voit et les entend, et elle les voit et les entend comme tout le monde. Cette fidélité d'appréciation du monde extérieur, suit Berguille dans le monde supérieur de l'extase, et l'a encore tout ce qu'elle perçoit, conformément aux règles données par l'Eglise, elle leur imprime le sceau de la même exactitude. D'une part, le *sens commun*, de l'autre, la *révélation*. Quoi de plus concluant contre les allégations des ennemis de Fontet ?

Les *névroses* ont leur siége supposé dans le système nerveux et consistent dans un trouble fonctionnel. La *catalepsie* et l'*hystérie* peuvent présenter, dit-on, un cachet de similitude extérieure avec l'état de Berguille. Mais en mettant en regard les caractères de l'état cataleptique et de l'état extatique chez Berguille, le contraste est complet, la dissemblance on ne peut plus accusée, et ce double tableau fait ressortir l'opposition constante qu'il y a entre l'une et l'autre condition.

La même épreuve effectuée pour ce qui a trait à l'hystérie est plus négative encore: l'état de Berguille exclut entièrement ici, les caractères physiques, comme aussi les tendances morales de cette affection morbide.

La Voyante n'a donc pas de maladie, et son état dans l'extase est donc un état entièrement à part, constitué en dehors de toutes les lois physiologiques connues, et dont le diagnostic différentiel échappe au regard d'une science purement humaine, pour relever de cette science plus haute, que Jésus-Christ a communiquée à son Eglise.

L'opposition a eu recours à l'état magnétique, et a tenté d'y trouver la raison des manifestations surnaturelles de Fontet. Mais la comparaison des faits de chacun des deux ordres, ici comme pour ce qui précède, n'a aucun point similaire et les faits de Fontet contredisent radicalement les principes et les faits magnétiques. Les états dérivés du magnétisme, comme le *somnambulisme* et l'*hypnotisme*, n'obtiennent pas plus de succès et l'antithèse, entre ceci et cela, est toute au détriment des prétentions sceptiques, et à l'avantage exclusif des évènements de Fontet.

Ainsi Berguille n'est pas davantage *une malade* qu'elle n'est *une comédienne*. Elle n'est pas *une magnétisée*, et l'esprit qui parle par sa bouche ne peut en aucun cas être celui de l'homme.

L'opposition, battue sur le terrain où s'exercent les ressources de la nature humaine, refuse de trouver en Dieu la cause des faits prodigieux de Fontet, et les place de parti pris dans l'empire diabolique, en affirmant sans examen et sans preuves que le démon en est l'auteur. Deux choses contraires renversent cette prétention : *La sainteté de l'Œuvre, les assauts livrés pour la détruire.*

Le démon ne peut vouloir l'Œuvre de l'Apparition, la construction d'une basilique, portant le nom glorieux de la *Reine Immaculée des Anges* : Lourdes existe surtout pour la guérison des corps; Fontet a pour objet spécial la rénovation des âmes.

On a osé dire que Berguille était possédée depuis son enfance. Trois signes prouvent le contraire : Satan, c'est l'orgueil; Berguille est humble. L'orgueil passe promptement à ses effets pratiques, la révolte ; Berguille est pleine de soumission à son confesseur, et l'ordre étant venu de fermer sa porte à tout le monde sans distinction, elle n'a opposé aucune raison. Le démon, est un révolté, d'où la punition qui l'a frappé et sa haine contre le Seigneur. Berguille ne connaît que la mansuétude, la prière, les chants angéliques. Une fois la vision disparue, cette femme privilégiée est aux champs, aux soins du ménage, partout enfin où ses obligations l'appellent. Ce qui exclut le démon d'une manière absolue, c'est l'Apparition qui déclare ne vouloir rien faire que par l'Eglise.

Notre Seigneur, s'élevant contre la résistance faite aux sublimes instances de sa Mère, annonça à la Voyante qu'il permettrait au démon de venir, pour montrer le contraste de ce qui est satanique et de ce qui est divin. Le vendredi qui suivit, avant la fin de l'extase, les choses changèrent de face, et d'épouvantables symptômes furent vus. C'était une possession momentanée. Il y eut des imprécations et des blasphèmes. Le prêtre dont les pouvoirs étaient limités, fut contraint de se retirer ; mais le confesseur, appelé, chassa le démon et fit tout cesser. L'esprit malin déclara qu'il ne voulait pas d'église et promettait d'empêcher et cette construction et les manifestations, si Berguille consentait à ne pas dire son chapelet, seulement quinze jours. L'Extatique, dans cette tempête, protestait de sa soumission à Dieu, et le démon étant chassé, elle revint aux suavités de l'extase. Un jour où le démon éprouvait et tourmentait Berguille, protestant *qu'il ne céderait pas, parce qu'il était,* disait-il, *plus puissant que l'Eglise,* il partit brusquement, vaincu, désarmé, à la voix du prêtre. Les pouvoirs de l'Eglise dominant le démon, marquent que l'extase fondamentale est divine. Cette puissance de l'Eglise sur l'enfer fut manifeste à Fontet, pendant sept semaines, après lesquelles le démon ne parut plus. Ainsi les événements de Fontet ne peuvent être l'ouvrage de l'esprit de ténèbres, et la théologie les déclare célestes. L'action miraculeuse est ici évidente.

Phénomènes surnaturels dans les éléments. — La demeure de Berguille s'est illuminée souvent, pendant la nuit, d'une lumière mystérieuse dont un grand nombre de personnes ont été les heureux témoins. Ce qui paraissait aux autres des étoiles mobiles, étaient pour la Voyante des Anges d'une beauté et d'une splendeur incomparables. M. l'abbé Barrère, chanoine honoraire d'Agen, a recueilli et publié sur ces faits d'indiscutables témoignages. Ces phénomènes ont commencé en 1873, se sont fréquemment renouvelés et ils continuent aussi bien que les extases. Au mois de mai 1877, une colonne de feu apparut dans les airs. Au milieu était une croix rouge ; à gauche un nuage noir qu'un glaive traversait de part en part. La colonne s'élargissant peu à peu, descend dans la vàllée, grandit encore, s'appuie sur la chaumière, d'où elle s'étale dans toute la prairie qui sépare les deux fermes, et prend enfin les dimensions d'une splendide basilique. La famille de Berguille contempla à loisir cet imposant spectacle. Le berger Stirlin, témoigne lui aussi de ce fait. M. l'abbé Daurelle, s'appuyant sur saint Thomas, affirme ici un miracle absolu. De pareils phénomènes célestes se produisirent au xiii° siècle, lorsque Dieu voulut enfermer dans un riche sanctuaire la maison de Lorette, et ce miracle des flammes s'y renouvela, une fois l'année, pendant trois siècles. Il se reproduisit également plus tard et notamment en 1554.

L'intervention divine dans les évènements de Fontet est attestée, en outre, par des guérisons nombreuses, toutes certaines, et d'un contrôle facile. M. le curé de Fontet certifie trois guérisons obtenues par l'intermédiaire de Berguille, et les miraculées ont confirmé la déclaration sous la foi du serment.

M. Castel, de Fontet même, au mois de juillet 1874, fut guéri d'une dartre cancéreuse qui le couvrait depuis 20 ans; il s'était préalablement converti.

Mme Dupuy, venue à Fontet dans un état déplorable, fut délivrée d'une maladie de cœur qui la désolait depuis 12 ans. Deux ans plus tard, elle revenait à la chaumière, implorer pour son mari qu'une jambe enflée empêchait de sortir et de travailler. Elle fut exaucée comme auparavant, à l'issue d'une neuvaine. Matin et soir, Mme Dupuy frictionnait le membre affligé avec une décoction de feuilles de l'ormeau qui ombrage la ferme, *cet arbre dont le sommet s'était couronné, un jour, sous les yeux de la Voyante, du Cœur glorieux de Notre-Seigneur, reposant sur ses branches et les bénissant et duquel tant de guérisons remarquables ont déjà découlé.*

M. l'abbé Barère raconte dans son premier volume sur Fontet, une guérison des plus touchantes, celle de Marie-Alix, fille de Paul, mécanicien, et de Marie Chapis, d'Agen. L'enfant était à toute extrémité, les feuilles de l'arbre privilégié et une double neuvaine la rendirent à la vie, à l'admiration de beaucoup de témoins. La mère et la petite fille portèrent un *ex-voto* à la demeure des apparitions : *La Reine Immaculée des Anges, entourée d'esprits célestes, lui présentant une guirlande de fleurs*. Berguille, pendant son extase prit dans ses bras Marie-Alix qui, elle-même, transformée, ravie, fut favorisée de l'auguste vision, et la Sainte Vierge lui donna à baiser un crucifix qu'elle tenait.

Au mois de mai 1877, une supérieure de communauté était rendue à la santé, à Rome, par l'usage de ces mêmes feuilles miraculeuses et l'invocation de Notre-Dame-de-Fontet. Cette guérison avait été demandée comme preuve des apparitions. Le médecin ne put prononcer que le mot de miracle. Berguille, prévenue par une lettre, avait prié pour la malade qui se mourait.

Le 6 septembre 1877, un autre prodige de ce genre s'accomplit aussi à Rome, sur un vieux docteur qui, frappé d'apoplexie, recouvra la parole et assez de force pour se confesser et recevoir les Sacrements.

Parmi les guérisons obtenues par l'invocation de Notre-Dame-de-Fontet, se place surtout celui de l'aveugle Delas, de Bourdelles (Gironde), à deux ou trois kilomètres de la maison de la Voyante. Depuis six ans, cet homme avait totalement perdu la vue, et s'en allait de porte en porte, mendiant son pain, au bras d'un enfant qui le dirigeait. N'attendant plus rien des hommes, Delas se tourna vers Dieu et l'alla implorer à Lorette, non loin de Bourdelles, à Verdelais, à Lourdes même. Ce fut sans résultat.

Le bruit de ce qui se passait à Fontet, si près de lui, l'y attira. Berguille lui dit d'espérer et lui recommanda la prière. Retourné auprès de l'Extatique, sa foi y reçut un commencement de récompense : Il eut dès lors l'intuition des objets dont il était environné. A sa troisième visite, vers la fin de juillet, Berguille lui dit : « *Cette fois, je sais d'une manière certaine que la Sainte-Vierge vous guérira. Elle m'a dit que ce sera pour le 2 août prochain, fête de Notre-Dame-des-Anges.* » La Voyante, s'étant rendue à Verdelais où M. Martial, vicaire général de Bordeaux, l'avait faite appeler, donna à cet ecclésiastique la même assurance.

Ce qui était annoncé se réalisa à la lettre. Delas, à la suite de la confession et de la communion recommandées par l'Extatique, s'agenouilla à la Sainte-Table encore aveugle, il se releva ayant recouvré la vue. C'était le 2 août, dans l'Eglise de Fontet. Il voit distinctement, reconnaît les personnes, lit, va sans obstacle à la maison de Berguille d'où lui était venu ce grand bienfait, et de cela toute la paroisse était témoin. La joie et la reconnaissance inondait l'heureux miraculé.

M. l'abbé Daurelle expose, à cet endroit de son récit, une fraude tendant à atténuer l'éclat de ce miracle ; mais les habiletés de l'amour-propre sont impuissantes à dénaturer ce que le Ciel a marqué du sceau de sa suprême autorité.

L'auteur des *Événements de Fontet* accompagne ou fait suivre ses récits ou ses jugements de considérations théologiques, appuyées de citations de saint Thomas, que nous ne pouvons que mentionner dans une analyse. Il y justifie lumineusement ses affirmations. C'est tout ce qu'il nous est possible d'en avancer, vu l'espace dont nous disposons. Nous entrons après cela dans l'ordre des faits désignés par ces mots : « *Action miraculeuse dans le monde de la nature sur les âmes.* »

Le pieux observateur des manifestations, incroyant encore et luttant contre des preuves qu'il désirait invincibles, pendant une des extases, reprenait un à un dans sa pensée tous les vœux qu'il avait faits dans sa vie, à la Reine des Cieux, et les résumait en *un vœu collectif qu'il adressait au cœur maternel de Marie.* La Voyante s'interrompit soudain et dit à haute voix : *Oui, ô ma bonne Mère, entendez ce cœur qui veut vous rester fidèle; écoutez ce vœu qui s'échappe de son âme.*

M. l'abbé Daurelle, vaincu par ce coup d'œil qui n'est donné ni à l'homme ni à l'ange tombé, crut dès cet instant à l'intervention d'En-Haut dans les faits qui nous occupent, et en rendant compte à M. l'abbé Martial, il lui disait : « Maintenant j'ai une preuve du divin direct dans les événements de Fontet. Ces événements sont désormais infiniment respectables à mes yeux. »

Une personne malheureuse, arrivée trop tard, un jour d'extase, pour faire elle-même ses recommandations à Berguille, communiqua tout bas M. l'abbé Daurelle ses intentions. Celui-ci les exposa à la Sainte Vierge dans le fond de sa pensée. La Voyante s'interrompt encore presqu'aussitôt et dit : « *Je comprends ce vœu .. Oui, agréable à notre bonne Mère. Confiance.* » Le secours fut obtenu.

Un autre jour, le même prêtre demandait, toujours intérieurement, si un jeune homme serait bien dans sa voie, en entrant dans un grand séminaire ; la réponse fut affirmative et spontanée.

Une sorte de piège était une fois tendu par M. Daurelle, par la manière équivoque dont une question était présentée ; l'Apparition répondit aux diverses demandes régulières, et se contenta de sourire à celle qui ne l'était pas.

L'auteur expose d'autres faits non moins merveilleux, produisant la vue à travers l'impénétrabilité des corps et suspendant les lois de la liberté morale, ce qui constitue réellement le miracle. M. Daurelle a reçu vingt fois, à Fontet, des réponses à des demandes mentales, faites de Bordeaux à la Sainte Vierge. Ces demandes avaient lieu parfois devant le Tabernacle ou pendant la célébration des Saints Mystères.

Ces pénétrations d'âmes ont eu lieu non seulement à une distance de quelques lieues, mais encore jusques de chez les nations étrangères, de Rome en particulier. Prêtres et laïques ont reçu de ces mémorables faveurs.

A ces dons élevés, Berguille unit encore le don sublime de prophétie. Elle a prédit plusieurs semaines à l'avance la périodicité hebdomadaire de ses extases. Elle a annoncé, le 12 mai 1873, la chute de M. Thiers, au témoignage de M. le curé de Fontet.

« Les affaires de la France, dit-elle, sont bien embrouillées, mais il y aura bientôt un changement, et il n'y aura pas le mal qu'on craint. »

« Le 26 juillet, date de la vingt-deuxième apparition, la Sainte Vierge dit à la Voyante : « Je vous avais annoncé qu'il y aurait un changement dans le gouvernement, et qu'il arriverait sans qu'il y eut du mal, et vous voyez qu'il en a été ainsi. Celui qui a été mis en place (le Maréchal-Président) est un bon chrétien, mais il est placé pour peu de temps. Vous avez besoin de dire qu'on prie beaucoup pour la France, puisque ce changement ne se faira pas sans troubles. Celui qui viendra est un meilleur chrétien encore que celui qu'on a mis, et celui-là sera Henri V. »

» La Voyante m'a juré à plusieurs reprises qu'elle n'avait jamais entendu parler d'Henri V. Il est tout à fait exact que, lorsqu'elle nous a fait part de cette apparition, elle nous a demandé ce que c'était qu'Henri V. »

Le 11 novembre de la même année, l'Apparition annonce que, si l'on prie bien, il y aura dans quelques jours, un événement remarquable qui ne sera pas encore Henri V, mais un frein à la révolution. Et le 19 novembre, le septennat était voté et affermissait la situation du Maréchal-Président.

Pour des examens, pour des changements de résidence, pour des conversions, pour des guérisons, toutes choses recommandées aux prières de la Voyante, celle-ci en a annoncé à l'avance l'accomplissement et tout s'est réalisé comme elle l'avait prédit.

En un moment où l'accès de la maison de Berguille était sévèrement interdit (mai 1877), un dignitaire ecclésiastique se rendait en France des confins de l'Autriche. Il avait le dessein caché de visiter Fontet. Or, le jour même de ce départ, Berguille annonçait, au sortir d'une extase, *l'arrivée prochaine à Fontet d'un personnage qui se mettait en route, dans un pays lointain et qui ferait ouvrir les portes de la chaumière*. Berguille allait incontinent dire à son confesseur ce qui devait arriver, pour qu'il annonçât au Cardinal la venue de ce personnage, mentionnant une parole importante de ce qu'il devait dire et marquait qu'il devait aider son Eminence à triompher d'un grand obstacle. Les choses eurent lieu comme il avait été indiqué.

On a fait beaucoup de bruit pour discréditer Fontet, d'une prédiction qui ne s'est pas réalisée ; celle qui concerne la restauration d'Henri V. Il s'agit de bien poser la question. Cette date a été retardée ou mal comprise. Berguille affirme qu'elle n'est retardée que par le mauvais vouloir des hommes. Qui de nous ignore qu'une intrigue doctrinaire seule empêcha en 1873 le retour du Roi? D'après saint Thomas, une prophétie, peut manquer de recevoir son accomplissement et rester néanmoins une vraie prophétie : 1º Parce que le voyant ne peut pas comprendre toujours exactement la pensée de Dieu, précisant où Dieu ne précise pas, donnant une forme absolue à ce qui était moins accentué ; 2° Parce que Dieu lui-même ne livre pas toujours à un prophète les dernières conséquences de ce qu'il voit, et ne lui laisse quelquefois apercevoir que la relation des causes correspondant aux effets qu'elles doivent produire. « L'esprit du prophète, dit le saint Docteur, ainsi placé sous l'action de celui de Dieu, est comparable à un instrument défectueux : *mens prophetœ instrumentum deficiens.* »

Cette prophétie se classe parmi celles qui se nomment de prescience, parce que, d'un côté, elle n'était subordonnée à aucune menace, et que de l'autre, elle invoquait le concours de l'activité humaine, témoin *la démarche lointaine* que la Voyante dut entreprendre, à la dernière heure, sur l'ordre de l'Apparition, pour en déterminer l'énergie. Saint Thomas est très-explicite sur ce point, et il montre que par défaut de détermination de la cause seconde, bien que l'événement prédit ne suive pas l'indication prophétique émanée de la cause première, Dieu ne laisse pas d'être l'auteur de la prophétie. « Seulement ce qu'il révèle alors à son prophète, n'est pas précisément *ce qui sera*, mais ce qui *devrait être*, et restera la seule réalité vivante dans l'éternité. »

Une considération tirée de l'histoire demande à se placer ici : « Saint Bernard, consulté par le roi de France et appuyé de l'autorité du Souverain Pontife, arma par ses prédictions pour une croisade en Terre-Sainte, plusieurs nations chrétiennes. Cette expédition dont il avait prédit le succès, eut l'issue la plus lamentable. Aussi saint Bernard, que les Français et les Allemands regardaient comme un grand saint, ne fut plus à leurs yeux qu'un imposteur et un faux prophète. Absolument comme il arriva à la pauvre Berguille que tout le monde abandonna et tourna en dérision, après l'échec de sa prophétie. Mais le saint répondait : *Que ce n'était point à la légère qu'il s'était ainsi engagé dans cette grande entreprise, puisqu'il n'y avait pris part que sur l'ordre de Dieu, qui lui-même avait confirmé la prophétie par des miracles.*

« La prophétie du saint abbé était donc divine, et pourtant l'effet n'avait point suivi.

» C'est plus qu'il n'en faut pour dégager la responsabilité de Berguille, et sauver au moins sur ce point la divinité des manifestations dont elle n'a pas du reste cessé d'être favorisée. »

Il est une seconde et grande prophétie de Berguille dont l'époque n'est pas encore arrivée et qui a trouvé une incrédulité presque générale. « Attendons la décision de l'avenir, s'écrie à cet endroit M. Daurelle. Si elle donne raison à la prophétie, tout sera dit, et je pense que l'on trouvera bon ce que le Ciel aura fait; et si elle lui donne tort, rien ne saurait encore être compromis du côté des apparitions, par les motifs développés précédemment.

» Pour moi, je crois qu'elle lui sera favorable, parce que je crois aux vues de Dieu dans la souffrance. Le tombeau qu'il a permis à la calomnie puissante de creuser ici sous les pieds du faible est trop profond, et la victime qui y est descendue trop résignée, pour qu'il n'y ait pas au Ciel quelque dessein particulier sur elle.

» Les impossibilités humaines qui déconcertent la foi de tant d'autres, deviennent elles-mêmes le plus solide fondement de la mienne. Quand Dieu annonce, en effet, qu'avec de telles humiliations il fera de la gloire, et de la puissance avec de tels écrasements, c'est qu'il promet d'agir lui-même. Là où l'homme ne peut rien, de quelque côté qu'il regarde, si Dieu laisse arriver la moindre parcelle de sa lumière, manifestant sa volonté de faire quelque chose, c'est qu'il s'engage tout personnellement, *facienda ad ipsos*, dit saint Thomas, qui range, en ce cas, la prophétie, parmi celles de prédestination, dont il proclame l'effet infaillible, parcequ'alors la cause première devient elle-même l'artisan direct de la prophétie, en même temps qu'elle en est l'inspiratrice, et que l'homme à qui elle s'adresse, n'y est plus cause agissante, mais tout s'y réduit pour lui à un rôle purement passif. *Fiat mihi secundum verbum tuum*, dit-il. Il donne son consentement et voilà tout. »

Mais pénétrons dans le monde de la grâce par rapport aux événements de Fontet ; la grâce, c'est-à-dire le trésor ineffable des bienfaits du Seigneur, l'effusion des bontés et des munificences divines dans l'âme humaine, par les mérites de Jésus-Christ et son amour incommunicable pour l'Eglise. Voici trois faits à l'appui.

Une dame, dont le mari était malade et éloigné de Dieu, court, à bout d'efforts, le recommander à Berguille. Il y eut extase, ce jour là. L'Apparition répondit : « *C'est accordé, le malade va se convertir, et demander lui-même un prêtre.* » De retour chez elle, cette dame apprend que le Curé de la paroisse est auprès de son mari. Il l'avait fait appeler. La Voyante avait aussi marqué l'issue de la maladie.

En mai 1876, raconte M. Daurelle, un jeune homme se trouvait placé sur son chemin. Cet infortuné était allé bien loin dans les voies de l'erreur et de l'impiété. Aux invitations de retour, il répondait par des blasphèmes. Recommandé finalement à la sainte Vierge, à Fontet, un jour où Berguille avait tenu, pendant l'extase, le crucifix du missionnaire, il fut dit à celui-ci, après l'extase, par la Voyante : « Votre jeune homme se convertira, faites-lui embrasser votre Christ. La sainte Vierge m'a dit qu'elle y *avait attaché une grâce spéciale pour lui,* et en général pour tous les pécheurs, gardez ce Christ, il vous servira. »

Huit jours plus tard, le jeune homme allant visiter M. Daurelle, et voyant le crucifix sur sa table de travail : « C'est bien étrange ! dit-il, je ne sais comment cela se fait, mais il y a dans ce Christ quelque chose qui m'attire ; (il le porte à ses lèvres), et maintenant, dit-il, que je l'ai embrassé, je sens que je l'aime !... »

« Vous pouvez l'aimer en effet, lui fut-il répondu ! car une grâce spéciale y a été attachée pour vous, j'allais vous en parler. » Et il lui fut raconté ce qui s'était passé ; d'autres grâces suivirent ; la conversion fut complète, et le jeune homme a pris l'habit ecclésiastique et se prépare pour un vigoureux apostolat.

Deux amis, M. le Comte E. et M... se rencontrent à la gare d'Agen ; le premier se rendait à Fontet, l'autre à Bordeaux pour ses plaisirs : il était sceptique. Aux instances du noble Comte qui l'engage d'aller avec lui, il oppose ses goûts et son esprit peu croyant. Il se laisse pourtant gagner, et chose inattendue, il met à peine le pied dans la chaumière, qu'il se sent transformé ; la prière vient d'elle-même sur ses lèvres, son recueillement est des plus profonds ; il était conquis à la foi que peu d'instants auparavant il méconnaissait et méprisait. Il est entré comme religieux dans un ordre austère où il édifie toute la communauté. Et ces merveilles d'en haut seraient des prestiges diaboliques ! A qui le persuadera-t-on ? Les extases de Berguille suivent ordinairement ses communions. Or le cardinal Bona, si compétant dans la matière, approuve les visions de sainte Thérèse, *par cela seul qu'elles lui arrivaient après avoir communié.*

Achevons de monter l'échelle des perfections infinies et élevons-nous, dans notre étude, jusqu'à la gloire suprême. Le récit des choses contemplées dans le sein de Dieu, avant Jésus-Christ, appartient aux prophètes. Depuis le Rédempteur, ce sont les Voyants et les Extatiques qui ont reçu ce privilège éminent. Berguille est une de ces créatures choisies. Elle a donc en partage cette vision intellectuelle communiquant l'extase ou le ravissement parfait, qui, selon saint Thomas, ne donne pas au Voyant la béatitude absolue, mais bien l'acte : *actum beatorum.*

M. l'abbé Daurelle, toujours appuyé sur l'Ange de l'Ecole, entre en des considérations abstraites, qui échappent à l'analyse par leur profondeur, et que la théologie mystique nomme alternativement la *vision imaginaire* et la *vision sensible ou corporelle* dans le sein et les perfections de Dieu; saint Paul, ravi au troisième ciel, nous donne une idée de ces tressaillements des extatiques dans la gloire du Créateur. L'auteur cite comme exemple les enfants de la Salette voyant en même temps la sainte Vierge et le pays qui l'entourait, même celui que son Auguste présence semblait devoir cacher à leur regard. Une triple vision se trouve en nous, dit saint Thomas, c'est-à-dire la corporelle, la spirituelle ou imaginaire et l'intellectuelle. (1, q. 93, a. 6).

Le Docteur Seraphique, de son côté, s'énonce ainsi sur le même sujet : « Certaines visions peuvent-être appelées corporelles, parce qu'elles se manifestent corporellement au Voyant; ainsi Moïse vit le Seigneur dans le buisson ardent. D'autres visions sont imaginaires, parce qu'elles n'ont pas lieu corporellement, mais par l'office de l'imagination ou dans le sommeil, ou dans un ravissement d'esprit, comme dans les visions d'Ezéchiel et de Daniel. L'autre vision est intellectuelle, et elle illumine l'œil de l'esprit d'une clarté de vérité pure, par laquelle est contemplée en soi la vérité elle-même. (S. Bonavent., Pro 7. relig. cap. 8).

Sainte-Thérèse dit que ce genre de communications « est une chose si spirituelle qu'il n'y a aucun mouvement des puissances de l'âme et des sens, par où le démon puisse s'introduire ; mais que c'est le Seigneur alors qui fait tout, et opère tout dans l'âme. » (*in vita*, cap. 27.)

Saint Jean de la Croix, ajoute que : « ni le démon *ni l'imagination* ne peuvent produire ici aucune illusion, parce que la communication divine se substantialise dans l'âme. » (*In Ascen. mort.* lib. 2 cap. 31).

Le cas de la Voyante de Fontet est une combinaison de la vision intellectuelle et de la vision imaginaire. Elle la décrit en ces termes : « C'est une lumière si belle, si intérieure ! elle coule partout dans mon âme, mais là tout-à-fait au-dedans ! Je ne sais pas m'exprimer, mais il me semble qu'elle est au-dedans de moi comme si je l'avais mangée ! (Sainte Thérèse a exprimé la même idée). Ah ! je suis si heureuse, et ça me rend si triste, quand je me trouve de nouveau sur la terre. »

Berguille « voit le paradis dans son éclat ravissant, elle est admise jusqu'au trône de Dieu le Père, contemple notre Mère-Immaculée en adoration devant Lui, avec son divin Fils ; entend les cantiques des Anges ; mêle sa voix à leurs chants mélodieux, et converse avec les plus hauts personnages de la Cour céleste, dans ce langage muet qui est moins une parole qu'un pur échange de concepts intellectuels, et qu'on nomme locution angélique ; phénomène si rare dans les *Annales* de la mysticité, même chez les personnes les plus élevées en perfection. »

M. Daurelle, ayant interrogé Berguille relativement à la manière dont la Sainte Vierge lui parlait : « Oui, je l'entends, répondit-elle, c'est-à-dire, je la comprends ; mais tout-à-fait bien ! *Je vois ces paroles comme des pensées vivantes*, sans qu'Elle remue ses lèvres. C'est si beau !... Et je sens que je Lui parle aussi sans remuer les miennes ! »

Puis elle ajoute que : « La Très-Sainte Vierge était ordinairement accompagnée par un Ange, qui la suivait partout, et paraissait toujours le même ; qu'assez souvent la Sainte Vierge lui parlait par l'intermédiaire de cet Ange, et qu'alors elle voyait bien que la Sainte Vierge lui parlait, mais qu'elle ne voyait sa parole que lorsque l'Ange la lui montrait toute vivante. Tout cela se faisait dans le même instant ; et c'était si beau, disait-elle encore, qu'elle n'en pouvait donner aucune idée. »

« L'Apparition, voulant annoncer les catastrophes sociales qui nous menacent, fait passer sous ses yeux des tableaux effrayants, des batailles sanglantes avec les nations étrangères, des massacres dans l'intérieur de nos villes ; des prêtres, des évêques, des religieuses poussés pêle-mêle avec d'autres personnes aux pieds des échafauds.

« Ou bien c'est Notre Seigneur qui lui montre silencieusement son divin Cœur, d'où sortent trois glaives qui vont se séparer sur trois villes plus coupables : symbole évident des graves châtiments qui leur sont réservés.

« Ou bien encore elle voit un premier point noir se détacher d'auprès de Lui, et prendre une direction inconnue. Elle en demande l'explication, et Notre Seigneur lui répond très-distinctement : « Celui-là prend la direction du Nord, et va sur Paris. « Un second se détache, et il dit : « Celui-ci prend la direction de l'Est, et va sur Rome ». Un troisième se détache, et il dit : « Celui-ci prend la direction de l'Ouest, et va sur... » Elle a tu le nom de cette dernière ville.

Mais la vision intellectuelle et la vision imaginaire ne sont pas seules dans cet évènement. La vision corporelle s'y joint aussi. Que de fois en effet Berguille n'a-t-elle pas vu Notre-Seigneur et la Vierge-Mère en dehors de toute extase, ou continué à jouir de leur présence, après en être sortie.

« Notre Seigneur se manifesta, un jour, à la Voyante, tandis qu'elle était occupée aux travaux du ménage dans la maison, Il était de grandeur naturelle, et rayonnait d'un éclat et d'une beauté indicibles. Entr'autres enseignements qu'il lui donna, il daigna lui expliquer le mystère de sa présence au tabernacle d'amour, et joignant ensuite l'exemple aux paroles, il rappela progressivement ses rayons à Lui, diminua peu à peu sa taille aux proportions d'un petit enfant, puis à celle d'un ciboire où il était contenu, enfin à celle d'une hostie sous la blancheur de laquelle il disparut tout entier. »

M. Daurelle ayant demandé à la Voyante si elle ne craignait pas d'être abusée par le démon, dans ses visions : « J'y ai été trompée quelques fois, dit-elle, mais maintenant, s'il revient, je le reconnais bientôt. Il y a dans sa lumière quelque chose qui pèse sur mes yeux et me fatigue. Puis je ne suis pas à mon aise, j'ai du trouble ; tandis que lorsque c'est la Sainte Vierge, plus je la vois, plus je suis heureuse. »

Et sur l'insistance du prêtre si elle était bien sûre alors que ce fut cette bonne Mère : « Oh ! oui, il m'est arrivé d'en douter d'une extase à l'autre, surtout en voyant que l'Eglise semblait mépriser cela, mais dès que je revoyais l'Apparition, il ne m'était plus possible d'en douter. J'étais sûre de ne pas me tromper. » Ces paroles rappellent très-bien celles de sainte Thérèse elle-même, jetée dans un doute semblable par ses propres directeurs, lesquels avaient déclaré à l'unanimité qu'elle était victime d'une illusion diabolique. Mais Notre-Seigneur lui étant apparu de nouveau, elle se trouva à l'instant si rassurée « qu'elle se serait prise à se disputer avec le monde entier pour soutenir que c'était Lui ! » (In vit. cap. 25).

Ne perdons pas de vue qu'à Fontet, la Voyante ne monte à ces hauteurs ruisselantes de lumière, chaque vendredi, qu'après un long portement de croix qui l'associe à toutes les souffrances de son divin Maître, et lui fait goûter chaque fois, jusqu'à l'amertume de sa mort. *Oportet pati et ita intrare in gloriam.*

« Tout repose donc à Fontet sur le prodige de la vision intellectuelle. La vision intellectuelle fait le fond vivant et consistant des faveurs divines dont la Voyante est honorée. Là est le vrai point de contact entre elle et le monde céleste, et la première source des lumières qu'elle en reçoit.

» De là ses joies, son bonheur, ses transports, ses larmes et ces éclairs subits qui illuminent son visage et transfigurent jusqu'à ses paroles et son geste. Il y a en effet dans toute son attitude comme dans ses discours, une dignité, une pureté, une élévation à la fois sublime et simple, qui annonce et publie, à son tour, la présence des hôtes glorieux qui fréquentent son âme, et communiquent à tout son être une transparence qui est un reflet de la patrie d'où ils viennent. »

Que l'opposition se retranche maintenant sur l'obscurité de cette paysanne; l'Eglise lui montre d'autres âmes privilégiées prises également sous le chaume pour voir Dieu face à face. Que la résistance s'étonne du choix fait d'une femme engagée dans les liens du mariage; nous lui demanderons si Dieu a cessé de faire ce qu'il veut; s'il n'a pas vu dans cette élection un moyen de relever la famille où tant de devoirs sont aujourd'hui méconnus; si cette grande thaumaturge contemporaine connue à Rome, pendant un demi-siècle, n'a pas été elle même épouse et mère de famille?

Si Berguille, dit l'apologiste de Fontet en finissant, *avait été dans la mauvaise voie, les malédictions du Ciel seraient déjà tombées sur sa maison,* tandis que toutes les bénédictions y sont descendues sur les corps comme sur les âmes. L'harmonie y règne avec le goût du travail; les santés s'y maintiennent; les fils, après quelques premiers ennuis, sont devenus eux-mêmes plus chrétiens. Il n'y a pas jusqu'aux champs, arrosés des sueurs de la pauvre famille, que Dieu ne féconde exceptionnellement, en les couvrant, même dans les années mauvaises, de récoltes prospères dont le contraste avec celles des pays environnants, dit bien aussi, à sa manière, ce qu'il faut penser de ces faveurs.

Les hommes passeront, à dit Notre-Seigneur à la Voyante, dans plusieurs extases ; *mais l'œuvre de ma Mère restera et s'étendra non-seulement à cette paroisse et à ce diocèse, mais au monde entier ! ! ! !*

P.-S. M. Daurelle consacre, page 153, quelques mots à l'*Extatique de Blain*, Marie-Julie, en qui il voit, dans la souffrance et dans l'élection céleste une sœur de Berguille, il dit en parlant de la première : « C'est peut-être le fait de stigmatisation le plus complet et le plus riche de l'histoire. »

Nous croyons, en effet, que les manifestations de Fontet comme celles de Blain, sont de même nature et qu'elles viennent d'En-Haut.

Notes extraites du livre de M. V. de Portets : Suite aux Lettres, *sur la Voyante de Fontet (1876).*

22 janvier 1876. « Le crucifiement a eu lieu avec les caractères ordinaires. Après la communion mystique, Notre Seigneur et la Sainte Vierge ont apparu simultanément à la Voyante, et l'ont beaucoup consolée. Alors Berguille, suivant le conseil d'une sainte religieuse, a prié la Sainte Vierge de vouloir bien faire un signe de croix et un acte d'amour de Dieu, pour prouver que c'était bien elle et non pas le démon qui apparaissait. Aussitôt Notre Seigneur et la Sainte Vierge se sont signés, puis Marie s'est mise à genoux au pied de la Croix que le Sauveur tenait devant Lui, et elle a fait, à haute voix une magnifique prière. »

Cette prière, la voici :

« O Croix adorable de mon Sauveur, je te salue avec respect et amour, parce que tu mérites le respect du ciel et de la terre. Que ta dignité est peu connue ! C'est le lien qui tient Dieu attaché à l'âme et l'âme attachée à Dieu ; c'est le port du salut, l'espoir et la confiance des âmes humbles, qui ont à cœur d'être méprisées et humiliées, parce que vous, ô mon Dieu, vous avez choisi l'humiliation et le mépris, vous avez été disposé à souffrir toutes sortes d'affronts et d'injures, pour les péchés des hommes et le salut des âmes.

» O mon adorable Jésus, j'embrasse votre sainte Croix, et je la prends avec un entier abandon à vos desseins, contre mon cœur. Que votre sainte et adorable volonté soit faite, sur la terre comme au ciel. Ainsi soit-il. »

30 avril. « Eloignez de moi, Seigneur tout ce qui peut m'éloigner de vous... Le démon est bien irrité contre elles, Seigneur. (Palma et Louise Lateau). »

14 mai. « La manifestation a exceptionnellement duré. Elle a commencé le 14 mai à 1 h. 40, et ne s'est terminée que le 15 à 4 h. du soir, et il a fallu l'intervention de M. le Curé de Fontet, directeur spirituel de Berguille, pour la faire sortir de l'extase. »

« Revenue à son état naturel, Berguille s'est entretenue pendant 17 minutes avec M. le Curé. Celui-ci, pour l'éprouver, a cherché à lui persuader qu'on était encore à vendredi, en lui disant : « Vous voyez, Berguille, qu'il n'y a pas longtemps que vous souffrez ; il n'est pas plus de 4 heures, vous viendrez vous confesser demain, comme tous les samedis. » — « Il me semble pourtant, répond Berguille, qu'il y a bien longtemps ; je suis étonnée qu'il ne soit pas plus de 4 heures. » A 4 h. 17, Berguille tombe en extase de nouveau pendant 3 minutes. La Sainte Vierge lui apparaît et lui dit : « C'est aujourd'hui samedi, et il y a 26 heures que vous êtes là ; vous pouvez le dire. » Puis elle bénit l'assistance et disparaît. Berguille, revenue à son état naturel, se tourne vers son directeur : « Je sais, dit-elle, que c'est aujourd'hui samedi et que je suis ici depuis 26 heures. — Comment savez vous cela, reprend M. le Curé. — La Sainte Vierge vient de me le dire. »

« La manifestation du 21 mai a duré 4 jours. Commencée le vendredi 21 mai, à 1 heure 17 minutes, elle n'a cessé que le mardi suivant, 25 mai, à 1 heure du soir; et il a fallu comme dans la précédente, l'intervention de M. le Curé de Fontet, pour faire sortir Berguille de l'extase. »

Berguille fut surtout soumise, dans cette manifestation prolongée, à une violente épreuve de la part du démon. On en jugera par ces paroles qu'elle prononça le 23, à 9 heures du matin.

« O mon Dieu, ne m'abandonnez pas, je vous en supplie, venez à mon secours... O mon Dieu, ne me laissez pas succomber... O mon Dieu !... Retire-toi (elle voit le démon)... Oh! quelle épreuve! mon Dieu !... Oh! par charité, mon Père, sortez-moi de là, je vous en supplie ; au nom du bon Dieu, je vous le demande... Mon Dieu quel martyre !... Oh! c'est bien pour votre gloire, ô mon Dieu, que je veux souffrir, ce n'est pas pour lui (le démon)... Vous comprenez ma douleur, mon Dieu, ayez pitié de moi ; soutenez-moi, mon Dieu ; vous savez que je ne puis rien sans vous. Oh! je suis trop faible, mon Dieu... O mon Dieu, il veille le moment de me faire succomber... Oh! il veut me la faire payer bien cher, ô mon Dieu... Oh! avec ça, oui (elle prend un crucifix)... Oh! non, ce n'est pas toi qui m'en feras sortir... O Sainte Vierge, ayez pitié de moi, donnez-moi le courage, je vous en supplie... Oh! vous savez bien que vous pouvez le chasser... Oh! quel terrible moment! Quelle épreuve! Oh! ne me laissez pas succomber... Oh! il est prêt à tomber sur moi, ne m'abandonnez pas... Oh! non, non, non, tu ne sortiras pas de là... O mon Dieu, venez à mon secours, je vous en supplie... — 9 h. 20. Oh! il revient encore avec le feu! Oh! quelle secousse, mon Dieu!... Oh! cette main! Oh! tu veux m'étrangler ? Oh! tu ne me toucheras pas. Tu la vois (la croix qu'elle tient à la main)? Avec la grâce de Dieu, je te défends de la toucher... Oh! quelle rage !

10 heures (Elle récite les prières de la messe à haute voix).

3 h. (Elle commence les vêpres : *Pater noster, Deus in adjutorium*, etc.). Arrivée à l'hymne, elle dit : « Ma bonne Mère, je ne sais pas, je ne comprends pas ». Puis elle continue en récitant l'hymne de la sainte Trinité dont l'Eglise célèbre en ce jour la fête.

3 h. 30 (Elle récite les litanies de la Sainte Vierge en latin). En ce moment, on les chantait à l'église paroissiale à l'occasion du mois de Marie ».

28 Mai. — Voici la plus longue et peut-être la plus saisissante des manifestations qui se sont produites jusqu'ici à Fontet. L'extase a duré cinq jours sans interruption. Commencée le vendredi 28 mai à midi 45 minutes, elle n'a cessé que le mercredi suivant, 2 juin, à 10 heures 20 du matin. Je ne saurais mieux faire, pour résumer les faits importants de cette période, que de reproduire les termes d'une lettre que j'adressai, quelques jours après, à un de mes plus honorables correspondants.

Voici à peu près comment je m'exprimais :

« La manifestation du 28 mai est remarquable entre toutes, parce qu'elle a mis la science médicale aux prises avec le surnaturel de Fontet et que la victoire est restée au surnaturel. L'archevêché de Bordeaux, impressionné par les deux manifestations précédentes, avait envoyé officieusement à Fontet trois médecins bordelais, pour examiner l'état de la Voyante. Deux autres médecins des environs de Fontet se sont joints à eux. Ils se sont rendus ensemble chez Berguille, le 2 juin, vers 9 heures, accompagnés de M. le curé de Fontet. Berguille était toujours en extase. Ils l'ont examinée longuement, lui ont fait subir différentes épreuves, et ont essayé par tous les moyens possibles, mais inutilement, de la ramener à son état naturel. Alors M. le curé s'est approché; il lui a ordonné, *au nom de l'Eglise*, de sortir de l'extase et de se lever ; aussitôt elle s'est levée, et l'extase a cessé, à la grande stupéfaction des cinq docteurs, qui avaient épuisé sans succès toute leur science. Le fait a eu lieu en présence d'une vingtaine de témoins, parmi lesquels je mentionnerai spécialement M. l'abbé B***. Revenus de leur étonnement, les médecins ont fait subir un interrogatoire à la Voyante, et finalement ils lui ont proposé de manger. Berguille a accepté; elle a mangé devant eux avec de fort bonnes dispositions, et les cinq docteurs se sont retirés, pour aller déjeûner eux-mêmes, sans avoir pu se mettre d'accord sur la nature de cet état extraordinaire. Le soir, Berguille est allée travailler aux champs, comme dans les jours ordinaires. Je ne sais qu'elle sera la conclusion des cinq docteurs, mais je serais fort étonné s'ils avouaient le surnaturel. Il n'est pas aujourd'hui dans les habitudes de la science médicale de s'élever au-dessus de la matière. Quoi qu'il en soit, Notre-Dame de Fontet continue son œuvre, en dépit des oppositions et des railleries, et Fontet n'a pas dit son dernier mot, quoique la *Semaine catholique* de Toulouse ait dit le sien sur Fontet.

«Dans le cours de cette extase extraordinaire, la Sainte Vierge, apparaissant à Berguille, environnée d'une multitude innombrable d'anges, lui a affirmé de nouveau qu'elle serait honorée d'une manière spéciale à Fontet, et que les grâces accordées par elle en ces lieux bénis égaleraient le nombre des anges qui forment sa cour. Elle a annoncé en même temps que bientôt elle convaincrait les incrédules par un prodige éclatant. Déjà des signes merveilleux se sont manifestés au-dessus de la demeure privilégiée. Un berger, qui habite Fontet, a vu naguère, pendant la nuit, briller sur la modeste maison de Berguille une colonne lumineuse, entourée d'une myriade d'étoiles étincelantes. A Fontet comme à Bethléem les bergers sont les premiers appelés ; bientôt viendra le tour des Rois.

« Depuis que j'ai écrit cette lettre, j'ai eu quelques renseignements sur le résultat de l'examen fait par les docteurs bordelais. Il n'a pas été aussi défavorable au surnaturel que je l'avais pensé. L'un d'eux a déclaré que Berguille était sous l'empire d'une maladie. Les deux autres ont déclaré que l'état de Berguille était surnaturel, sans oser publier ouvertement leur opinion. En définitive, comme je l'ai annoncé, la victoire est au surnaturel. Que l'autorité ecclésiastique veuille bien faire maintenant un examen théologique, la victoire, je n'en doute pas, restera à la divinité ».

25 juin 1876. « La Sainte Vierge a désigné encore à Berguille le grand paladin de la révolution cosmopolite, qui a été l'instrument de tant d'énormités. Nul doute que les honneurs accordés à cet odieux ennemi de l'Eglise et du Pape, ne déchaînent bientôt sur l'Italie les terribles châtiments dont elle est menacée.

» La divine mère a donné aussi à Berguille l'espérance du prochain triomphe, en lui montrant la fleur symbolique du lys répandue sur toute la terre et le Saint-Père délivré par ce signe sacré. Puissions-nous voir bientôt la réalisation de cette espérance. »

9 juillet. « Une vingtaine de personnes étaient présentes, ce jour-là, à la manifestation ; quatorze ont vu la sainte hostie

sur la langue de Berguille, au moment de la communion mystique. Notre-Seigneur a expliqué à la Voyante que ces quatorze personnes avaient obtenu ce privilège en l'honneur des quatorze stations du chemin de la croix.

« La Sainte Vierge a beaucoup parlé à Berguille des malheurs qui nous menacent, en déplorant l'aveuglement des hommes qui ferment obstinément les yeux à la lumière. Elle a recommandé encore la dévotion du chapelet, en expliquant les prières qui le composent. J'ai déjà eu l'occasion d'insister sur l'importance de cette pratique de piété. Nulle pratique, après la dévotion au Sacré-Cœur de Jésus, ne paraît plus propre à attirer sur nous les bénédictions et les secours divins dont nous avons besoin pour être sauvés.

16 juillet. « Cette manifestation a été remarquable par sa durée et par les terribles menaces que la Voyante a proférées pendant l'extase. Commencée le vendredi, 16 juillet, à midi 40 m., elle ne s'est terminée que le lendemain à 7 h. 20 du matin. Pendant la communion mystique, la sainte hostie a été vue encore par quatorze des personnes présentes. Je ne puis mieux résumer les faits de cette manifestation qu'en reproduisant ici une lettre qui m'a été adressée par un témoin oculaire, de mes amis. Voici cette lettre :

« Vendredi dernier, j'ai eu le bonheur d'être au nombre des quatorze personnes qui ont vu très-distinctement la sainte hostie sur la langue de notre pieuse Berguille, pendant la communion mystique. Cette hostie, d'une blancheur éclatante, avait une grandeur intermédiaire entre les dimensions d'une pièce de cinquante centimes et d'une pièce de un franc, mais elle se rapprochait davantage de cette dernière dimension. Berguille a avancé la langue une première fois, comme pour montrer qu'elle ne recélait aucun corps étranger, puis, après l'avoir retirée dans le palais, elle l'a avancée de nouveau. On a vu alors très-nettement sur l'extrémité antérieure une hostie très-blanche, ayant les dimensions que je viens de signaler. Tous les témoins l'ont vue de la même manière et sous la même forme ; l'illusion n'était pas possible. Berguille a reçu la sainte communion, comme toujours, avec le plus grand respect et le plus profond recueillement. J'ai assisté à toutes les phases de cette belle manifestation ; j'ai recueilli toutes les paroles prononcées par la Voyante, et je vous les transmets.

» L'extase a duré sans interruption jusqu'au samedi, 17 juillet, à 7 heures du matin. J'ai passé toute la nuit auprès de Berguille avec M. B..., l'observant attentivement. Elle pleurait presque continuellement. Les terribles malheurs qu'elle entrevoyait dans un avenir très-prochain et qu'elle a annoncés d'une manière si frappante, expliquent assez sa tristesse. Sa douleur visible n'était, comme toujours, que le reflet de la douleur invisible de Marie. La divine Mère, nous a-t-elle dit, était spécialement affligée ce jour là de la résistance des fidèles à la grâce qui les prévient d'une manière si touchante, et de l'obstination avec laquelle on ferme les yeux à la lumière.

» Le samedi matin, vers 7 heures, Berguille s'est mise à réciter la messe en latin, en union avec M. le curé, qui célébrait en ce moment le saint sacrifice à l'église paroissiale. J'ai entendu divers passages, et, en particulier, la préface. Arrivée à la consécration, elle s'est arrêtée ; elle a pris un paquet de scapulaires du Sacré-Cœur, que j'avais porté ; elle l'a présenté pour le faire bénir ; elle a présenté également les différents objets qui étaient restés sur le lit, puis elle est sortie de l'extase.

» Je dois vous faire connaître un incident remarquable qui s'est produit au dernier moment. Vous verrez dans les paroles de Berguille que le samedi, vers 5 heures, elle a réclamé des prières publiques dans toutes les églises, et une intention particulière au saint sacrifice. M. B..., qui était parti pour prendre le train du chemin de fer, avait cru devoir communiquer ce fait, avant son départ, à M. le curé de Fontet. Celui-ci, touché de cette révélation, eut soin de mentionner au saint sacrifice l'intention qui lui était signalée. A midi, je vis M. le curé et je lui dis que vers 7 h. 18, Berguille avait senti que quelque chose se faisait pour elle au saint sacrifice, et que peu après elle était sortie de l'extase. M. le curé a reconnu que c'était juste le moment où il mentionnait l'intention spéciale de Berguille, et il a été très-frappé de ce fait.

« M. B... et moi nous avons remis à l'archevêché le relevé de toutes les paroles que Berguille a prononcées, en appelant d'une manière spéciale l'attention de l'autorité ecclésiastique sur cette remarquable manifestation. Nous espérons qu'avec l'aide de Dieu, la lumière se fera avant longtemps de la manière la plus complète. »

Citations de l'opuscule de M. l'abbé Barrère, chanoine honoraire d'Agen : Berguille ou l'Extatique de Fontet.

Après le mois de janvier 1875 « Berguille reçut la défense d'ouvrir sa porte aux visiteurs, le vendredi, mais encore de parler de ses apparitions, et surtout des révélations qu'elles pouvaient contenir.

» Mais Dieu, dont les desseins sont insondables, trouve le secret de faire parler l'Extatique sans la moindre désobéissance. A partir du jour de saint Joseph, 19 mars, Berguille parle et fait des révélations durant ses extases, alors qu'elle n'a plus la conscience de ce qui se passe autour d'elle. Elle ne parle pas inutilement; le jeune et pieux Laclavetine est autorisé à recueillir ses paroles. D'un autre côté, ne voulant pas entraver d'une manière absolue la divulgation de ces manifestations, l'archevêché de Bordeaux donne assez souvent des autorisations particulières à ceux qui ont quelques motifs sérieux d'en être les témoins ».

« Marie Josseaume, née Bergadieu, est connue dans le pays sous le nom de Berguille. Elle a eu trois enfants et il ne lui reste que deux fils, âgés, l'un de vingt ans, l'autre de seize. Elle même en a quarante-cinq (1875). Avec elle habite sa nièce, veuve, vulgairement appelée Tapiotte, et une jeune fille de cette dernière, du nom d'Hermance ». Cette enfant a été favorisée plusieurs fois de la vision de la Sainte Vierge.

« Sainte Brigitte était mariée : elle avait huit enfants, ce qui ne l'empêchait pas de recevoir fréquemment les révélations du Ciel. Ceci soit dit pour ceux qui ne veulent pas comprendre qu'étant engagée dans les liens du mariage, l'humble paysanne de Fontet puisse avoir de pareilles révélations. Brigitte eut des doutes sur ses visions; elle craignait les illusions du démon. Dans cette prophétie, Dieu lui dit : Va trouver le prêtre Mathias, expert dans le discernement des deux esprits »

Brigitte prophétisa contre la cour de Suède, contre le royaume de Chypre, sur les malheurs de Rome, en l'absence des Papes, alors à Avignon. Elle fut traitée de *séductrice,* de *fourbe,* de *sorcière,* et pourtant ses prédictions, qui étaient formidables, s'accomplirent à la lettre.

Berguille marche, chaque vendredi, sur les pas de notre Seigneur sur la voie douloureuse. Elle subit ensuite le crucifiement mystique.

« L'ayant interrogée, dit M. l'abbé Barrère, après l'extase, elle me dit qu'elle voit en tableau vivant la scène de la Passion. Elle suit le divin Sauveur portant sa croix sur le chemin du Calvaire ; elle voit le peuple en délire, entend ses cris insensés, les cris des bourreaux et les coups de marteau retentissant sur la Croix où le divin Sauveur est cloué. Toutes les douleurs du Christ, elle les ressent elle-même ».

Fontet depuis la clôture de la Chaumière.

Voilà 26 mois que la porte de Berguille est fermée au public religieux, et que les manifestations continuent comme par le passé. S'est-on figuré que les merveilles divines seraient annulées, parce que des prescriptions regrettables les condamnaient à l'oubli ? Tout sert dans le ménage de la Providence, et Celui qui illumina les mondes, peut, d'un instant à l'autre, souffler sur les obstacles pour les anéantir, et faire éclater à la face de l'univers les effets de sa puissance et les trésors de sa miséricorde.

Nos temps, accablés sous un poids immense de malédiction, sont condamnés à subir la peine de l'apostasie universelle. Mais les victimes expiatoires, comme les Voyantes, amoindrissent la somme du châtiment encouru. Elles préparent en outre la réhabilitation et l'avenir prochain qui doit rendre au bonheur et à la paix, les peuples et l'Eglise de Jésus-Christ. Soyons donc persuadés que rien ne se perd, à vrai dire, dans les mystères que le Tout-Puissant révèle à sa Servante de Fontet, et que Notre-Dame-des-Anges, ambassadrice des volontés suprêmes dans les événements qui nous occupent, saura bien tirer sa gloire comme celle de son Fils, et des résistances injustifiées que nous déplorons, et de l'obscurité à laquelle elles ont prétendu vouer les appels de la Grâce et les sublimes avertissements que nous avons exposés dans ces pages. N'oublions pas surtout que la question de Fontet, non plus que celle de Blain, pour laquelle Mgr Fournier était allé à Rome, où la mort l'a surpris, ne peuvent plus longtemps laisser le Vatican silencieux. Attendons avec autant de respect que de confiance, et l'examen attendu et la sentence de l'infaillible autorité. La clôture absolue de la chaumière de Fontet nous semble un gage de plus d'une prochaine justification.

Prophéties de la sœur Catherine Labouré.

Favorisée de la vision de la médaille miraculeuse en 1830, décédée le 31 décembre 1876.

Sœur Catherine, née Zoé Labouré, était née le 2 mai 1806, à Faix-les-Moutiers, petite localité de la Côte-d'Or. Ses parents, bons chrétiens, cultivaient leur bien et élevaient par leur travail une nombreuse famille, sept garçons et trois filles. Zoé perdit sa mère à peine âgée de huit ans, ce qui l'obligea à exercer de rudes occupations de très-bonne heure. A douze ans elle fit sa première communion dans les dispositions les plus heureuses. Sa sœur aînée était entrée dans l'Ordre des filles de la Charité. Moutiers-Saint-Jean possédant une maison de sœurs de saint Vincent de Paul, Zoé allait les voir autant que cela lui était possible.

On rapporte qu'elle soignait elle-même le colombier de la ferme, et que les pigeons, toujours au nombre de sept à huit cents, la connaissaient tous, et venaient se ranger circulairement près d'elle, lorsqu'elle leur apportait leur nourriture. Zoé était pieuse, pratiquait la religion sans ostentation comme sans respect humain. Elle refusa plusieurs fois de se marier, nourrissant l'intention de se consacrer à Dieu. C'est dans cette pensée qu'elle obtint de son père l'autorisation d'aller chez sa belle-sœur, maîtresse de pension à Châtillon-sur-Seine, pour y apprendre à lire et à écrire : elle avait alors dix-huit ans. Une vision qu'elle eut pendant son sommeil acheva de décider sa vocation : un vieux prêtre, qui n'était autre que saint Vincent de Paul, lui avait dit : « Dieu a des desseins sur vous, ne l'oubliez pas ».

Zoé connut la sœur Victoire Séjole à Châtillon. Celle-ci fut placée à la tête de la maison de Moutiers-Saint-Jean, et elle sollicita pour Zoé l'admission au postulat, se réservant de l'instruire dans ce qui pouvait être nécessaire à sa profession. Le père de Zoé reçut désagréablement la déclaration des desseins de sa fille. Il l'envoya à Paris, chez un de ses fils, restaurateur, avec recommandation de déraciner chez elle une intention qui contrariait ses vues; les distractions ne changèrent rien aux sentiments de celle que le Seigneur réclamait. Ayant écrit à sa belle-sœur à Châtillon, pour la prier de s'intéresser à ses désirs, cette parente l'appela auprès d'elle, plaida sa cause, et Zoé entra comme postulante chez les sœurs de Chatillon, le 21 avril 1830. L'épreuve avait duré près de deux ans. La plus jeune sœur de Zoé resta à la ferme pour les soins du ménage.

M. Jean-Marie Aladel, prêtre selon le cœur de Dieu, homme prudent, pieux, éclairé, et qui a laissé une sainte mémoire, dirigea la sœur Catherine Labouré, pendant le temps de son *séminaire*, autrement dit de son noviciat. Trois jours avant l'imposante cérémonie de la translation des reliques de sain -Vicent de Paul, à la chapelle de Saint-Lazare, la sœur Labouré eut une vision prophétique, dont le livre de la *Médaille miraculeuse*, édition de 1878, donne le récit, puisé dans les manuscrits de la religieuse :

« Je suis arrivée, dit-elle, le mercredi avant la translation des reliques de saint Vincent de Paul. Heureuse et contente d'assister à ce grand jour de fête, il me semblait que je ne tenais plus à la terre.

« Je demandais à saint Vincent de Paul toutes les grâces qui m'étaient nécessaires, et aussi pour les deux familles et pour la France tout entière. Il me semblait qu'elle en avait le plus grand besoin. Enfin je priai saint Vincent de m'enseigner ce que je devais demander, et de le faire avec une foi vive.

» J'avais, ajoute-t-elle, la consolation de voir son cœur au-dessus de la petite châsse où ses reliques sont exposées. Il m'apparut trois jours de suite d'une manière différente : blanc, couleur de chair, et cela annonçait la paix, le calme, l'innocence et l'union.

» Puis je l'ai vu couleur de feu, ce qui était le symbole de la charité qui s'allumera dans les cœurs. Il me semblait que la charité devait se renouveler et s'étendre jusqu'aux extrémités du monde.

» Enfin il m'apparut rouge noir, ce qui me mettait la tristesse dans le cœur. Il me venait des craintes que j'avais peine à surmonter. Je ne savais ni pourquoi ni comment cette tristesse se portait sur le changement de gouvernement ».

Une voix intérieure lui dit : *Le cœur de saint Vincent est profondément affligé des grands malheurs qui vont fondre sur la France...* Le dernier jour de l'octave, la voix lui dit : *Le cœur de saint Vincent est un peu consolé, parce qu'il a obtenu de Dieu, par la médiation de Marie, que ses deux familles ne périraient pas au milieu de ces malheurs, et que Dieu s'en servirait pour ranimer la foi*.

Jésus-Christ se révélait fréquemment à sœur Catherine. « Le jour de la Sainte-Trinité, dit-elle, Notre-Seigneur m'apparut dans le Très-Saint-Sacrement, pendant la sainte messe, comme un roi, avec la croix sur sa poitrine. Au moment de l'Evangile, il m'a semblé que la croix et tous ses ornements royaux coulaient à terre sous ses pieds, et que Notre-Seigneur restait dépouillé. C'est là que j'ai eu les pensées les plus noires et les plus tristes, comprenant que le roi serait dépouillé de ses habits royaux et les dommages qui en résulteraient ».

M. Aladel, confesseur de sœur Catherine, avait dit à sa pénitente, lui communiquant ses visions, de ne plus penser à ces choses. Cependant il commença d'ajouter créance à ces communications surnaturelles, lorsque la Voyante lui annonça qu'un évêque avait demandé à se réfugier à Saint-Lazare, où, déclarait-elle, on pouvait le recevoir sans hésitation, parce qu'il y serait en sûreté. Mgr Frayssinous avait en effet formé cette demande.

C'est alors que M. Aladel reçut communication des apparitions de la sainte Vierge à la sœur, apparitions qu'elle avait reçu l'ordre de faire connaître. Il s'agissait de la médaille miraculeuse, en l'honneur de l'Immaculée Conception, médaille qu'il fallait faire frapper et répandre.

Sœur Catherine, déjà favorisée de contemplations surnaturelles, désirait naïvement voir la sainte vierge. C'était le 18 juillet 1830, vers onze heures et demie de la nuit. Une voix harmonieuse l'éveille ; elle voit un enfant éblouissant — c'était son ange gardien — qui lui dit de se lever, que la Mère de Dieu l'attendait à la chapelle. Elle hésitait, mais l'enfant céleste insista, elle obéit. Conduite au lieu saint qu'elle trouva illuminé, elle vit bientôt en effet la sainte Vierge, s'asseyant dans le siége habituel du directeur de la communauté. Ayant comprimé son émotion, elle s'approcha, comme elle l'eût fait de sa mère, de la dame admirablement belle.

« En ce moment, dit-elle, je sentis l'émotion la plus douce de ma vie, et il me serait impossible de l'exprimer. La sainte Vierge m'expliqua comment je devais me conduire dans mes peines, et, me montrant de la main gauche, le pied de l'autel, elle me dit de venir me jeter *là* et d'y répandre

mon cœur, ajoutant que je recevrais là toutes les consola-
dont j'aurais besoin. Puis elle me dit encore : « *Mon enfant
je veux vous charger d'une mission ; vous y souffrirez bien
des peines, mais vous les surmonterez à la pensée que c'est
pour la gloire du bon Dieu ; vous serez contredite, mais vous
aurez la grâce, ne craignez point ; dites tout ce qui se passe
en Vous, avec simplicité et confiance. Vous verrez certaines
choses ; vous serez inspirée dans vos oraisons; rendez-en
compte à celui qui est chargé de votre âme* ».

« Je demandais alors à la sainte Vierge l'explication des
choses qui m'avaient été montrées. Elle me répondit : —
« *Mon enfant, les temps sont très-mauvais; des malheurs
vont fondre sur la France ; le trône sera renversé, le monde
entier sera bouleversé par des malheurs de toute sorte* (la
sainte Vierge avait l'air très-peinée en disant cela). *Mais
venez au pied de cet autel ; là, les grâces seront répandues
sur toutes... sur toutes les personnes qui les demanderont,
les grands et les petits.*

» *Un moment viendra où le danger sera grand ; on croira
tout perdu ; là, je serai avec vous, ayez confiance; vous
reconnaîtrez ma Visite, la protection de Dieu et celle de saint
Vincent sur les deux communautés. Ayez confiance, ne vous
découragez pas, je serai avec vous* ».

« *Il y aura des victimes dans d'autres communautés* ».
(La sainte vierge avait les larmes aux yeux en disant cela).
« *Dans le clergé de Paris, il y aura des victimes. Mgr
l'archevêque mourra* » (1).

A ces mots, ses larmes coulèrent de nouveau. « *Mon
enfant, la croix sera méprisée, on la jettera par terre, on
ouvrira de nouveau le côté de Notre-Seigneur; les rues*

---

(1) Vous reconnaissez la Commune.

seront *pleines de sang; le monde entier sera dans la tristesse* ». (Ici la sainte Vierge ne pouvait plus parler, la douleur était peinte sur son visage). A ces mots, sœur Catherine pensait : — « Quand cela arrivera-t-il ? » — Et une lumière intérieure lui indiqua distinctement *quarante ans* (1).

Une autre version, écrite également de la main de sœur Catherine, porte « quarante ans, puis dix, puis la paix (2). » A ce sujet, M. Aladel lui dit : — « Y serons-nous, vous et moi ? — Si nous n'y sommes pas, répliqua la simple fille, d'autres y seront ». — La sainte Vierge annonça que M. Aladel serait un jour supérieur de la communauté. Il le fut en 1846.

« *Mais de grands malheurs arriveront, le danger sera grand; cependant ne craignez point, la protection de Dieu est toujours là d'une manière particulière, et saint Vincent vous protégera* ». La sainte Vierge avait toujours l'air triste). « *Je serai moi-même avec vous; j'ai toujours l'œil sur vous, je vous accorderai beaucoup de grâces* ». La sœur ajoute : « Les grâces seront répandues particulièrement sur les personnes qui les demanderont; mais qu'on prie..., qu'on prie... Je ne saurais dire, continue la sœur, combien de temps je suis restée auprès de la sainte Vierge; tout ce que je sais, c'est qu'après m'avoir parlé longtemps, elle s'en est allée, disparaissant comme une ombre qui s'évanouit ».

L'enfant lumineux reconduisit alors sœur Catherine, de même qu'il l'avait amenée. Deux heures sonnèrent.

---

(1) Additionnez 30 et 40, vous aurez la date des désordres de la Commune.

(2) C'est la même date donnée ailleurs.

Mais cette mémorable apparition prophétique ne fut pas la seule dont fut favorisée sœur Catherine. Elle en eut deux autres principales, où la sainte Vierge apporta les secours de la miséricorde, après avoir signalé les malheurs attirés sur la France et sur le monde, par l'oubli de Dieu et les progrès de l'impiété. Nous trouvons ces apparitions résumées comme suit, à la page 414 du livre si rempli de merveilles : *La médaille miraculeuse*, par M. Aladel, édition de 1878.

« *Deuxième apparition de la sainte Vierge à sœur* Catherine Labouré, le 17 novembre 1830, premier tableau. — Vers cinq heures et demie du soir, sœur Catherine étant en oraison, la sainte Vierge se montra de nouveau à elle. Ses pieds reposaient sur une moitié du globe, ses mains tenaient un autre globe qu'elle offrait à Notre-Seigneur. Tout à coup ses doigts se remplirent d'anneaux et de pierres précieuses toutes brillantes de mille feux ». Ce globe, dit-elle, représente le monde entier, et particulièrement la France ». Elle ajouta ensuite que les rayons qui s'échappaient de ses mains étaient « le symbole des grâces qu'elle répand sur ceux qui les lui demandent ».

« *Même apparition*, deuxième tableau — ». Alors, raconta sœur Catherine, il se forma autour de la sainte Vierge un tableau un peu ovale, sur lequel on lisait, écrites en lettres d'or, ces paroles: « O Marie, conçue sans péché, priez pour nous, qui avons recours à vous ». Puis une voix se fit entendre, qui dit : « Faites frapper une médaille sur ce modèle ; les personnes qui la porteront indulgenciée recevront des grâces, surtout en la portant au cou; les grâces seront abondantes pour les personnes qui auront confiance ». Au même instant, le tableau s'étant retourné, sœur Catherine vit au revers la lettre M, surmontée d'une croix, et au-dessous les cœurs de Jésus et de Marie. »

Cette médaille est celle qui se trouve depuis dans les mains de tous les fidèles, qui est attachée au chapelet, et que les congrégations de jeunes filles placent sur leur poitrine, suspendue à un ruban bleu. Nul n'ignore que la moindre paroisse possède aujourd'hui sa congrégation d'*Enfants de Marie*.

Dans les deux apparitions susdites, la Mère de Dieu renouvela sa demande pour que la médaille fût frappée. M. Aladel ne pouvait plus méconnaître la voix du ciel. La médaille paraît. Une enquête canonique ordonnée par Mgr de Quélen, lève toutes les hésitations. Un mandement de l'illustre prélat, portant des immunités spirituelles du Souverain Pontife, imprima un grand mouvement au culte de l'Immaculée-Conception, qui, dès lors (1836) alla se propageant et se développant jusqu'aux extrémités de la terre.

S'il fallait raconter, les grâces, les miracles obtenus par la dévotion à la médaille miraculeuse, un volume in-folio ne suffirait pas. On les enregistre de 1832 à 1835. En 1835, la Reine Immaculée des Anges fait éclater sa protection en France, en Suisse, en Savoie, en Turquie. De 1836 à 1838, les bienfaits surnaturels provoquent l'admiration en France, en Italie, en Hollande, en d'autres pays. Notre-Dame-des-Victoires établit sa célébrité et son archiconfrérie. De 1838 à 1842, la Grèce, l'Amérique, la Chine sont témoins de prodiges sublimes accordés par Jésus-Christ, sur l'invocation de Marie.

Bientôt la montagne de la Salette donne sa prophétie par la bouche de deux petits bergers à qui la sainte Vierge s'est manifestée. Le mois de Marie est suivi jusque dans les plus humbles villages. Partout s'établit la confrérie des Enfants de Marie. Le dogme de l'Immaculée Conception est défini. Les grandes manifestations de Lourdes, de Pontmain, de Marpingen, de Bois-d'Haine précédent celles de Fontet et de Blain, dont les sublimités, combattues par des téméraires, frapperont bientôt d'admiration, nous ne saurions en douter, l'univers religieux.

P. S. — Sœur Labouré reçut le saint habit en janvier 1831. Elle fut placée, sous le nom de sœur Catherine, à l'hospice d'Enghien, au faubourg Saint-Antoine. Elle cacha soigneusement à ses compagnes le secret des faveurs célestes dont elle avait été l'objet. Elle avait annoncé à M. Aladel la volonté de la Sainte Vierge pour l'établissement des confréries des Enfants de Marie. Elle passa 46 ans dans la même maison, modèle accompli de la sœur de charité. Sa mort fut celle d'une sainte.

Apparitions de la Sainte-Vierge, à Marpingen.

Marpingen, village de 1650 habitants, au pied du Schaumberg, dans la Prusse rhénane, n'est pas éloigné de la frontière française. Il s'étend sur des collines verdoyantes et sur les rives de l'Als, joli rivière qui arrose de riantes prairies. La population entière est catholique ; les mœurs y sont patriarcales et le culte de la mère de Dieu depuis longtemps plein de vie. L'église y est dédiée à Notre-Dame. Ces vertus qui rappellent les âges de foi expliquent peut-être les événements surnaturels que nous allons retracer.

Le 3 juillet 1876, date du couronnement solennel de Notre-Dame de Lourdes, le soir, à l'heure de l'*Angelus*, la Sainte

Vierge se manifestait à des enfants, à Marpingen. Ces enfants, qui cueillaient des grains de myrte, dans le bois communal, étaient : Katharina Hubertus, Suzanna Leist, Margaretha Kunz, toutes trois agées de huit ans ; elles étaient accompagnées de deux petites filles de six ans, dont l'une était sœur de Katharina. S'étant agenouillées, au son de la cloche, elles virent soudain, dans une vive clarté, une dame d'une beauté inexprimable, et furent effrayées. Entre deux buissons, la douce image était assise, tenant un enfant sur le bras droit. Ses vêtements étaient blancs comme aussi ceux de l'enfant, qui avait la tête ceinte d'une couronne de roses ; un ruban bleu était noué au cou et ses petites mains serraient une croix brillante. Rentrées chez leurs parents, les petites filles firent le récit de l'Apparition, et l'incrédulité de leurs familles, les sévérités, les rigueurs furent impuissantes à les faire contredire.

Une puissance irrésistible attira désormais les enfants au bois. Profitant d'un congé, elles s'y rendirent, se prosternèrent à quelque distance du lieu de la Vision et récitèrent le *Pater*. Elles étaient désormais sans effroi, et l'Apparition revint. Sur la demande des enfants, demandant qui elle était, une voix divinement suave répondit : « Je suis celle qui a été conçue sans tâche. » — Que devons-nous faire ? — Prier pieusement. » Les enfants redirent au village ce qu'elles avaient entendu. Accompagnées de quelques personnes, elles retournèrent au Haertelwald (c'est le nom du bois). La Vierge-Mère se rendit encore visible dans un nuage étincelant, et fit la recommandation déjà connue. Suzanna Leist fut cependant privée de la vue de la Sainte Vierge, ce qui l'affligea beaucoup. Le 3 juillet, elle avait été favorisée la première de la vision. Cette privation devait durer jusqu'au 7 août. L'auguste image suivit le groupe de villageois jusqu'aux premières maisons de la localité.

Le lendemain, le père de Katharina, Hubertus et quelques amis cheminèrent avec les Voyantes. On pria. L'Apparition se manifesta aux enfants et dit encore : « Priez et ne péchez pas. » Elle répondit à plusieurs questions transmises par les petites filles. Les malades devaient guérir en posant la main sur le pied lumineux de Celle qui est la santé des infirmes.

Un mineur, du nom de Rektenwald, languissait depuis onze mois, incapable de tout travail ; son état était déplorable. Les médecins n'avaient pu réussir à le soulager. Il était un fervent serviteur de Marie. Averti, il arrive de nuit, soutenu par sa femme. Il s'agenouille avec foi ; les Voyantes dirigent sa main sur le pied de la Mère de Dieu, et lui demandent quelles prières le pauvre infirme devra dire pour sa pénitence. — Le *Sub tuum* et le *Veni sancte*, trois fois par jour, pendant huit jours. Le soir même Rektenwald fut guéri.

Barbara, sœur de Katharina, atteinte d'un mal aïgu au pied droit, avait été la première à poser la main sur le pied miraculeux, mais elle n'obtint son rétablissement complet qu'après quelques jours.

Cependant le bruit de ce prodige s'était répandu. Le jour suivant, la foule enthousiaste afflua au Haertelwald. Magdalena Kirsch avait sept ans. Elle était phthisique au dernier degré. La mère la conduit au bois comme pour complaire à l'enfant. Elle finit toutefois par espérer vivement. L'Apparition est invoquée, elle donne la pénitence déjà énoncée plus haut. La guérison s'accomplit sans retard.

Un soir, après le départ des Voyantes, une centaine de personnes étaient demeurées, toute pénétrées des merveilles qui s'opéraient. Quatre âmes justes eurent le privilège de contempler la céleste vision ; voici leurs noms : Nicolas Amés, Nicolas Leist, laboureurs ; Jacques Leist et Jean Klotz, mineurs. Plusieurs autres personnes virent également l'éblouissante figure de la Vierge-Mère portant l'Enfant-Jésus.

Ce même soir, le petit Théodore Klos, âgé de quatre ans, torturé par des douleurs au dos et à la poitrine, recouvre aussi la santé. Sa mère se chargea de dire la pénitence. Au mouvement de l'enfant, on reconnut que la Sainte Vierge avait été visible pour lui.

Le buisson sur lequel s'était montrée la Reine des cieux, avait été complètement dépouillé. Des visiteurs accouraient déjà de loin, mais il se passa plusieurs jours sans que la vision reparut. Le 11 juillet, dans l'après-midi, Margaretha et Katharina contemplèrent le ravissant prodige jusqu'au tintement de l'*Ave Maria*. Marie annonça qu'elle retournerait le lendemain, après la messe. Deux sources anciennes existent au Haertelwald. La Sainte Vierge recommanda la plus haute comme étant celle dont les malades devaient user. A cause des prodiges continuels qu'elle opère, son nom de Schwanheck a été changé en celui de *Source des grâces*. Le malade y trouve la santé ; le pêcheur sa conversion ; l'âme pieuse un breuvage de fortification.

Ce jour là, s'accomplirent plusieurs guérisons remarquables, parmi lesquelles, celles de Jacques Doerr, âgé de quatre ans, impotent depuis seize mois, et que la science n'avait pu soulager. Il vit la *belle Dame blanche*, selon son exclamation naïve.

Le 12 juillet, des pèlerins, célébrant les louanges de Marie, accouraient de tous côtés. Il y eut bientôt 20.000 personnes massées. De nombreux malades avaient été conduits au *Lieu des grâces*. Les Voyantes prenaient la main du fiévreux, de l'infirme, de l'aveugle, du mourant, la posaient sur le pied sacré, puis demandaient la pénitence imposée. Les jeunes enfants n'avaient à réciter que trois *Pater* ; d'autres, pendant huit jours et trois fois par jour, avaient le *Memorare*, le *Salve Regina*, le *Veni sancte*. Quelques-uns devaient dire le chapelet.

Deux personnes seulement, un homme et une femme ne furent pas accueillis. Plusieurs malades se relevèrent guéris; beaucoup d'entre eux le furent soit après l'octave des prières, soit progressivement. Les Voyantes éprouvaient une extrême fatigue, et furent souvent exténuées; elles rentrèrent chez elles, le soir, presque mourantes.

M. Neureuter, curé de Marpingen, usant d'une grande prudence, ne paraissait pas au Haertelwald, mais avait peine à suffire aux confessions et ne pouvait s'empêcher d'être témoin des scènes les plus attendrissantes. Les bienfaits de la Mère de Dieu, en cette journée, furent innombrables. Les relations écrites signalent surtout celle de Suzanna Andrès, d'Immweiler (Prusse); celle de Wilhem Huber, d'Auweiler (Prusse); celle de Margaretha Grenner, etc.

Le 13 juillet, cependant, au moment où les foules couvraient toutes les issues du bois et le bois lui-même, voilà qu'une compagnie de soldats arrive à pas de loup et charge violemment ces chrétiens en prières. La confusion fut extrême, l'épouvante générale, et il y eut plusieurs blessés. A peine chacun était-il rentré à son domicile, que les mêmes soldats vinrent frapper lourdement aux portes, réclamant des vivres et des logements. Cette occupation dura quinze jours. Le capitaine a ordonné de combler la source, qui est venue sortir un peu plus bas. Une maisonnette a été construite, et des gendarmes y ont veillé nuit et jour. Les vexations n'ont pu lasser la patience des habitants de Marpingen.

Les manifestations ne s'arrêtèrent pas devant les baïonnettes prussiennes, puisqu'elles devaient durer quatorze mois. Cependant les parents des petites Voyantes les retenaient à la maison, quand celles-ci, poussées par un désir irrésistible, demandaient à retourner en Haertelwald. Une voisine y conduisit Margaretha, malgré la surveillance. L'enfant revit l'Apparition, vêtue de noir, cette fois, la tête penchée par la douleur, enveloppée d'un long voile, sans diadême. Elle recommanda de ne pas *s'attarder et de prier; de prier et de ne pas craindre. On pouvait revenir dans demi-heure.*

Etant là de nouveau, et l'enfant ayant présenté plusieurs demandes, la Sainte Vierge répondit que les *soldats* ne feraient pas de mal à M. le curé, mais qu'ils lui susciteraient beaucoup de tourments. Elles passèrent non loin des gardes, qui n'y prirent pas attention.

Le 24 juillet, à huit heures du soir, Katharina Hubertus, vit, sous l'humble toit de ses parents, la Reine du Ciel. Elle appela Margareta. Elles se mirent a genoux et prièrent. Le lendemain, même faveur. Le 27, Marie apparut aux enfants à l'école. Elle dit qu'elle venait *pour guérir les malades et convertir les pécheurs.* Les enfants contemplèrent, dès ce moment, presque chaque jour, l'Apparition, pendant la prière.

Le 7 août, Suzanna, enfin délivrée de la contrainte qui la désolait, put voir, avec ses heureuses compagnes, la ravissante Apparition. Des anges l'environnaient. Une colombe planait dans une nuée, et une voix céleste répétait par intervalle : « C'est ici, mon fils bien aimé en qui j'ai mis toutes mes complaisances. » Il y a dans ces manifestations un enseignement plein de mystères, où la méditation du chrétien découvre des sollicitations pressantes à la terre, de rompre les liens qui l'attachent au sensualisme, à la tiédeur, à l'orgueil humain, causes de destruction, pour nous ramener à la piété, à la foi pratique, à la glorification des choses saintes, salut des peuples coupables et sur la pente des plus effrayantes catastrophes.

C'est ainsi que les Voyantes, regardant le ciel, y admirèrent des anges radieux, dont l'éclat, le nombre, les mouvements avaient une signification emblématique. Le 11 août, elles se rendirent au lieu des grâces, en célébrant Marie, qui se montra à elles dans sa suprême beauté. La forêt était libre, la haie morte s'était changée en un plant de rosiers épanouis ; leurs anges les protégeaient. Au-dessus de l'Enfant-Dieu et de Marie planait encore la colombe.

Un soir, le Ciel s'entrouvit, et les yeux des enfants bénis admirèrent un de ces tableaux ineffables comme en renferme l'*Apocalypse*. La Trinité montrait à l'innocence l'éblouissant mystère de sa triple union, et des perfections dont-elle avait doté la Mère du Verbe. La Cour céleste était-là avec ses éternelles splendeurs. — Dans les premiers jours de septembre, la Vierge des Vierges, plus majestueuse que les Chérubins et les Séraphins, parut dans un nuage d'or, environnée de tribus angéliques. Ces manifestations du royaume béatifique, présentant d'incommunicables aspects, réjouirent bien des fois les Voyantes.

Un jour elle suivirent dans l'espace un convoi funèbre, dont le symbolisme remplit d'une douce émotion. Bientôt les visions eurent lieu dans l'Eglise, et généralement elles se dessinèrent chaque fois pendant l'office. La Vierge-Mère s'y asseyait dans la nef, devant les enfants. Le 11 septembre, les trois petites filles virent dans les airs une procession d'enfants, le front ceint de couronnes de fleurs. Puis, Saint Michel se montra, dans son éclat, aux Voyantes, et leur annonça qu'il viendrait bientôt prendre le tout jeune enfant de Pierre Schnur, ce qui eut lieu. Elles accompagnèrent le petit cercueil, portant les couronnes d'usage. La tombe était entourée d'anges, une colombe voltigeait au-dessus. Le 28, ce fut une âme du **Purgatoire**, entourée d'esprits bienheureux, qui sollicitait des prières ; Marie demanda cinq oraisons dominicales ; l'âme en peine fut délivrée. Il y a dans les manifestations de Marpingen beaucoup de ces récits d'un charme inexprimable. Ici, ce sont des chrétiens fervents, égarés, pendant la nuit, sur la route du village privilégié, et qu'une *étoile* resplendissante vient guider. Là cette même clarté brille, aux blancheurs de l'aube, au-dessus du Haertelwald, d'un rayonnement inconnu. A Bois-d'Haîne, Louise Lateau sourit, pendant l'extase, quand on lui présente des feuilles du bois sanctifié. Presque chaque jour, des malades se présentent ; ils retournent guéris où du moins emportent l'espérance de l'être sous peu. Quantité de guérisons s'opèrent ou s'achèvent au sanctuaire de Marienborn.

Satan, de même qu'à Fontet et à Blain, a tenté d'abuser les Voyantes, mais l'eau bénite et le signe de la croix ont déjoué ses pièges. La voix et les yeux du démon pouvaient-ils ne pas être reconnus par celles qui avaient vu la vive lumière de la Mère de Dieu et entendu la suavité de sa parole ?

Un paysan étranger au village, envoie son domestique chercher une charge de bois. — Cela sera lourd pour les chevaux, — dit celui-ci. — Tu attelleras à la voiture, répond le maître, la Vierge de Marpingen. — Arrivées au bois, les bêtes sont chargées, mais soudain elles meurent sur place. C'était la réponse au blasphème du paysan. Un homme occupé au comblement de la source sainte, veut damer la terre et l'affermir ; l'eau jaillit avec violence et blesse gravement à la jambe l'ouvrier irréligieux. Des fashionnables d'Ottweiler vinrent s'amuser *de la chasse aux pèlerins*. La voiture versa et les jeunes gens furent grièvement blessés.

Cependant la police exerce son ministère vexatoire. M. le curé et les Voyantes subissent un interrogatoire ; mais la troupe est rappelée le 28 juillet. Un personnage de la haute police de Berlin, se donnant pour irlandais et fervent catholique, vint jouer un rôle étudié à Marpingen, rôle auquel nul ne se laissa prendre. Il voulut mettre cinq francs dans la main de Margaretha, qui jeta la pièce par terre.

Le 27 octobre, M. le curé de Marpingen, est saisi dans son presbytère et emmené à Sarrebruck. M. le curé d'Alsweiler est également arrêté, on l'arracha du confessional; tous deux sont jetés en prison. Les papiers de M. Neureuter sont fouillés. L'instituteur est destitué, l'institutrice changée de résidence; le garde champêtre et le forestier suspendus. Le personnage de la haute police tente d'obtenir des signatures contre la réalité des apparitions; mais il n'en recueille pas une seule. Les quatre hommes qui avaient admiré la vision, furent garrottés et traînés à la prison de Sarrebruck; rien ne put les faire rétracter. Le Haertelwald rendu libre pendant trois jours, fut de nouveau interdit, les pélerins y ayant aussitôt afflué.

Après quatorze interrogatoires, les Voyantes sont enlevées à l'école par la gendarmerie. Les familles qui n'étaient pas prévenues, suivent la voiture à pied. Les enfants sont mises dans une maison de correction, tenue à Sarrebruck, par des protestants. La Sainte Vierge les y visite, leur annonçant que leur détention ne sera pas de longue durée. Mgr le prince Edmond Radzivill, cousin de l'empereur, député au Reichstag, vicaire d'Ostrowo, arrive en effet à Marpingeu, le 14 novembre. Il y célèbre la messe. Il voit les parents des petites Voyantes; leur rédige et signe avec eux une réclamation à sa Majesté. Il emporte cette pièce et ses démarches obtiennent un plein succés. Les quatre hommes détenus sont rendus à la liberté. Le 1er décembre, les deux curés sont élargis, et après six semaines de détention, les enfants rentrent chez leurs parents. Elles avaient montré une admirable fermeté. Le bois a été entouré d'une clôture. Des amendes ont été subies; des tracasseries prodiguées; mais les apparitions ne l'ont pas moins emporté.

M. l'abbé Scheeben, prêtre distingué, avait publié un article dans la *Gazette populaire de Cologne*, sur les faits accomplis. L'article fut incriminé, mais il y eut acquittement. Le ministère public en appela ; la Cour confirma le premier jugement.

Ainsi finirent les vexations de la police et de la force armée. Marpingen, tout embaumé de parfums célestes, gardait le vivant souvenir des manifestations dont il avait été le théâtre, et devenait un pèlerinage à jamais célèbre. Humbles et retenues, les petites Voyantes ne parlent jamais aux visiteurs de l'Apparition ; mais si on les interroge sur ce point, elles répondent brièvement et avec un accent de solide piété. Chaque jour amène des pèlerins à Marpingen ; ils visitent les endroits où la Reine des Anges s'est révélée, font leurs dévotions à l'église, et s'éloignent consolés, charmés, remplis d'espérance, soulagés dans les afflictions du corps et celles de l'esprit. Le nombre des malades qui accouraient à Marpingen, étant devenu trop considérable, l'Apparition cessa de se laisser interroger et dit qu'il suffisait aux affligés de savoir désormais ce qu'ils ont à faire.

Le 2 décembre, au son de l'*Angelus* de midi, de pieuses filles d'âges divers, étaient agenouillées dans la forêt : c'étaient Magdalena Muller, Margaretha Klassen, Maria Lehnen et Magdalena Schneider, de la paroisse de Waden, distante de cinq lieues. Le temps était affreux, quand tout à coup il se rasséréna ; la Sainte Vierge se rendit visible à plusieurs intervalles, et sous des aspects mystiques qui remplirent ces jeunes âmes d'une allégresse supérieure à toutes les joies de la terre. L'une d'elles, aveugle de naissance, eut le bonheur de sentir ses paupières visitées par ces mystérieux rayons, et, selon son expression, elle ne désirait et ne regrettait plus rien ici-bas après ce bienfait. Par deux fois, quelques jours après, les jeunes personnes revirent de nouveau la Vierge Immaculée. Le 3 septembre, les Voyantes reposèrent à plusieurs reprises leurs yeux sur Notre-Dame-de-Marpingen, qui

*

leur répéta comme au premier jour : Priez beaucoup et ne péchez pas. Là finissait le quatorzième mois pendant lesquels les manifestations devaient durer.

A Marpingen, les cœurs de bonne volonté obtiennent l'allégement aux peines d'esprit ; les conversions y sont fréquentes ; on en emporte le soulagement de personnes aimées ; c'est une constante effusion de biens surnaturels. Heureuse la plume qui racontera, plus tard, les grâces prodiguées au Haertelwad et à l'église du village prédestiné ! Il y a dans cette rosée de secours répandus, plus de poésie que dans les créations du génie ; plus de leçons délicieuses que dans les plus harmonieux discours des sages et des écrivains inspirés. Donnons-en un exemple : Margaretha était pâle, languissante ; elle dépérissait comme la fleur de la prairie privée d'eau. M. le curé de Marpingen résolut de l'appeler à la première communion. Sa chambrette était décorée de verdure ; des pèlerins étaient là ; elle reçut au lit l'Agneau sans tache. L'Apparition voulut aussi lui sourire. « Permettez-vous, lui dit l'enfant, que je pose la main sur votre pied pour guérir. » La demande est accueillie. Le lis étiolé reprit bientôt sa grâce et sa vivacité.

On dit qu'une pieuse princesse a le projet de placer les trois Voyantes dans un couvent, perspective qui sourit à leur candeur et à leur foi non moins forte que naïve. Laissons-les en attendant sous la protection céleste qui les a choisies, et ne doutons pas que leur auguste protectrice ne prodigue de grands secours à l'Eglise et à la société par leurs invocations.

Qui oserait ne considérer dans les faits miraculeux de Marpingen qu'une étroite bénédiction pour ce village allemand et les pays du voisinage ! Il y a là ce que nous rencontrons à Lourdes et aux autres endroits où Marie est venue manifester sa divine compassion pour l'humanité prévaricatrice.

L'indifférence nous livre à des maux incalculables ; l'impiété déchaîne sur nous les ouragans et les tempêtes ; le retour au Seigneur reste notre unique sauvegarde : la conversion ou des calamités inénarrables. C'est l'explication abrégée des prodigieux avertissements de Marpingen.

Le procès intenté à l'occasion des Apparitions s'est dénoué par l'acquittement de tous les inculpés.

DIOCÈSE DE DIJON.

ASSOCIATION DU SACRÉ CŒUR DE JÉSUS PÉNITENT POUR NOUS.

Exposé adressé aux Zélateurs et Zélatrices.

Plusieurs de nos associés du Sacré Cœur de Jésus pénitent, nous ayant demandé avec un empressement pieux des éclaircissements sur l'origine, l'esprit et le but de l'Association, il nous a paru convenable, pour glorifier le Sacré Cœur et enflammer de plus en plus le zèle de ses amis, de leur offrir cet exposé, dans lequel ils trouveront une réponse authentique et complète, autant que cela nous est permis, à toutes leurs questions.

L'association du Sacré Cœur de Jésus pénitent, qui se lie au Vœu national et doit en être l'âme, se distingue des associations si nombreuses qui naissent aujourd'hui partout, en ce qu'elle a été demandée et organisée par Notre-Seigneur lui-même. Ce bon Maître choisit pour manifester ses desseins une sainte âme préparée à cette belle mission par des grâces signalées, il est vrai, mais aussi par de longues et dures épreuves.

Quand Notre-Seigneur la trouva suffisamment purifiée, ornée des dons de la grâce, il en fît l'Epouse de son Sacré Cœur dont il lui découvrit les trésors, les desseins de miséricorde sur le monde ; mais Il lui montra en même temps que ses mains étaient liées par la Justice divine; et lui laissant entrevoir les épreuves réservées à l'Eglise, les maux que les iniquités de la terre allaient faire fondre sur la société, il la conjura d'appeler toutes les âmes de bonne volonté, de les presser d'unir leur amour à son amour, leurs expiations à ses expiations, afin de donner à la Justice divine ce qu'elle attend encore, et ainsi, lui permettre de verser sur le monde les flots de son amour.

Je vais essayer de résumer en quelques lignes l'ensemble des lumières que Notre-Seigneur a daigné communiquer à cette âme privilégiée, sur le sujet qui nous occupe.

Dès 1870, quelques semaines avant les maux de la France, Notre-Seigneur, touché sans doute de compassion pour notre pauvre Patrie, daigna se révéler à la personne dont il s'agit. Après lui avoir fait connaître une grande partie des châtiments qui allaient frapper la France, il lui en indiqua le remède : *la dévotion à son Sacré Cœur.* Il lui dit qu'il fallait que les fidèles s'unissent pour faire pénitence et prier le Cœur miséricordieux de Jésus. Depuis, c'est-à-dire depuis près de neuf ans, le divin Maître, par une longue suite de révélations, d'abord symboliques, puis claires, détaillées, ne cessa de demander à cette âme *l'établissement de cette œuvre....* Il lui en a suggéré le plan, la forme, les pratiques, sans qu'il fût possible à son instrument d'y rien ajouter, d'en rien retrancher. Il la lui fit voir d'abord sous beaucoup de figures, telles que celle d'une fontaine fermée, que l'on devait ouvrir pour y puiser le salut, la régénération ; d'une arme avec laquelle on triompherait pacifiquement des ennemis de la religion. Il lui apparut plusieurs fois debout, les bras étendus, pour inviter à la pénitence et à la confiance, avec son Cœur débordant d'amour et les instruments de sa passion à ses pieds. Dans une des apparitions, il pleure sur la France, et en particulier sur Paris, comme autrefois sur Jérusalem. Il se découvrit aussi brûlant d'amour, du désir de nous sauver, mais montrant en même temps ses mains liées par nos crimes, suppliant les fidèles de les délier par leurs pénitences.

Il lui montra un jour qu'il y avait dans le sein de la société, des familles, des individus, des choses qui ont attiré la colère de Dieu, et que les réparations extérieures n'expient pas. Il lui sembla que c'était la cupidité, l'égoïsme, le désir effréné des richesses, des jouissances, le luxe, l'ambition de briller et de s'élever, et des ulcères hideux et cachés pour l'expiation desquels il faut, de toute nécessité, des cœurs immolés, pénitents, crucifiés.

Puis elle le vit d'une manière claire, éclatante, encore dans la même attitude, debout, vêtu de blanc, tenant cette fois dans ses mains trois chaînes de cœurs superposés, qui devinrent brillants, comme enflammés ; c'était, il le lui fit comprendre, la figure des trois séries de l'association ; il voulait ainsi unir par la pénitence ses fidèles amis à son Sacré Cœur, avec leur concours *sauver le monde*, préparer pour l'église un nouveau triomphe, une ère nouvelle qu'il lui fit entrevoir.

.... « Fais donc savoir à mes amis, lui dit-il,
» à tous ceux qui veulent me plaire, qu'actuelle-
» ment, mon plus grand désir, le vœu le plus

» pressant de mon cœur, c'est de sauver l'Eglise et
» la France ; dis-leur donc qu'ils se hâtent de répon-
» dre à mon appel pour offrir tous leurs mérites,
» leurs bonnes œuvres, leurs expiations dans ce
» but. Je leur promets, s'ils entrent complètement
» dans mon désir, de prendre soin de leurs intérêts
» spirituels et temporels, de leur accorder tout ce
» dont ils ont besoin, tout ce qu'ils peuvent désirer
» pour eux-mêmes et pour ceux qui les touchent.
» Mon amour les dédommagera au centuple......
» se versera sur eux. Oh! s'ils voyaient mon
» amour..... mon immense désir de les sauver...
» comme ils accourraient!...... leurs cœurs s'em-
» braseraient..... se fondraient. Que les gens du
» monde laissent aussi pour cela leurs sollicitudes ;
» se détournent un peu des vanités ; je les bénirai
» pour le moindre acte d'amour et de bonne volonté
» qu'ils me donneront. Je bénirai leurs familles,
» leurs entreprises ; je leur accorderai aussi les
» grâces en rapport avec leurs besoins. Je bénirai
» tous ceux qui entreront dans cette association ;
» je bénirai surtout ceux qui la propageront ; je ren-
» drai fructueux le ministère des prêtres et des
» supérieurs de communautés qui y feront entrer
» ceux qui leur seront confiés ».

Le divin Maître lui apparut une cinquième fois avec son cœur éclatant, embrasé, seulement les bras n'étaient pas étendus..... Dans ses mains jointes, il tenait cette chaîne qu'il pressait contre sa poitrine pour l'échauffer, la vivifier au contact de son amour, lui communiquer tous les trésors, les mérites dont il est la source, et par là la renouveler. — Il ne parut plus triste; mais triomphant, régnant. Ces dernières années, N.-S. demandait plus instamment, se faisait presque suppliant et précisait surtout la pénitence comme base de l'association demandée, et comme son faible instrument n'osait parler ce langage, si contraire au luxe et au sensualisme de notre époque, le Sacré Cœur l'assura qu'il avait surtout en France (à ce moment il lui découvrit une prédilection spéciale pour la France) beaucoup d'amis généreux qui ne s'en effraieraient point, deviendraient héroïques pour la pénitence comme pour la charité. Il lui expliqua d'ailleurs que cette pénitence serait réglée par l'obéissance, les forces, la position de chaque associé ; que les plus forts paieraient pour les plus faibles..... Si on savait..... si on voyait comme il nous aime!!!..... Le premier instrument dont le Sacré Cœur a daigné se servir devant rester absolument inconnu, j'ai été chargé de faire connaître et de travailler à réaliser ces demandes du Sacré Cœur. — Tous ces faits extraordinaires n'ont point été admis légèrement ; ils se présentent d'ailleurs avec un ordre, une suite, un enchaînement, des caractères de vérité capables de subjuguer les plus exigeants. D'un autre côté, ils ont été suivis et étudiés dès l'origine, à mesure qu'ils se produisaient, par un vicaire général, un supérieur de grand séminaire, plusieurs ecclésiastiques éclairés ; de saints religieux ont tout examiné et ont reconnu en tout cela une preuve nouvelle de l'amour du Sacré Cœur pour nous.

Cette association, qu'il y a urgence d'organiser, comme j'ai des motifs très-sérieux pour le croire, n'est point une œuvre paroissiale. Elle doit être livrée au Vœu national ; mais actuellement il faudrait perdre un temps précieux. Nous adressons donc, de la part du Sacré Cœur, un appel pressant à tous ses amis, tous ses enfants, prêtres, religieux, et simples fidèles ; une bénédiction spéciale reposera sur ceux qui auront répondu avec empressement à l'amour du Sacré Cœur.

A Dijon, en la fête de saint Joseph.

19 mars 1879.

L. Cegaut,

curé de Saint-Michel, direct^r de l'association du S. C.

Nota. — *Il est absolument interdit de publier cet exposé dans les journaux.*

FAITS PROPHÉTIQUES INÉDITS.

Voici une relation inédite de faits surnaturels bien curieux. Nous tenons ce récit d'un vétéran du sanctuaire aussi véridique que respectable. Il l'avait reçu lui-même du prêtre qui est indiqué dans ces pages. La Voyante n'est plus de ce monde depuis une trentaine d'années. Elle a vécu dans un diocèse du Midi, au sein d'un village. Nous sommes sous le premier Empire.

Le jour où la pieuse paysanne fit sa première communion, dans un entretien mystique, le Bien-Aimé Jésus lui dit :

« Ma fille, tu me donnes ton cœur pur, je l'ai pour agréable, et je le comblerai de mes grâces, si tu me le conserves ainsi. » Cette vertu dans l'obscurité a persévéré jusqu'à la fin, profondément attachée au Cœur de Jésus et à celui de Marie Immaculée. Elle eut longtemps pour directeur un confesseur de la foi, qui avait subi dix ans d'exil en Italie.

Voici ce que la Voyante lui avait communiqué, comme lui étant révélé par N.S. J.-C., dans plusieurs circonstances mémorables :

1º En 1812, un jour après la communion, elle reçut ordre d'aller dire à son *Ange* (c'est ainsi qu'elle désignait son directeur) :

« Bientôt les anciens rois de France remonteront sur le trône. » — Le vieux prêtre reçut ces paroles avec sévérité et les méprisa. « J'ai obéi, répondit la pénitente ; faites ce que vous jugerez convenable. » L'événement vérifia la prédiction : 1814-1815.

2° Vers la fin de 1816, elle fit une autre communication, et rapporta à son *ange* les paroles suivantes : « Le Bien-Aimé Jésus m'a recommandé de vous dire : « Je ne suis pas content de ce roi (Louis XVIII). Il a bien voulu son trône et sa couronne ; mais il ne veut pas procurer la gloire de Dieu et de la religion, reconnaissance qu'il me devrait bien. S'il reste indifférent et ingrat, il sera fait un *trou* à la couronne, qu'il sera bien difficile de boucher. »

3° En 1818, il lui fut montré en vision un vieillard tenant d'une main une bourse pleine d'or, et de l'autre, un poignard qu'il offrait à un jeune homme. Ce dernier les refusa, mais un autre jeune homme les accepta.

Quelques jours après, elle entendit ces mots : « Le crime que je t'ai annoncé se commettra ; on veut couper l'arbre à la racine. Prie, ma fille, et dis à ton *ange* de prier. » — Et vers la fin de 1819 : « Le crime que je t'ai annoncé est sur le point de se commettre. » — Le lecteur a nommé le duc de Berry !

Bientôt après la mort du prince, la Voyante entendit cette déclaration : « Un fils naîtra, je le garderai de tout danger. »

4° 1830. Août. Louis-Philippe devient roi. Voici la communication faite de la part du Bien-Aimé Jésus : « Ma fille, ce rci n'est pas selon mon cœur ; c'est un moyen terme dont je me sers pour empêcher la France de s'égarer dans toutes ses idées, c'est-à-dire dans toutes les anarchies ».

5° Bientôt Notre-Seigneur manifesta à la pieuse villageoise l'intention de rétablir la monarchie légitime ; mais il exigeait l'exécution de quatre points de sa volonté. Le pape Grégoire XVI et *Charles l'exilé* devaient ensemble faire le vœu de réaliser ces particularités, moyennant lesquelles le Roi de France serait miraculeusement rétabli sur le trône. La communication fut transmise, le 29 juin 1833, à Sa Sainteté, à qui il était dit : « La commission doit être rejetée comme illusoire, s'il n'est pas vrai que le jour de Pâques de la présente année, votre Sainteté ait été ravie en extase, à la consécration de la sainte messe, de même que le jour de la Pentecôte. En cette dernière fête, l'extase a été plus profonde, et Dieu a montré à Votre Sainteté la plaie hideuse de la France et lui a indiqué le moyen de la guérir ».

Le Souverain Pontife était supplié de transmettre la communication à Charles *l'exilé* et de lui spécifier les quatre conditions divines. Le Pape crut à la vérité de la révélation, puisqu'il en fit l'ouverture à Charles X, et qu'au mois d'août, Mgr Frayssinous adressa un pli royal à l'évêque du diocèse où se trouvaient les personnes en question. Dans ce pli le prélat était prié de répondre à quarante questions à lui soumises, et relatives à la Voyante et à deux prêtres du même diocèse.

Au moment où ce pli était remis à l'évêque, un prêtre de savoir et d'éminente vertu se trouvait là, et servit de secrétaire à Sa Grandeur pour la réponse. C'est lui qui a fait connaître cette circonstance. Mais, chose remarquable, la Voyante, au sortir de la sainte table, le 10 août, rassura *son ange* en lui disant : « Soyez tranquille sur l'envoi de la commission au Saint-Père ; elle est parvenue. *On croit, on prie, on fait prier, on agit.* »

On ignore ce qui se passa entre Charles X et Mgr Frayssinous, à la suite de la réponse de l'évêque ; mais la vérité est que le jour du Rosaire, premier dimanche d'octobre 1833, la Voyante, après avoir reçu la communion, alla toute en larmes vers *son ange* et lui dit : « Le malheureux et v... refuse de faire le vœu et d'exécuter les quatre points de la volonté du Seigneur. Aussi, comme Saül, il est rejeté ; il ne règnera plus. Malheur à son petit-fils si.....! car il expiera dans l'exil, pendant de longues années, les fautes et les... de ses ancêtres. Mais s'il reste humble, agréable à Dieu et fidèle à sa loi, le Seigneur saura s'en servir, à son heure, après que la France aura subi le châtiment de ses folies. »

Les quatre conditions pour la restauration miraculeuse de Charles X étaient les suivantes :

« 1° Rejeter la charte, pour revenir à l'antique et sage constitution française ;

» 2° Rendre obligatoire le mariage religieux avant le mariage civil ;

» 3° Ne pas rémunérer les cultes dissidents ;

» 4° Rétablir les fêtes abolies de la sainte Vierge. »

Que de précieux enseignements dans ce court exposé !

A. P.

(*Propriété.*)

TABLE DES MATIÈRES

servant de concordance.

.I. — Justification des prophéties privées : Autorité de saint Paul, de l'Eglise, des Saints, des théologiens, des écrivains profanes. — Témoignages de Frayssinous, de sainte Hildegarde. — L'Apocalypse. — Anna-Maria Taïgi. — Quinze ordres de faits généraux dans les prophéties sur les temps présents...................................... 5

II. — Le surnaturel au XIXᵉ siècle : Multiplicité des faits. — Privilège unique dans l'hagiologie. — Le laboureur Martin. — La croix miraculeuse de Migné. — Manifestations célestes de la Salette, de Lourdes, de Pontmain. — Les voyantes ou stigmatisées d'Oria, de Bois-d'Haine, de Fontet, de Blain, etc. — La prophétie, aile droite du surnaturel.. 9

III. — Le Grand Monarque : Il est écrit. — Citations des prophéties de Prémol, du P. Ricci, du prodige aérien de Vienne, de saint Augustin, de David Paréus, d'Holzhauzer, d'Olivarius, du solitaire d'Orval, du bienheureux Amadée, du bienheureux Théolophre, de Jean de Vatiguerro, du secret de la Salette, du pape Benoît XII, d'une ancienne Religieuse, de l'abbé Souffrant, de saint François de Paule, de Saint-Ange, de maître Antonin, de Marie Lataste, de Rosa Colomba, de la religieuse de Belley, de Pyrus, de Matay, de la petite Marie des Terreaux, de saint Thomas d'Aquin, des Saints Pères, du curé d'Ars, des dessins prophétiques du Mont-Saint-Michel, d'un précieux manuscrit prophétique, de l'abbé Petiot, du bienheureux Joachim, de Matay, de l'Apocalypse, de S..., prélat romain ; de saint Isidore de Séville, du père Trithème, de la Bible. — Traditions de toutes les parties du monde sur le Grand-Monarque. — Noms augustes sous lesquels il est partout glorifié..y. 15

IV. — Le Pontife Saint : Son apparition providentielle simultanée avec celle du Grand Monarque. — Citations des prophéties de l'abbé Werdin d'Otrante, d'El. Canori Mora, du Père Botin, de Jean de Vatiguerro, d'A.-M. Taïgi, de saint Malachie, d'une ancienne religieuse, de Prémol, du *Mirabilis liber*, de Jean de Rochetaillée, du bienheureux Amadée, du pape Benoît XII, du bienheureux Joachim, de la religieuse de Belley, d'un Voyant du xvi° siècle, d'A.-M. Taïgi, du Voyant de Plaisance, de Marie Lataste, de Saint-Ange, des Catacombes, de Guillaume Postel..... 31

V.— Prophéties accomplies ; Se sont accomplies ou ont commencé de se réaliser les prédictions de Vatiguerro, du laboureur Martin, de Marie Lataste, de la Salette, de l'abbé Souffrand, de Mélanie, d'El. Eppinger, de sainte Brigitte, de la religieuse de Belley, des Voyants allemands, de l'abbé Souffrant, de Rosa Colomba, de saint Vincent de Paul, de Jérôme Botin, de Roussat, de Pierre Turrel, du cardinal d'Ailly, de Jean Muller, du père Coma, de Rosa Colomba, d'Holzhauzer, de Prémol, du phénomène aérien de Vienne, d'Anna-Maria Taïgi, de saint Remy, de Laurent Miniat, de Jérôme Botin, d'Olivarius, du solitaire d'Orval, du P. Necktou, de l'*Unita catolica*, de Richard de Toustain, du père Calliste....... 37

VI. — Vaticinations contre Paris et plusieurs autres villes : — Citations de Jérôme Botin, du bienheureux Labre, de Mélanie, du Père Ricci, de l'*Apocalypse*, de la correspondance Hohenlohe, de Vatiguerro, du père Necktou, d'une religieuse trappistine, de Marie Lataste, de Cat. Emmerich, du Voyant de Prémol, du solitaire d'Orval, du curé d'Ars, des oracles *sybillins*, de l'*Apocalypse*, de la Religieuse de Belley, du Voyant de Grenoble, de saint Thomas, de S. xx, du père Ricci, d'Olivarius, de Mélanie, de la petite Marie des Terreaux, de Matay, d'une ancienne religieuse, du Voyant vendéen, du révérend père Léonard, de la correspondance Cavayon, de Palma. 49

VII.— Ma grande crise : Prophéties du père Necktou de la correspondance Cavayon, de S. xx, d'El. Canori Mora, des Voyants allemands, d'A-M. Taïgi, de Rosa Colomba, de Palma, de Mélanie, de la correspondance Cavayon, du laboureur Martin, de M. Stiefel, du Père Necktou, de la sœur de la Nativité, de la Mère du Bourg, de la Mère Marie de Jésus, de l'Oba, de Mélanie, du père Léon, de Sainte Brigitte, de Matay, de l'abbé Souffrant, de Saint-Ange, de Rosa Colomba, de Jean Vatiguerro, de la Sœur de la Nativité, de saint François de Paule, du père Coma, de Sainte Hildegarde. — Signes aériens

— 237 —

et précurseurs en Allemagne. — Vaticinations sur l'Italie. — Citations du *Cri du Salut*, de la prophétie de Prémol, du père Necktou, de M. Lataste, du Voyant de Plaisance, de la prophétie Emilienne, de Vatiguerro, d'Holzhauzer, de la Correspondance Cavayon, de la Religieuse de Belley. — Epouvantables blasphèmes des sectes, d'après le *Psaume de Satan*.................................... 57

VIII. — Révélation éclatante sur les temps présents. recueillie par le Père de Ravignan : La prophétesse était religieuse Clarisse à Lyon. — Prophétie accomplie en garantie de celle-ci.— La France précipitée de sa grandeur.— Impuissance des hommes. — La fortune menacée.— Crimes et malheurs.— Guerre faite à l'Eglise. — Son triomphe.— Règne du Grand Monarque.— Félicité universelle................»..................... 69

IX. — Mémorables prophéties de l'extatique de Blain, près Nantes : Notes biographiques sur Marie-Julie. — Les évènements sont proches.— Branche de laurier fleurie.— La France au tombeau ; Jésus-Christ l'y visite et lui promet une résurrection glorieuse. — Lys miraculeux. — Jésus-Christ sur un trône; la France resplendissante devant ce trône. — La Sainte Vierge obtenant le salut de sa fille bien-aimée. — Pie IX et le Roi près du trône divin. — Les saints protecteurs de la France. — Magnificence de ces tableaux prophétiques. — Marie-Julie voit la bénédiction de la chapelle provisoire du Sacré-Cœur. — L'avenir dévoilé.— La France est sauvée. — L'armée des impies détruite— Prochain abaissement de la Prusse. — Marie-Julie connaît en 'entier un exorcisme qui ne s'achèvera qu'après avoir été annoncé.— Crucifix miraculeux.— Guérisons et conversions miraculeuses. — Tableau d'une communion surnaturelle. — Effets célestes de l'extase. — Lugubre destinée de Paris.— Réserve de Marie-Julie en présence des sceptiques. — L'avenir est noir. — La Bretagne sera protégée. — Défions-nous du duc d'Aumale.— Arrivée du Roi au milieu de la crise. — Don Carlos. — Deux portraits prodigieux.— Merveilleuse et grande histoire. — Touchante prophétie de l'apôtre saint Jean. — Autres notes biographiques sur Marie-Julie.— Prédiction sur le Midi, etc. — Feu Mgr Fournier, évêque de Nantes. — Les stigmates de l'Extatique. — Paroles imprimées sur sa poitrine. — Le Sacré-Cœur a le privilège des grâces. — Le triomphe est dans le Sacré-Cœur de Jésus. — Justice de Dieu annoncée. — Signes dans le firmament. — Assurance du triomphe prochain. — Plusieurs révélations de Marguerite-Marie non transcrites. — Grande révolte. — Résister aux méchants.— Les bons seront protégés dans la lutte.— L'enfer cherche des victimes.— Satan va satisfaire sa rage, mais il sera vaincu. — Le lys et la bannière blanche vont être foulés aux pieds, mais leur glorification viendra ensuite. — Celui qui attend tout de Dieu sera récompensé. — Un magnifique sanctuaire sera érigé en l'honneur de la Croix, comme il s'en élève un en l'honneur du Sacré-Cœur. Dévotion à la plaie de l'épaule gauche du Sauveur.— Extases sublimes de Marie-Julie, le vendredi de chaque semaine ; merveilles du chemin mystique de la Croix. — Confesseur de l'extatique — Dernier avis de Blain....... 74

X. — DESTINÉES PROCHAINES DE LA PRUSSE, DE L'ALLEMAGNE EN GÉNÉRAL : Citations d'une ancienne prophétie; des vaticinations de Rosa Colomba, de Maria Stiefel, de la *sancta Sybilla*, de frère Herman, etc.................. 101

XI. — LA NATIONALITÉ POLONAISE SERA RECONSTITUÉE : Prophéties du bienheureux Bobola, du père Marc, etc..... 106

XII. — TURQUIE : Prophéties de Boré, de saint François de Sales, d'un *Recueil chrétien*, d'Artus Thomas, d'Holzhauzer, d'A.-M. Taïgi. — Prodige prophétique de Nicopolis. — L'Apocalypse, etc........................ 108

XIII. — VATICINATIONS SUR ROME, LE CONCILE DU VATICAN, LA FIN DES HÉRÉSIES. — Citations d'A.-M. Taïgi, de Vatiguerro, de la sœur de la Nativité, d'Holzhauzer, de sainte Catherine de Sienne, de Marie Lataste, de la bienheureuse Catherine de Racconigi................ 113

XIV. — UNE CHAINE DE PROPHÉTIES : Prédiction irlandaise. — *Magnus tremor*. — Maria Antonia del senor. — Sainte Brigitte. — La bienheureuse Marguerite-Marie. — Le vénérable Grignon de Montfort. — Saint Léonard de Port-Maurice. — Le bienheureux Labre. — A.-M Taïgi. — Isidore de Isolanis. — la V. Marie d'Agréda. — A.-C. Emmerich. — El. Canori Mora. — Le père Clauti.— Silvio Pellico.— La petite Marie des Terreaux.— La Mère du Bourg. — Apparitions de Marpingen, de Gietzwald, de Mettembuch.— Georges Carlod. — Scapulaire de la Passion.— Adoration réparatrice.— Prodiges d'Allonville, de Vrigne-aux-Bois, de Barri, d'Aubermauerbach. — Véronique Nucci. — Statue miraculeuse de saint Dominique.— Madones miraculeuses............................... 115

XV.— Promesses consolantes : Prophéties d'E. Canori Mora, de l'abbé Souffrant, du père Necktou, du curé d'Ars, de Mélanie, d'A.-M. Taïgi, du père Clauti, d'une Religieuse trappistine, d'une Religeuse d'Autriche, de Pie IX, de Rosa Colomba, du solitaire d'Orval, du père Pegghi, d'un curé de Lyon, de sainte Hildegarde, de la sœur de la Nativité, de sainte Catherine de Sienne, de Marie Lataste, de Maria Stiefel, du vénérable Grignon de Montfort, de Prémol.. 126.

XVI.— Le triomphe. — La France miraculeusement relevée ainsi que l'Eglise. — Prophétie monumentale du père Trithème sur ces grands évènements................. 133

XVII —Pie IX a-t-il vu le commencement du triomphe ?

XVIII. — Larmes prophétiques de Pie IX............ 143

XIX. — Grandes apparitions. — La voyante de Fontet. M. Daurelle. — Opposition contre Fontet. — Directeurs de Berguille. — Prédictions sur la Présidence, le Septennat. — Secret du ciel pour le Maréchal. — Sur les gouvernants. — Sur une combinaison funeste. — Textes sublimes sur Henri V et les lys. — Scandales et sacrilèges. — Les Carbonari ; l'Italie ; martyre d'un évêque ; invocation pour la France. — Trois jours de ténèbres ; la chaumière de Berguille deviendra une superbe basilique. — Invocation pour l'Eglise; communion surnaturelle; la grande crise. — Evêques martyrs; Mélanie (de la Salette) ; Ministres sacrés ; Notre-Dame des Anges. — Textes touchants relatifs à Marie-Julie, la Voyante de Blain. — Invocation pour la France. — Ames du Purgatoire. — Plaintes contre les adversaires de Fontet. — Prédictions contre Paris. — Retour des Prussiens; la Salette. — Pontmain ; Statue de Voltaire. — Mort de M. Ricard et de M. Thiers, prédite ; signes dans le Ciel. — Zouaves pontificaux ; Louise Lateau ; le triomphe. — L'archange Saint Michel ; délivrance de Rome.

XX. — Résumé du livre in-4º, de M. Daurelle, imprimé à Rome et intitulé : *Evènements de Fontet, d'après les principes de Saint Thomas*..... 145

Sommaire : Fontet. — Réfutation circonstanciée des adversaires de Fontet. — Guérisons miraculeuses à Fontet. — Prodiges. — Don de prophétie et son caractère. —

Sublimité des faits surnaturels de Fontet. — Justification par Saint Thomas. — Signes dans le Ciel............. 175

Notes extraites de M. V. de Portets : Prière dictée par la Sainte Vierge. — Faits éclatants. — La science médicale confondue à Fontet. — Malheurs prochains. — Fontet depuis la clôture de la maison de Berguille............ 197

Prophéties de sœur Catherine Labouré............ 208

Apparitions de la Sainte Vierge à Marpingen......... 218

Relation d'une grande prophétie récente............ 227

Autre relation très-importante.................... 232

Table 235

Nimes, imp. Clavel-Ballivet et Cⁱᵉ, rue Pradier, 12.

www.ingramcontent.com/pod-product-compliance
Lightning Source LLC
Chambersburg PA
CBHW060125170426
43198CB00010B/1032